회사 실무에
힘을 주는

엑셀
2019

서정아 지음

정보문화사

Information Publishing Group

회사 실무에 힘을 주는
엑셀 2019

초판 1쇄 발행 | 2019년 5월 15일
초판 6쇄 발행 | 2024년 5월 30일

지 은 이 | 서정아
발 행 인 | 이상만
발 행 처 | 정보문화사

편 집 진 행 | 노미라

주   소 | 서울시 종로구 동숭길 113
전   화 | (02)3673-0037(편집부) / (02)3673-0114(代)
팩   스 | (02)3673-0260
등   록 | 1990년 2월 14일 제1-1013호
홈 페 이 지 | www.infopub.co.kr

I S B N | 978-89-5674-829-0

머리말

엑셀은 대표적인 스프레드시트 프로그램으로, 일을 간소화하고 데이터를 효율적으로 가공할 수 있어서 직장인들의 필수 프로그램입니다. 많은 데이터를 가공할 수 있으며, 간단하고 다양한 방법으로 요약 및 분석할 수 있고, 데이터를 효과적으로 표현하기 위해 차트와 슬라이서 등 다양한 기능을 사용할 수 있습니다.

엑셀을 공부할 때 한 땀 한 땀 많은 시간을 사용하여 결과를 얻을 수도 있을 것이며, 응용을 통해 빠르게 결과를 얻는 수도 있을 것입니다. 이 책은 필자가 대기업 및 주요 공공기관에서 데이터 관리 실무자들을 대상으로 강의를 한 경험을 토대로 반복 작업을 줄이고 회사에서 사용하는 주요 기능 위주로 예제를 구성했습니다.

엑셀을 익히는 데 있어서 결과는 많이 다르지 않더라도 결과에 이르는 데까지 소요 시간은 몇 배에서 몇십 배까지 차이가 날 수 있습니다.

기본 기능을 사용하는 방법과 활용 방법들을 체계적으로 설명했으며 실무에서 어떤 예제들을 이용하고 어떤 기능을 활용하는지에 대해 응용 방법들을 깊이 있게 서술하였습니다. 이 책으로 엑셀과 좀 더 친해지고 업무 활용성과 생산성을 높일 수 있기를 바랍니다.

한 권의 책이 나오기까지 수많은 사람들의 정성과 노력을 거친다는 것을 느끼게 되었습니다. 내용 구성을 위해 힘쓰신 분들께 감사드리며, 무엇보다 항상 함께 해 준 가족과 응원해 준 지인분들께 감사드립니다.

서정아

이 책의 구성 미리 보기

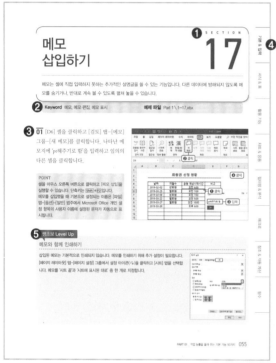

① 섹션 도입부
제목과 도입문을 통해 섹션에서 배울 내용을 한눈에 파악할 수 있습니다.

② Keyword
섹션에서 중요하게 다루는 명령어를 표시하였습니다.

③ 따라 하기
실무 예제를 따라 하는 내용입니다. 친절한 설명과 그림을 참고하여 실습해 봅니다.

④ 탭
기능별 탭을 이용하여 원하는 기능을 빠르게 찾을 수 있습니다.

⑤ 쌩초보 Level Up
배우는 내용에 대한 추가적인 설명, 각 항목에 대한 자세한 설명을 담고 있습니다.

⑥ 프로젝트
Part 1부터 Part 3까지 배운 내용을 바탕으로 실무 문서를 만들어 봅니다.

⑦ 미리 보기
만들 실무 문서를 미리 봅니다.

이 책은 기본, 활용, 함수, 실무(프로젝트)의 총 네 개의 파트로 구성되어 있으며 165개의 예제가 있습니다. 초보자가 쉽게 이해할 수 있도록 실습에 필요한 내용을 빠짐없이 설명하고 있어 단계별로 학습할 수 있습니다.

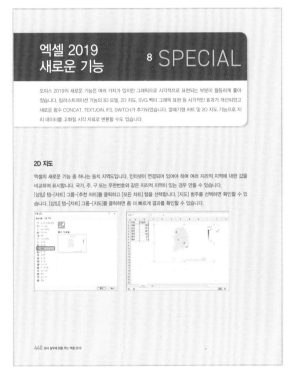

❽ Special

새로운 기능 중 익혀 두면 좋을 기능들을 모아 책 뒷부분에 스페셜로 실었습니다.

❾ 단축키

엑셀에서 다양한 기능을 빠르게 실행할 수 있는 단축키를 정리하였습니다.

가장 많이 사용되는 기능 빠르게 찾기

엑셀에서 가장 많이 사용하는 주요 기능을 빠르게 찾아 보세요. 해당 기능은 책 오른쪽 끝에 있는 탭을 기준으로 묶어 표시하였습니다.

탭	기능	페이지
기본 & 입력	엑셀 화면 구성	20
	문자 데이터 입력	44
	날짜와 시간 입력	53
서식 & 표	원, 천원, 백만 원 단위 표시	82
	양수, 음수에 따라 서식 지정	93
	너비 유지하며 붙여넣기, 그림으로 연결하여 붙여넣기	99
	시트 보호	129
활용 기능	데이터 유효성 검사로 목록 설정	136
	워드아트, 개체 편집	140
차트 & 응용	콤보 차트	153
	다양한 기준으로 정렬	171
	열/행 숨기기한 데이터 복사	182
필터링 & 분석	다양한 조건으로 필터링	190
	피벗 테이블, 피벗 차트	205
	크로스탭 피벗 테이블	207
	상대 참조로 매크로 기록 & VBA	247
참조 & 자동 계산	참조 셀, 방향에 따라 이동하는 상대 참조	252
	움직이지 않는 절대 참조	255
	행 고정/열 고정 혼합 참조($)	257
	함수 구조 및 연산자	264
함수	큰 값, 작은 값 구하기 – LARGE/SMALL	273
	번호 매기기, 대응 값 곱해서 더하기 – ROW/SUMPRODUCT	284
	데이터 추출하기 – MATCH/VLOOKUP/HLOOKUP	342
실무 프로젝트	경력 증명서	395
	재고 상품 파악 및 주문	405

이 책을 공부하는 방법

 ## 엑셀을 처음 접하는 초보자라면?

책을 차례대로 따라해 보세요. 다음 페이지에서 제공하는 학습 계획표를 참고하여 꾸준히 학습하는 것이 중요합니다. 책에서 제공하는 [POINT]와 [쌩초보 Level Up] 코너를 꼭 확인 후 넘어 가세요.

 ## 회사에서 사용하는 기본 기능을 익히고자 한다면?

Part 1의 목차를 살펴보고 필요한 기능이 있다면 골라가며 익히세요. Part 2는 회사에서 사용하는 주요 기능과 차트가 있으므로 꼭 실습해 보고, Part 3에서 필요한 함수 예제를 따라해 본 다음 Part 4에서 제공하는 회사 실무 예제를 만들어 보세요.

 ## 엑셀을 한 번 이상 학습해 본 사람이라면?

6쪽에서 제공하는 주요 기능을 살펴보고 모르는 기능이 있다면 실습하세요. 기본 기능을 어느 정도 알고 있다면 탭을 이용해 알고자 하는 기능을 찾아 따라해 보세요. Part 3 함수 예제는 필요할 때마다 찾아 쓰세요.

예제 및 완성 파일 다운로드

본문 실습에 필요한 예제 파일과 완성 파일은 정보문화사 (www.infopub.co.kr) 홈페이지의 '자료실'에서 '회사 실무에 힘을 주는 엑셀 2019'를 검색하여 다운로드할 수 있습니다. 다운로드는 회원 가입을 하지 않아도 됩니다.

예제 파일은 파트별로 묶여 압축되어 있습니다. 편한 경로에 압축을 풀어 사용하세요.

※이 책으로 강의를 진행하고자 한다면 정보문화사 홈페이지에 교수 회원으로 가입 및 전환하여 강의 자료 PPT를 얻을 수 있습니다.

학습 계획표

공부하고자 마음먹고 책은 샀는데, 어떻게 학습 계획을 세워야 할지 막막한가요? 정보문화사가 스케줄러까지 꼼꼼하게 책임지겠습니다. 난이도별로 차근차근 공부하다보면 어느새 한 권의 책이 뚝딱 끝나는 마법이 벌어집니다. 13주차로 나누어 제공하는 이 스케줄러를 기본으로 학습자의 진도에 맞춰 수정하며 실습하여 실력이 향상되길 바랍니다.

이 책을 교재로 사용하는 경우 또는 자기 주도 학습 계획표

순서	파트	페이지	학습 내용
1	Part 1	18~40쪽	엑셀 화면을 익히고 파일을 다루어 봅니다.
2		41~71쪽	문자를 다양한 형식으로 입력해 봅니다.
3		72~112쪽	서식을 적용해 보고 표 서식을 사용해 봅니다.
4	Part 2	113~152쪽	셀을 편집해 보고 시트를 다룬 다음 활용 기능을 익혀 봅니다.
5		153~185쪽	다양한 차트를 만들어 봅니다.
6		186~209쪽	조건부 서식과 피벗 테이블을 만들어 봅니다.
7		210~249쪽	데이터 그룹을 이용해 피벗 테이블을 만들어 보고 필터링 및 분석 방법을 익힌 다음 매크로를 사용해 봅니다.
8	Part 3	252~276쪽	참조 및 자동 계산 방법을 익히고 간단한 함수를 사용해 봅니다.
9		277~308쪽	본격적으로 함수를 익혀 원하는 값을 구해 봅니다.
10		309~337쪽	중첩 함수를 익히고 활용해 봅니다.
11		338~371쪽	다양한 데이터를 추출하는 함수를 익혀 봅니다.
12	Part 4	374~413쪽	실무에서 필요한 문서를 만듭니다.
13		414~439쪽	앞에서 배운 기능을 통해 다양하게 활용해 봅니다.

목차

◎ 머리말   003
◎ 이 책의 구성 미리 보기   004
◎ 가장 많이 사용되는 기능 빠르게 찾기   006
◎ 이 책을 공부하는 방법   007
◎ 학습 계획표   008

01

작업 능률을 올려 주는 기본 기능 50가지

SECTION 01 엑셀 시작하고 종료하기   018
SECTION 02 엑셀 화면 구성 살펴보기   020
SECTION 03 엑셀 온라인 서식 파일 활용하고 저장하기   024
SECTION 04 PDF 파일로 저장하기   026
SECTION 05 암호 사용하여 저장하기   027
SECTION 06 파일을 저장할 때 기본 위치 변경하기   030
SECTION 07 빠른 실행 도구 모음 설정하기   032
SECTION 08 리본 메뉴 탭 만들기   034
SECTION 09 워크시트 화면 표시 변경하기   037
SECTION 10 호환 모드 문서 엑셀 통합 문서로 변환하기   039
SECTION 11 데이터 선택하기   041
SECTION 12 문자 데이터 입력하기   044
SECTION 13 한자 입력하기   047
SECTION 14 기호 입력하기   049
SECTION 15 숫자 데이터 입력하기   051
SECTION 16 날짜와 시간 입력하기   053
SECTION 17 메모 삽입하기   055
SECTION 18 수식 입력하기   057
SECTION 19 데이터 편집 및 옵션 사용하기   058
SECTION 20 숫자 일정하게 자동 채우기   060

목차

SECTION 21 날짜 단위 자동 채우기 062

SECTION 22 시간 단위 자동 채우기 064

SECTION 23 문자와 숫자가 함께 있는 데이터 자동 채우기 065

SECTION 24 사용자 지정으로 자동 채우기 067

SECTION 25 빠른 채우기로 데이터 빠르게 입력하기 069

SECTION 26 글꼴 서식 변경하기 072

SECTION 27 맞춤 서식 변경하기 074

SECTION 28 맞춤 서식 텍스트 줄 바꿈 지정하기 076

SECTION 29 금액을 자동으로 한글로 표시하기 078

SECTION 30 숫자를 자릿수 지정하여 표시하기 080

SECTION 31 숫자를 원, 천 원, 백만 원 단위로 표시하기 082

SECTION 32 만 원 단위로 쉼표 표시 및 변경하기 084

SECTION 33 날짜 분리하여 표시하기 087

SECTION 34 날짜 형식 변경하고 누적 시간 표시하기 089

SECTION 35 문자 데이터 표시하기 091

SECTION 36 양수와 음수 서식 다르게 지정하기 093

SECTION 37 행/열 너비 조정하기 097

SECTION 38 너비 유지하여 붙여넣고, 그림으로 연결하여 붙여넣기 099

SECTION 39 연산하여 붙여넣기 하기 101

SECTION 40 서식 복사로 빠르게 모양 변경하기 104

SECTION 41 셀 스타일과 표 서식 적용하기 106

SECTION 42 표 서식에서 수식 적용해 보기 109

SECTION 43 표 서식 범위로 변경하기 111

SECTION 44 셀 편집하여 데이터 정리하기 113

SECTION 45 행과 열 삽입, 삭제, 숨기기 116

SECTION 46 워크시트 이름, 탭 색 변경하기 118

SECTION 47 워크시트 이동 및 복사하기 120

SECTION 48 시트 숨기기와 숨기기 취소하기 123

SECTION 49 시트 여러 개에 한꺼번에 그룹 작업하기 125

SECTION 50 시트 보호하기 129

02

야근을 없애는 활용 예제 50가지

SECTION 01	데이터 이동하고 그림 복사하기	134
SECTION 02	데이터 유효성 검사로 영문 모드 변경과 목록 설정하기	136
SECTION 03	워드아트로 제목 만들고 개체 편집하기	140
SECTION 04	틀 고정하여 제목 행 유지하기	143
SECTION 05	인쇄할 영역 1페이지로 지정하기	145
SECTION 06	제목 행과 인쇄 영역 설정하기	147
SECTION 07	머리글과 바닥글 설정하기	149
SECTION 08	여러 개 시트 동시에 인쇄하기	151
SECTION 09	값이 차이 나는 데이터를 콤보 차트로 표시하기	153
SECTION 10	계층 구조 차트 사용하기	155
SECTION 11	원형 대 원형 차트 만들기	157
SECTION 12	누적 가로 막대형 차트 만들기	159
SECTION 13	빈 데이터를 꺾은선 그래프로 표현하기	162
SECTION 14	텍스트 줄 바꿈된 셀 나누기	164
SECTION 15	숫자 날짜를 올바른 형식으로 변환하기	166
SECTION 16	스파크라인 삽입하기	168
SECTION 17	다양한 기준으로 정렬하기	171
SECTION 18	사용자 지정 목록으로 정렬하기	173
SECTION 19	중복 데이터 서식 변경하고 삭제하기	175
SECTION 20	병합된 셀 해제하고 빈 셀 없애기	178
SECTION 21	인쇄하지 않고 화면에서 시트 두 개 비교하기	180
SECTION 22	열/행 숨기기 한 데이터 복사하기	182
SECTION 23	원하는 데이터 서식 변경하기	184
SECTION 24	조건부 서식으로 데이터 막대 만들기	186
SECTION 25	조건부 서식으로 아이콘 집합 색조 설정하기	188
SECTION 26	다양한 조건으로 필터링하기	190
SECTION 27	조건부 서식 결과로 자동 필터링하기	193
SECTION 28	대량의 데이터 빠르게 통합하기	195

목차

SECTION 29 여러 시트에 있는 데이터 통합하기 197

SECTION 30 부분합하기 199

SECTION 31 부분합의 유약 복사하기 201

SECTION 32 데이터베이스를 관리하기 위한 규칙 이해하기 203

SECTION 33 추천 피벗 테이블, 피벗 차트 만들기 205

SECTION 34 크로스탭 피벗 테이블 만들기 207

SECTION 35 숫자 데이터 그룹 지정하여 피벗 테이블 만들기 210

SECTION 36 날짜 데이터 그룹 지정하여 피벗 테이블 만들기 213

SECTION 37 피벗 테이블 그룹 해제하고 필드 필터링하기 216

SECTION 38 슬라이서와 시간 표시 막대 사용하기 218

SECTION 39 피벗 테이블에서 수식 사용하기 221

SECTION 40 빈 행 삽입하기 224

SECTION 41 셀에 있는 공백 문자 없애고 맞춤 적용하기 226

SECTION 42 고급 필터로 OR 조건 필터링하기 228

SECTION 43 목표값 찾기 230

SECTION 44 시나리오 분석하기 232

SECTION 45 단일, 이중 데이터 표 사용하기 235

SECTION 46 매크로 개발 도구 생성 및 준비하기 237

SECTION 47 매크로 포함 문서 저장하고 열기 239

SECTION 48 상대 참조와 절대 참조 차이점 알아보기 241

SECTION 49 절대 참조로 매크로 기록하기 244

SECTION 50 상대 참조로 매크로 기록하기 247

03

복잡한 계산을 쉽게 하는 함수 예제 50가지

SECTION 01 참조 셀, 방향에 따라 상대적으로 이동하는 상대 참조 사용하기 252

SECTION 02 참조된 셀이 움직이지 않는 절대 참조 사용하기 255

SECTION 03 행 고정/열 고정 혼합 참조 사용하기 257

SECTION 04 시트 이동하며 수식 이용하기 259

SECTION 05 이름 정의하고 수식 사용하기 262

SECTION 06 함수 구조 및 연산자 사용하기 264

SECTION 07 자동 합계 구하기 266

SECTION 08 수식만 연결하여 붙여넣기 268

SECTION 09 표 서식에서 계산하고 요약 행 추가하기 270

SECTION 10 큰 값, 작은 값 구하기 – LARGE/SMALL 273

SECTION 11 합계, 평균 구하기 – 자동 합계 275

SECTION 12 중간값, 최빈값 구하기 – MEDIAN/MODE.SNGL 277

SECTION 13 정수 만들기 – INT/TRUNC 279

SECTION 14 반올림, 올림, 내림하기 – ROUND/ROUNDUP/ROUNDDOWN 281

SECTION 15 번호 매기고 대응 값 곱해서 더하기 – ROW/SUMPRODUCT 284

SECTION 16 무작위로 경품 추첨하기 – RAND/RANDBETWEEN 287

SECTION 17 문자열 합치기 – CONCAT/CONCATENATE 290

SECTION 18 길이 찾고, 대문자 구분하여 찾기 – LEN/FIND 292

SECTION 19 순위 매기기 – RANK.EQ/RANK.AVG 294

SECTION 20 백분율 순위 구하기 – PERCENTRANK.INC 296

SECTION 21 개수 세기 – COUNT/COUNTA/COUNTBLANK 298

SECTION 22 조건에 만족하는 개수 구하기 – COUNTIF/COUNTIFS 300

SECTION 23 조건에 만족하는 합계 구하기 – SUMIF/SUMIFS 303

SECTION 24 함수 조건에 만족하는 평균 구하기 – AVERAGEIF/AVERAGEIFS 306

SECTION 25 도수분포표(빈도수) 만들기 – FREQUENCY 309

SECTION 26 조건에 맞는 결과 값 입력하기 – IF 312

SECTION 27 두 개 이상의 조건으로 비교하기 – AND/OR 314

SECTION 28 두 개 이상의 조건으로 비교하여 다른 값 입력하기 – 중첩 IF/IFS 317

목차

SECTION 29 오류 해결하기 – IFERROR 319

SECTION 30 데이터 분리하기 – LEFT/MID/RIGHT 321

SECTION 31 숫자로 변환하고 표시 형식 변경하기 – VALUE 323

SECTION 32 원하는 목록 찾기 – CHOOSE/MID 325

SECTION 33 날짜 추출하기 – DATE/MID 327

SECTION 34 오늘 날짜와 현재 시간 표시하기 – TODAY/NOW 330

SECTION 35 날짜에서 연, 월, 일 추출하기 – YEAR/MONTH/DAY 332

SECTION 36 시간에서 시, 분, 초 추출하기 – HOUR, MINUTE, SECOND 334

SECTION 37 표시 형식 설정하기 – TEXT 336

SECTION 38 다섯 줄마다 채우기 색 변경하기 – MOD 338

SECTION 39 위치 알아보기 – MATCH 340

SECTION 40 데이터 추출하기 – VLOOKUP/HLOOKUP 342

SECTION 41 유사 일치 데이터 추출하기 – VLOOKUP 345

SECTION 42 행 번호와 열 번호가 일치하는 데이터 추출하기 – INDEX 348

SECTION 43 선택한 월만 추출해서 보기 – OFFSET 351

SECTION 44 휴일을 선택하고 종료일 구하기 – WORKDAY.INTL 354

SECTION 45 두 날짜 사이 경과 일 구하기 – DATEDIF 356

SECTION 46 토요일과 일요일 채우기 및 변경하기 – WEEKDAY 358

SECTION 47 예정일 구하기 – EDATE/EOMONTH 361

SECTION 48 출력용 데이터 변환하기 – REPLACE 364

SECTION 49 필터링 결과 한번에 알아보기 – SUBTOTAL 366

SECTION 50 데이터베이스 함수 사용하기 – DSUM, DAVERAGE, DCOUNTA 369

04

필요한 곳에 응용하는 실무 예제 15가지

PROJECT 01	지출결의서 만들기	374
PROJECT 02	주간 업무 보고서 만들기	380
PROJECT 03	출근부 겸 일급 계산부 만들기	384
PROJECT 04	구매 승인 요청서 만들기	389
PROJECT 05	경력 증명서 만들기	395
PROJECT 06	퇴사 현황 파악하기	401
PROJECT 07	재고 상품 파악해서 주문하기	405
PROJECT 08	작업복 신청 집계표 만들기	409
PROJECT 09	다운로드한 외부 데이터 목록 일괄 정리하기	414
PROJECT 10	선택한 데이터로 개수, 합계, 평균 알아보기	417
PROJECT 11	병합된 셀, 부서별 번호 매기기	422
PROJECT 12	출고 시트와 입고 시트를 비교해 미입고 차량 추출하기	425
PROJECT 13	통합하여 분석 차트 표현하기	428
PROJECT 14	한 행에 입력된 데이터를 두 행으로 만들기	432
PROJECT 15	하나의 열에 두 개의 데이터가 있을 때 나란히 한 행으로 만들기	437

SPECIAL	엑셀 2019 새로운 기능	440
	○ 찾아보기	444
	○ 엑셀 단축키 모음	447

INTEGRITY

INNOVATION

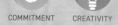
COMMITMENT

CREATIVITY

PASSION

GOALS

CONNECTION

GROWTH

1

작업 능률을
올려 주는
기본 기능 50가지

대부분의 회사의 다양한 분야에서 많은 사람들이 엑셀을 사용하고 있습니다. 그러나 작업 시간을 줄여 주는 기능을 알고 쓰는 사람은 많지 않습니다. 엑셀을 보다 효율적으로 쓰기 위하여 기본 기능부터 체계적으로 배워서 엑셀 능력자로 거듭나 봅시다.

엑셀 시작하고 종료하기

단순한 계산 작업부터 복잡한 계산까지 쉽게 할 수 있고, 시각 데이터까지 멋지게 구성할 수 있는 스프레드시트 프로그램인 엑셀 2019를 실행하고 종료하는 방법을 살펴보겠습니다.

Keyword 새 통합 문서, 닫기, 저장

01 윈도우 버튼을 누르고 [Excel]을 찾아 클릭합니다. 엑셀 2019의 초기 화면에서 [홈], [새로 만들기], [열기] 작업을 할 수 있습니다. 최근에 편집했었던 문서는 [최근 항목]에서 선택할 수 있으며, 지금은 새롭게 문서를 만들기 위해 [새 통합 문서]를 클릭합니다.

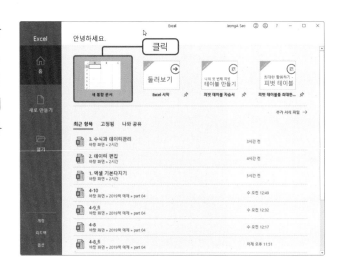

02 새 통합 문서를 만들 준비가 되었습니다. 화면 위쪽은 기능 각각을 다룰 수 있는 메뉴가 있고, 화면 아래쪽은 데이터를 입력하고 편집할 수 있는 영역으로 구성되어 있습니다.

POINT
엑셀 파일은 하나의 통합 문서 안에 여러 개의 워크시트가 있습니다.

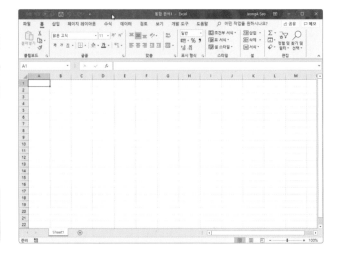

03 [A1]셀에 'Excel 2019'를 입력하고
Enter 를 누릅니다.

Enter 를 누르면 편집 중인 셀 아래로 이동하며 데이터 입력이 완료됩니다. 방향키를 누르면 해당 방향의 셀로 이동할 수 있습니다.

POINT
데이터를 입력할 때 F2 를 누르면 셀 안에서 커서를 이동하여 편집할 수 있습니다.

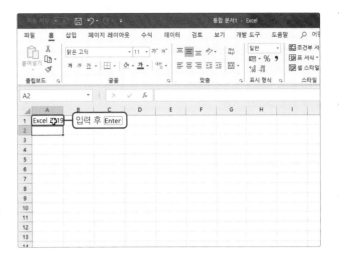

04 화면 오른쪽 윗부분에서 [닫기] 아이콘(✖)을 클릭하여 엑셀을 종료합니다.

편집한 다음 저장하지 않고 [닫기] 아이콘을 클릭했기 때문에 변경 내용을 저장할 것인지 묻는 대화상자가 표시됩니다. [저장 안 함] 버튼을 클릭합니다.

POINT
버튼을 클릭하면 변경 내용을 저장하고 엑셀이 종료되며, [취소] 버튼을 클릭하면 현재 명령을 취소하고 편집 중인 화면으로 돌아 갑니다.

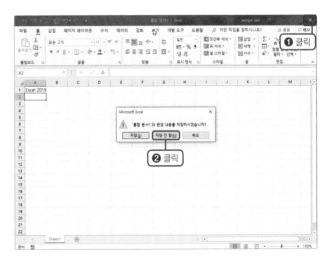

기본 & 입력

서식 & 표

활용 기능

차트 & 응용

필터링 & 분석

매크로

참조 & 자동 계산

함수

엑셀 화면 구성
살펴보기

작업 시간을 줄여 주는 엑셀을 능숙하게 사용하려면 화면 구성 요소를 먼저 알아야 합니다. 구성 요소를 알기 위해 엑셀 2019 화면을 살펴보겠습니다.

Keyword 화면, 리본 메뉴, 시트

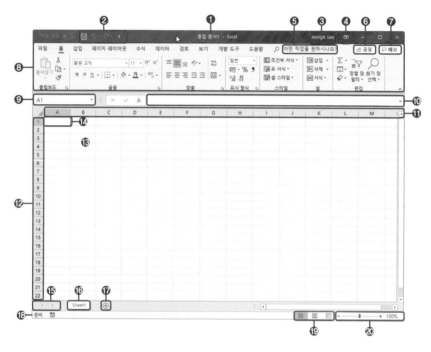

❶ **제목 표시줄:** 현재 작업 중인 통합 문서 이름이 표시되고 저장되어 있지 않았다면 '통합 문서1', '통합 문서2'와 같이 나타나며, 상황에 따라 [호환 모드], [읽기 전용], [안전 모드], [그룹] 등이 추가로 표시됩니다.

❷ **빠른 실행 도구 모음:** 빠르게 작업하기 위해 사용자가 임의로 추가 및 삭제할 수 있는 도구 모음입니다. 저장, 실행 취소, 다시 실행으로 구성되어 있으며, [빠른 실행 도구 모음 사용자 지정] 기능으로 추가하거나 삭제할 수 있습니다.

❸ 오피스 로그인: 마이크로소프트 계정으로 로그인하여 웹 클라우드인 원드라이브(OneDrive)에 오피스 문서를 온라인으로 [업로드], [열기], [공유]할 수 있습니다.

❹ 리본 메뉴 표시 옵션: [자동 숨기기], [탭 표시], [탭 및 명령 표시]로 작업 영역 넓이를 조절할 수 있습니다.

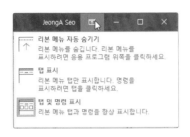

❺ Tell Me: 작업에 필요한 키워드나 단어를 입력하면 관련 기능, 도움말, 스마트 조회 창이 표시됩니다.

❻ 공유: 웹 클라우드인 원드라이브에 저장한 오피스 문서를 다른 사용자와 공유합니다. 공유 대상자를 추가하거나 보기, 편집 링크를 활용해 공동으로 작업할 수 있습니다.

❼ 메모: 메모를 입력한 경우 한눈에 파악할 수 있도록 작업 창에 표시합니다.

❽ 리본 메뉴: 엑셀의 모든 기능을 모은 메뉴와 도구들입니다. [파일], [홈], [그리기] 등을 '탭'이라고 하며 이를 클릭하면 해당 메뉴가 리본처럼 펼쳐집니다. 탭을 클릭하면 여러 개의 관련 '그룹'으로 구성되어 있고, '그룹'은 클릭하면 실행되는 '명령 버튼'으로 이루어져 있습니다. 리본 메뉴는 사용자가 임의로 추가 및 삭제할 수 있습니다.

- 리본 메뉴 구성: [파일] 탭에서는 문서 정보, 개인 정보를 설정하고 저장, 공유, 게시, 인쇄 및 옵션 등 설정을 수행할 수 있습니다. 또한 탭은 여러 개의 그룹으로 구성되어 있고 관련 있는 명령 도구가 하나의 그룹에 포함되어 있습니다. 기본 구성 메뉴 외에 표, 차트, 스파크라인, 수식, 피벗 테이블 등 개체에 따라 관련 메뉴가 추가 구성되어 나타나기도 합니다.

기본 & 입력

서식 & 표

활용 기능

차트 & 응용

필터링 & 분석

매크로

참조 & 자동 계산

함수

- 화면 해상도와 리본 메뉴: 리본 메뉴의 각 탭에 있는 도구들은 작업 창 크기 또는 화면 해상도에 따라 표시되는 형태가 다를 수 있습니다. 창이 작다면 모든 도구를 표시하기 위해 도구 크기가 줄어들거나 위치가 이동됩니다.

▲ 해상도: 1024×768

▲ 해상도: 1920×1080

- [리본 메뉴 축소] 아이콘(∧, Ctrl+F1): 리본 메뉴를 축소하여 리본 메뉴 탭만 표시합니다. 화면에서 차지하는 리본 메뉴를 줄여 편집하는 화면을 보다 넓게 쓸 수 있습니다. 탭을 클릭하면 리본 메뉴가 표시됩니다.

❾ **이름 상자:** 현재 선택하고 있는 셀 주소나 셀 이름이 표시되는 곳입니다. 셀 주소는 선택된 셀의 열 머리글과 행 머리글이 합쳐져서 표시됩니다. 이름 상자에 'D10'이 표시되어 있다면 셀 포인터가 D 열 10행에 있다는 것입니다.

❿ **수식 입력줄:** 이름 상자에 나타나 있는 현재 선택한 셀의 원 데이터나 수식이 표시됩니다. 셀에 표시된 것과 다르게 원본 데이터를 확인할 수 있고, 수식 입력줄을 클릭하여 수식이나 데이터를 수정할 수 있습니다.

- 함수 삽입(f_x): [함수 삽입]을 클릭하면 [함수 마법사] 대화상자가 표시되어 다양한 함수를 시작할 수 있습니다.

⓫ **열 머리글:** 열 이름이 표시되는 곳으로 하나의 워크시트에 A열부터 XFD열까지 있습니다.

⓬ **행 머리글:** 행 이름이 표시되는 곳으로 하나의 워크시트에 1행부터 1,048,576행까지 있습니다.

⓭ **셀:** 행과 열이 교차하면서 만들어진 영역으로 엑셀에서 데이터를 입력하는 기본 단위입니다.

⓮ **셀 포인터:** 워크시트 여러 셀 중에서 현재 선택된 셀을 나타내며 굵은 사각형으로 표시됩니다. Enter를 누르면 아래 셀로 이동되며, Tab을 누르면 오른쪽 셀로 이동됩니다.

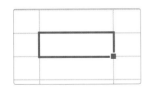

⓯ **시트 탭 이동 버튼:** 시트 수가 많아서 화면에 표시되지 않을 때 가려져 있는 시트를 볼 수 있도록 시트 탭 화면을 이동하는 아이콘입니다. [Ctrl]을 누른 채로 이동 아이콘을 클릭하면 시트의 처음 또는 마지막으로 빠르게 이동할 수 있으며, 마우스 오른쪽 버튼으로 클릭하면 워크시트 이름을 모두 볼 수 있습니다. 시트 탭의 표시 위치만 이동할 뿐 실제로 시트를 선택하지는 않습니다.

⓰ **시트 탭:** 현재 통합 문서에 있는 시트 이름이 표시됩니다. 선택한 시트 내용이 화면에 표시되고 선택한 시트는 흰색으로 표현됩니다.

⓱ **새 시트:** 새로운 시트를 추가할 수 있습니다. 선택한 시트 오른쪽으로 만들어집니다.

⓲ **상태 표시줄:** 현재 작업 상태 셀 모드 정보를 표시하며, 준비, 입력, 편집 등 셀 작업 상태와 선택한 셀의 자동 계산 결과(평균, 개수, 합계) 등을 확인할 수 있습니다.

⓳ **화면 보기:** 워크시트의 보기를 [기본(⊞)], [페이지 레이아웃(▤)], [페이지 나누기 미리 보기(凸)]로 변경하여 나타낼 수 있습니다.

⓴ **확대/축소:** 워크시트의 현재 화면 비율을 표시하고, 확대하거나 축소합니다.

기본 & 입력

서식 & 표

활용 기능

차트 & 응용

필터링 & 분석

매크로

참조 & 자동 계산

함수

엑셀 온라인 서식 파일
활용하고 저장하기

엑셀 문서를 작성할 때는 새 통합 문서를 열어 빈 워크시트로 만들거나 마이크로소프트에서 제공하는 기본 서식을 사용할 수도 있습니다. 다양한 서식 파일을 활용하는 방법과 저장하는 과정을 살펴봅니다.

Keyword 온라인 서식 파일, 새로 만들기, 저장

01 엑셀을 새롭게 실행합니다. 왼쪽 항목인 [홈], [새로 만들기], [열기]를 클릭할 때마다 오른쪽 화면이 변경됩니다.
[새로 만들기]를 클릭하고 검색 창에 '달력'을 입력하여 검색합니다.

POINT
세부 버전에 따라 왼쪽에 '최근 항목'이 표시되는 경우도 있습니다.

02 [학년도 달력(연도 불문)]을 클릭하고 [만들기] 버튼을 클릭합니다.

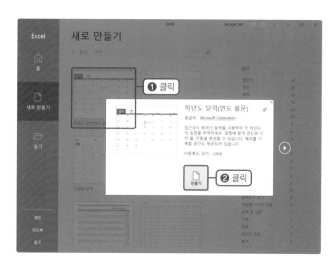

POINT
서식을 더블클릭하면 바로 표시됩니다. 이 과정은 Office.com 온라인 서식 파일을 검색하고 다운로드하는 것이기 때문에 인터넷에 연결되어 있어야 합니다.

03 [C1]셀을 클릭하고 목록 아이콘(▼)을 클릭합니다. [1월]을 클릭한 다음 빠른 실행 도구 모음에서 [저장(📁)]을 클릭합니다.

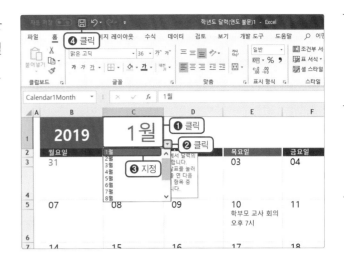

04 [다른 이름으로 저장]-[찾아보기]를 클릭합니다.

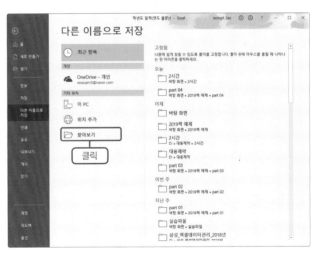

05 [다른 이름으로 저장] 대화상자에서 저장 경로를 지정하고 '2019년 달력'이라는 이름으로 입력한 다음 [저장] 버튼을 클릭하여 통합 문서를 저장합니다.

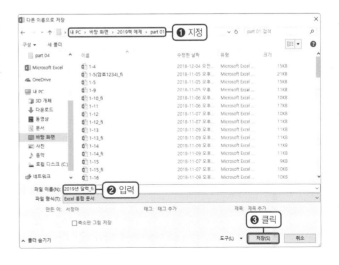

기본 & 입력

서식 & 표

활용 기능

차트 & 응용

필터링 & 분석

매크로

참조 & 자동 계산

함수

PDF 파일로 저장하기

엑셀은 모든 운영체제에서 원본 문서 그대로 읽거나 인쇄할 수 있기 때문에 데이터를 쉽게 변경할 수 없도록 PDF 또는 XPS 파일로 저장할 수 있습니다.

Keyword PDF/XPS 문서　　　　　　　　　　**예제 파일** Part 1 \ 1-4.xlsx

01 엑셀 문서를 변경할 수 없도록 PDF 형식으로 저장해 보겠습니다. [파일] 탭-[내보내기]를 클릭하고 [PDF/XPS 만들기] 버튼을 클릭합니다.

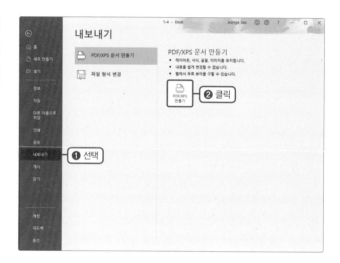

02 파일을 저장할 위치를 지정하고 파일 이름을 '1-4'로 지정한 다음 [게시] 버튼을 클릭합니다. PDF Reader 프로그램이나, 인터넷 브라우저를 통해 저장한 PDF 문서를 확인할 수 있습니다.

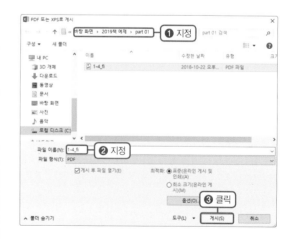

POINT
PDF 형식으로 저장할 때 최적화에서 '표준(온라인 게시 및 인쇄)'를 선택하면 인쇄 품질을 높일 수 있고, '최소 크기(온라인 게시)'를 선택하면 파일 크기를 줄일 수 있습니다. 그 밖의 추가 메뉴를 사용하려면 [옵션] 버튼을 클릭합니다.

기본 & 입력

서식 & 표

활용 기능

차트 & 응용

필터링 & 분석

매크로

참조 & 자동 계산

함수

S E C T I O N

05

암호 사용하여
저장하기

엑셀에서 중요한 문서를 다룰 때가 많습니다. 이때 암호를 설정하여 저장할 수 있는데 두 가지 방식(열기 암호, 쓰기 암호)을 사용할 수 있습니다. 여러 가지 방법이 있지만 그중에서 가장 간단하게 사용할 수 있는 [다른 이름으로 저장] 대화상자를 이용해 저장해 보겠습니다.

Keyword 문서 보호, 열기 암호, 쓰기 암호 　　　　　**예제 파일** Part 1 \ 1-5.xlsx

01 [파일] 탭-[다른 이름으로 저장]-[찾아보기]를 클릭합니다.

02 [다른 이름으로 저장] 대화상자가 표시되면 [도구] 버튼을 클릭하고 **[일반 옵션]**을 실행합니다.

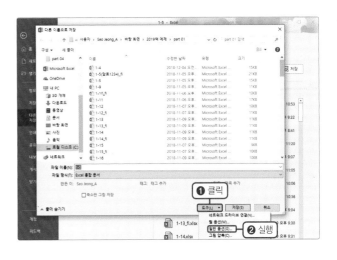

03 [일반 옵션] 대화상자에서 열기 암호를 입력합니다.

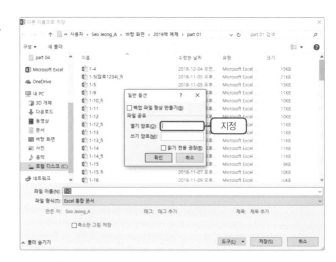

04 암호를 입력하면 다시 확인하는 대화상자가 나오며 똑같은 암호를 다시 입력하고 [확인] 버튼을 클릭한 다음 [저장] 버튼을 클릭합니다.

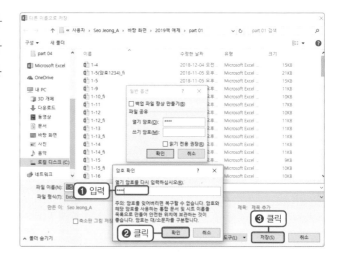

05 암호가 설정된 통합 문서를 열면 열기
암호를 확인합니다.

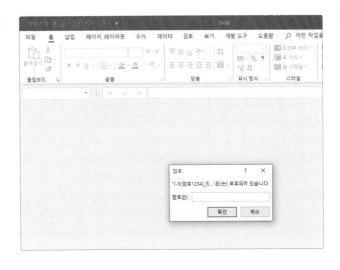

기본 & 입력

서식 & 표

활용 기능

차트 & 응용

필터링 & 분석

매크로

참조 & 자동 계산

함수

암호를 설정하는 또 다른 방법

[파일] 탭-[정보]-[통합 문서 보호]-[암호 설정]을 클릭하면 암호를 설정할 수 있습니다. [다른 이름으로 저장] 대화상자에서는 열기 암
호와 쓰기 암호를 설정할 수 있지만 통합 문서 보호에서는 열기 암호만 설정할 수 있습니다.

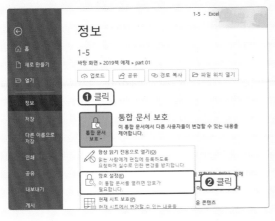

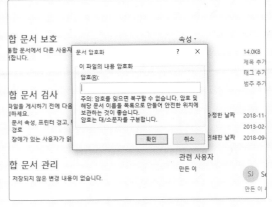

파일을 저장할 때
기본 위치 변경하기

SECTION

06

엑셀에서 파일을 열 때나 저장할 때 기본 위치가 내 문서로 되어 있습니다. 이 위치는 사용자가 자주 사용하는 위치로 설정하는 것이 가능합니다. 위치를 변경해 보겠습니다.

Keyword 기본 로컬 파일 위치

---

01 [파일] 탭-[옵션]을 클릭합니다. [저장] 범주에서 기본 로컬 파일 위치를 확인합니다.

02 탐색기를 열고 통합 문서를 저장하고자 하는 위치로 이동한 다음 주소 표시줄에 있는 주소를 복사합니다.

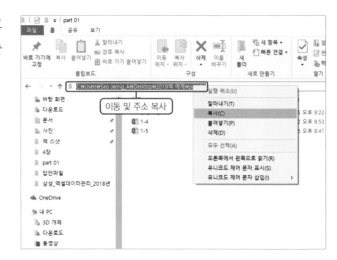

03 복사한 주소를 기본 로컬 파일 위치에 붙여넣은 다음 [확인] 버튼을 클릭합니다.

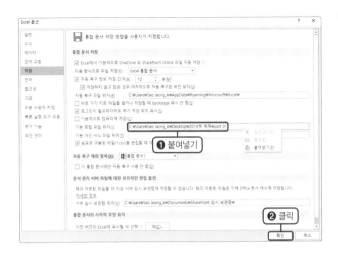

04 [파일] 탭-[열기] 또는 [다른 이름으로 저장]에서 [찾아보기]를 클릭하면 지정한 위치가 표시되는 것을 확인할 수 있습니다.

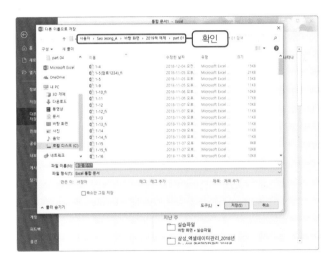

기본 & 입력

서식 & 표

활용 기능

차트 & 응용

필터링 & 분석

매크로

참조 & 자동 계산

함수

빠른 실행 도구 모음 설정하기

빠른 실행 도구 모음은 빠르게 실행할 수 있는 메뉴들을 아이콘 형태로 모은 곳입니다. 빠른 실행 도구 모음은 사용자가 원하는 명령을 추가하거나 삭제할 수 있고, 위치도 리본 메뉴 위아래로 변경할 수 있습니다.

Keyword 빠른 실행 도구 모음, 명령 추가/제거

01 [빠른 실행 도구 모음 사용자 지정(▼)]을 클릭하고 [새로 만들기]를 선택한 다음 다시 [열기]를 선택합니다. 빠른 실행 아이콘이 추가됩니다.

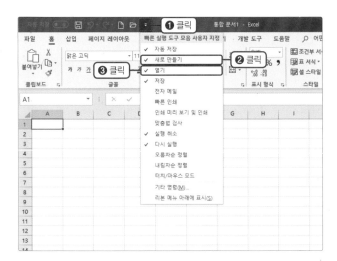

02 리본 메뉴에 있는 명령을 빠른 실행 도구 모음에 등록해 보겠습니다.

[홈] 탭-[표시 형식] 그룹-[쉼표 스타일 (,)]을 마우스 오른쪽 버튼으로 클릭하고 **[빠른 실행 도구 모음에 추가]**를 실행합니다.

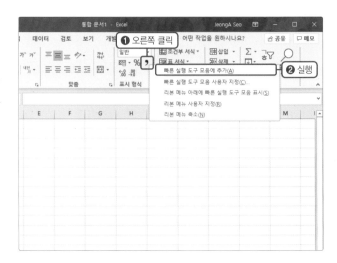

03 빠른 실행 도구 모음에 추가한 기능은 Alt를 누르고 추가한 명령의 번호를 눌러 보다 빠르게 실행할 수 있습니다. Alt + 5를 눌러 '새 통합 문서'를 실행합니다.

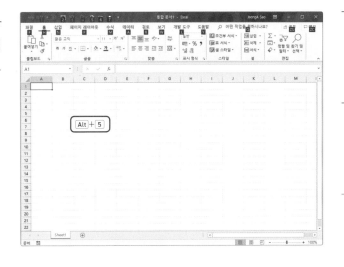

04 빠른 실행 도구 모음에서 추가한 명령을 다시 제거하기 위해 [쉼표 스타일]을 마우스 오른쪽 버튼으로 클릭하고 [**빠른 실행 도구 모음에서 제거**]를 실행합니다.

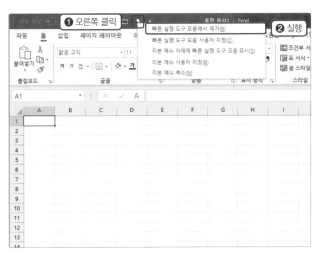

SECTION 08

리본 메뉴 탭 만들기

빠른 실행 도구 모음을 만들었듯이 리본 메뉴 또한 사용자가 구성할 수 있습니다. 자신의 작업 스타일에 맞게 명령을 따로 모아 두면 시간을 절약할 수 있습니다.

Keyword 리본 메뉴 사용자 지정, 새 탭

01 리본 메뉴를 마우스 오른쪽 버튼으로 클릭하고 [**리본 메뉴 사용자 지정**]을 실행합니다.

02 오른쪽 목록인 리본 메뉴 사용자 지정에서 [삽입]을 클릭하고 [새 탭] 버튼을 클릭합니다.

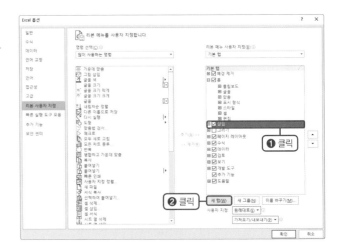

03 추가된 사용자 지정 메뉴의 이름을 변경하기 위해 [새 탭 (사용자 지정)]을 선택하고 [이름 바꾸기] 버튼을 클릭합니다. 표시 이름을 '메뉴모음'으로 지정합니다.
[새 그룹 (사용자 지정)]을 선택하고 [이름 바꾸기] 버튼을 클릭합니다. 표시 이름을 '삽입'으로 지정합니다.

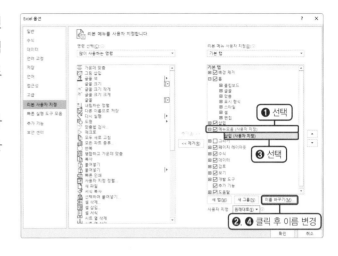

04 명령 선택을 '기본 탭'으로 지정하고 왼쪽에서 [삽입]-[표]-[추천 피벗 테이블]을 클릭한 다음 [추가] 버튼을 클릭합니다.
왼쪽에서 [차트]-[추천 차트]를 클릭하고 [추가] 버튼을 클릭합니다.

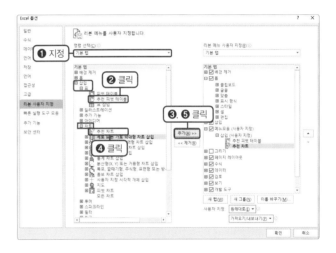

05 [새 그룹] 버튼을 클릭하고 [이름 바꾸기] 버튼을 클릭한 다음 표시 이름을 '데이터'로 지정합니다.

기본 & 입력

서식 & 표

활용 기능

차트 & 응용

필터링 & 분석

매크로

참조 & 자동 계산

함수

06 왼쪽에서 [데이터]-[정렬 및 필터]를 표시하고 [정렬], [필터 추가 또는 제거], [모든 필터 해제]를 추가합니다.
[데이터 도구]를 표시하고 [텍스트를 표로 변환], [데이터 유효성 검사], [데이터 통합]을 추가합니다. [확인] 버튼을 클릭해 닫습니다.

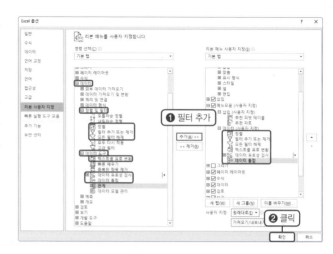

07 [메뉴모음] 탭이 추가된 것을 확인할 수 있습니다.

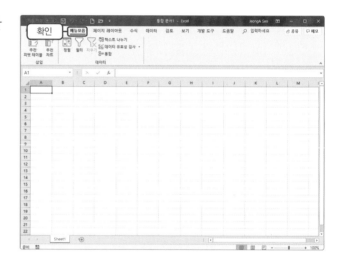

리본 메뉴 원래대로 되돌리기

사용자가 임의로 만들었던 리본 메뉴를 원래대로 되돌리려면 [Excel 옵션] 대화상자의 [리본 사용자 지정] 범주에서 [원래대로] 버튼을 클릭하고 [모든 사용자 지정 다시 설정]을 실행합니다. 경고 메시지가 나타나면 [예] 버튼을 클릭하여 리본 메뉴와 빠른 실행 도구 모음을 원래 상태로 되돌릴 수 있습니다.

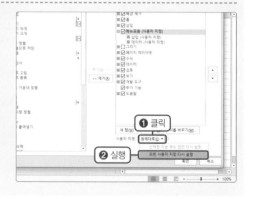

워크시트 화면
표시 변경하기

엑셀의 화면은 셀로 구성되어 있습니다. 화면 구성 요소는 눈금자, 수식 입력줄, 눈금선, 머리글로 구성되어 있어
사용자에 따라 표시하거나 해제할 수 있으며 리본 메뉴 구성 요소 표시 또한 변경할 수 있습니다.

Keyword 화면 구성 요소, 눈금선, 리본 메뉴 표시 변경   **예제 파일** Part 1 \ 1-9.xlsx

01 [보기] 탭-[표시] 그룹에서 '눈금선', '머리글'의 체크 표시를 모두 해제한 화면 구성입니다.

02 '머리글'에 체크 표시한 화면 구성입니다.

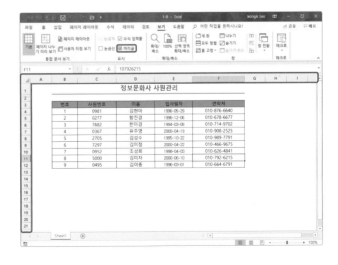

03 [통합 문서 보기] 그룹-[페이지 레이아웃]을 클릭하면 '눈금선'을 표시하거나 해제할 수 있습니다. 화면 오른쪽 윗부분 [리본 메뉴 표시 옵션(⊡)]을 클릭하면 표시되는 세 가지 옵션을 이용해 화면 구성을 변경할 수 있습니다. 먼저 [리본 메뉴 자동 숨기기]를 클릭합니다.

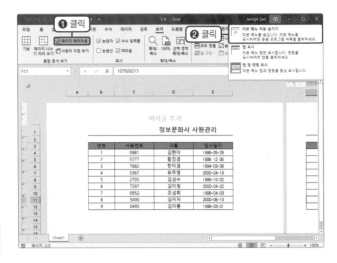

POINT
화면 오른쪽 아래의 [기본(⊞)], [페이지 레이아웃(⊡)], [페이지 나누기 미리 보기(凹)]를 클릭하면 빠르게 화면을 전환할 수 있습니다.

04 '리본 메뉴 자동 숨기기' 보기 방식이며 엑셀 워크시트 화면을 최대화하여 표시할 수 있습니다. 마우스 포인터를 화면 윗부분으로 가져가면 표시되는 초록색 띠를 클릭하면 리본 메뉴가 표시됩니다.
다시 [리본 메뉴 표시 옵션(⊡)]을 클릭하여 탭 표시로 변경할 수 있습니다.

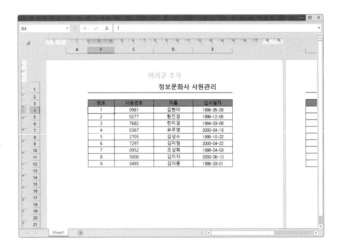

05 [탭 표시] 보기 방식입니다. 도구는 표시되지 않고 탭만 표시됩니다. 다시 [리본 메뉴 표시 옵션(⊡)]을 클릭하고 마지막 [탭 및 명령 표시]를 클릭하면 원래대로 돌아옵니다.

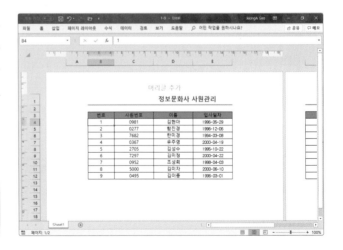

POINT
Ctrl+F1을 누를 때마다 리본 메뉴 축소 / 확장을 전환할 수 있습니다.

기본 & 입력

서식 & 표

활용 기능

차트 & 응용

필터링 & 분석

매크로

참조 & 자동 계산

함수

호환 모드 문서
엑셀 통합 문서로 변환하기

드물긴 하지만 아직도 2003 버전 이하의 통합 문서를 상위 버전에서 실행해야 하는 경우가 있습니다. 당연히 그 이후 생긴 기능들은 작업 제한이 있습니다. 통합 문서를 변환 과정을 거처 2019 버전으로 실행해 보겠습니다.

Keyword 호환 모드, 변환   **예제 파일** Part 1 \ 1-10.xls

01 예제 파일을 열고 [파일] 탭-[정보]-[변환]을 클릭합니다.

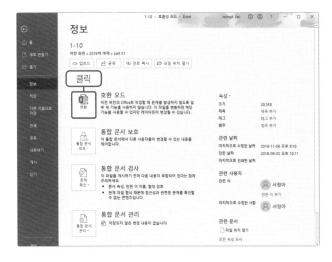

POINT
97-2003 통합 문서는 XLS 확장자로 저장되지만 2007 이상은 모두 XLSX로 저장됩니다.

02 형식을 변환하는 메시지 대화상자가 표시되면 [확인] 버튼을 클릭합니다. 이 작업을 수행하면 새 기능을 수행할 수 있는 현재 파일 형식으로 변환되며 파일 크기가 줄어들고, XLS 형식의 문서는 삭제됩니다.

POINT
97-2003 형식의 통합 문서가 열리면 제목 표시줄에 '호환성 모드' 또는 [호환 모드]'라고 표시됩니다.

03 변환이 된 문서를 다시 열기 위한 메
시지 대화상자가 나타나면 [예] 버튼을 클
릭합니다.

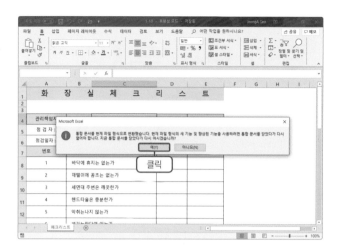

04 통합 문서가 XLSX 형식으로 변환되
었습니다. 제목 표시줄에 '호환성 모드'가
사라졌습니다.

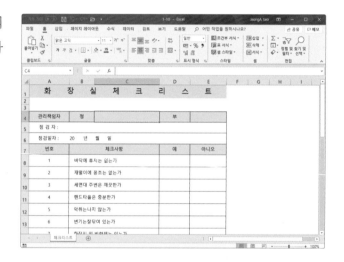

데이터
선택하기

엑셀 문서는 일반적으로 대량의 데이터를 다루는데, 데이터를 빠르게 선택해야 일 처리를 빠르게 할 수 있습니다.
대량의 데이터에서 빠르게 이동하는 방법, 선택하는 방법을 배워 보겠습니다.

기본 & 입력

서식 & 표

활용 기능

차트 & 응용

필터링 & 분석

매크로

참조 & 자동 계산

함수

Keyword 데이터 선택, 화면 이동   **예제 파일** Part 1 \ 1-11.xlsx

01 데이터 안쪽에 셀이 선택되어 있는지 확인하고 Ctrl + A 를 누르면 엑셀 데이터 전체가 선택됩니다.

POINT
통합 문서에서는 빈 행/열이 있으면 분리된 표로 인식합니다.

02 엑셀 통합 문서의 데이터를 빠르게 이동하기 위해 [A3]셀을 클릭하고 Ctrl + ↓ 를 누릅니다. 데이터 끝으로 셀이 이동하는 것을 확인할 수 있습니다.

03 Ctrl+↑를 눌러 화면을 위로 올리고 Shift와 방향키를 누릅니다. 한 셀 한 셀 추가 선택되는 것을 확인할 수 있습니다.

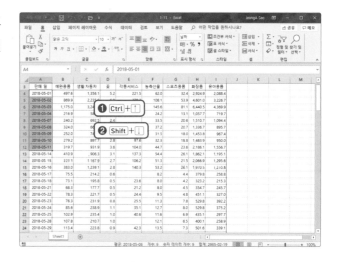

04 Ctrl과 Shift를 함께 누르면 데이터의 끝을 선택하면서 빠르게 이동할 수 있습니다. [A4]셀을 클릭하고 Ctrl+Shift+↓를 눌러 [A4:A123]을 선택합니다.

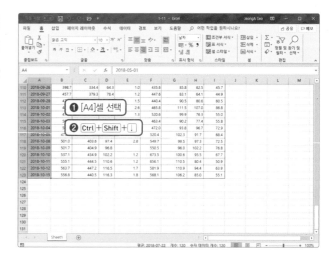

05 부분적으로 데이터를 선택하고자 할 때, [D3:F3]을 선택하고 Ctrl+Shift+↓를 누르면 [D3:F123]이 선택됩니다.

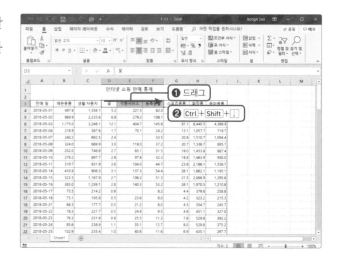

06 중간중간 빈 데이터를 선택할 때 Ctrl +Shift+↓를 이용한다면 오히려 여러 번에 걸쳐 선택을 하게 됩니다.

[E4]셀을 클릭하고 스크롤바로 화면을 이동한 다음 Shift를 누른 채 [E123]셀을 클릭합니다. [E4:E123]이 선택됩니다.

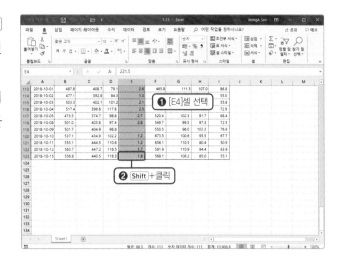

기본 & 입력

서식 & 표

활용 기능

차트 & 응용

필터링 & 분석

매크로

참조 & 자동 계산

함수

쌩초보 Level Up

화면 이동 단축키

바로 가기 키	기능
Ctrl+클릭	중복 범위 선택
Tab	오른쪽 셀로 이동, 반대 방향(왼쪽)은 Shift와 함께 사용
Ctrl+Home	[A1]셀로 이동
Ctrl+End	데이터가 입력된 마지막 셀로 이동
Ctrl+Shift+방향키	선택된 셀부터 방향키 방향으로 데이터 마지막 셀까지 선택
Ctrl+Spacebar	선택된 셀의 열 전체 선택
Shift+Spacebar	선택된 셀의 행 전체 선택
Alt+PageUp	한 화면 왼쪽으로 이동
Alt+PageDown	한 화면 오른쪽으로 이동

문자 데이터 입력하기

SECTION

12

엑셀 데이터는 문자 데이터와 숫자 데이터로 구분되는데 계산할 수 없는 데이터를 문자 데이터라 하고, 계산할 수 있는 데이터를 숫자 데이터라고 합니다. 문자 데이터를 입력하는 방법과 편집하는 방법을 알아보겠습니다.

Keyword 문자 데이터, 자동 완성, 동시 입력   **예제 파일** Part 1 \ 1-12.xlsx

01 [A1]셀에 '데이터 입력'을 입력하고 Enter를 입력합니다. [A2]셀에 '데이터'를 입력하기 위해 '데'를 입력하면 '데이터 입력'이 자동 완성 기능으로 보입니다.

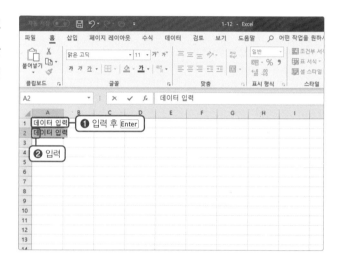

02 F2를 누른 다음 커서를 이동하여 '입력'을 Backspace를 눌러 삭제한 다음 Enter를 누릅니다.

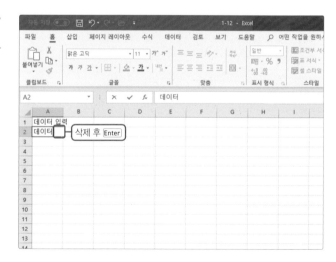

03 '데'로 입력한 데이터가 두 개이니 자동 완성 기능이 제공되지 않습니다. 그러나 Alt+↓를 누르면 제공되는 문자 중에서 선택하여 입력할 수 있습니다.

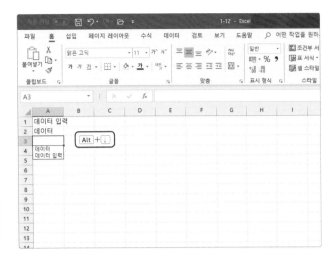

POINT
하나의 열에 입력된 데이터만 제공되며 빈 셀 이후에는 Alt+↓를 눌러도 데이터가 제공되지 않습니다.

04 하나의 셀에 두 줄을 입력하기 위해 '프로그램' 시트에서 [B6]셀을 클릭하고 '스포츠'를 입력합니다. Alt+Enter를 누르고 '주요행사'를 입력한 다음 Enter를 누릅니다.

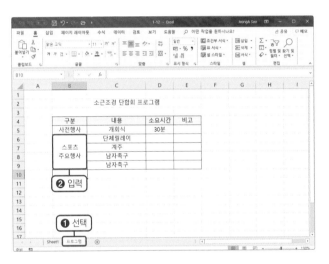

05 [D5]셀을 선택하고 채우기 핸들을 더블클릭하여 [D9]셀까지 채우기 합니다. [자동 채우기 옵션(🖳)]-[셀 복사]를 클릭하여 '30분'이라는 데이터를 복사하여 채우기 합니다.

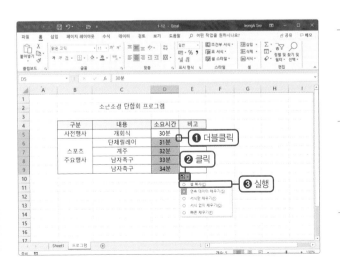

POINT
문자와 숫자가 포함되어 있는 데이터라면 숫자가 증가되는 것이 기본 채우기 양식입니다.

기본 & 입력

서식 & 표

활용 기능

차트 & 응용

필터링 & 분석

매크로

참조 & 자동 계산

함수

06 [E5]셀을 클릭하고 `Ctrl`을 누른 채 [E8]셀을 중복 선택합니다. '강당'을 입력하고 `Ctrl`+`Enter`를 눌러 선택한 셀에 동시 입력합니다.

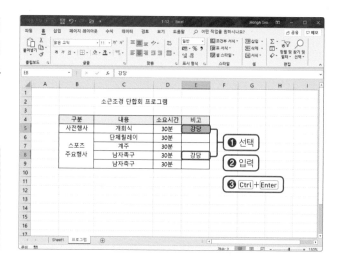

POINT

떨어진 셀에 데이터를 입력할 때는 채우기 핸들로 복사할 수 없기 때문에 같은 기능을 하는 `Ctrl`+`Enter`를 사용합니다. `Ctrl`+`Enter`는 선택된 셀에 동시 입력하는 특징을 갖고 있어서, 미리 입력할 곳을 선택하고 사용합니다.

쌩초보 Level Up

채우기 핸들 사용하기

셀을 선택하면 오른쪽 아랫부분 모서리에 표시되는 작은 사각형이 채우기 핸들입니다. 채우기 핸들에 마우스 포인터를 가져가면 마우스 포인터가 + 모양으로 변경됩니다. 이때 원하는 만큼 드래그하거나 더블클릭하여 데이터 끝까지 복사하는 것을 자동 채우기라고 합니다.

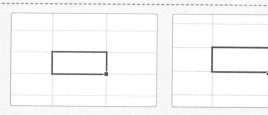

한/영 자동 고침 해제

엑셀에서 데이터를 입력할 때 자음을 연속으로 입력하게 되면 영문으로 변경되는데 이는 한글과 영어가 자동으로 고쳐지는 기능을 가지고 있기 때문입니다. 이를 해제하는 방법을 알아보겠습니다.

[파일] 탭-[옵션]-[언어 교정] 범주에서 [자동 고침 옵션] 버튼을 클릭합니다. '한/영 자동 고침'의 체크 표시를 해제합니다.

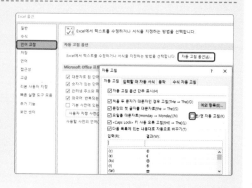

한자 입력하기

한글 음을 입력하고 한자를 누르면 원하는 한자를 선택할 수 있으며, 단어를 변환하여 입력 형태를 변경할 수도 있습니다. [검토] 탭-[언어] 그룹-[한글/한자 변환]을 사용할 수도 있습니다.

Keyword 한자, 한자 변환   **예제 파일** Part 1 \ 1-13.xlsx

01 [D11]셀에 '2019年 1月'을 입력하기 위해 '2019년'을 입력하고 한자를 누른 다음 '年'으로 변경합니다.

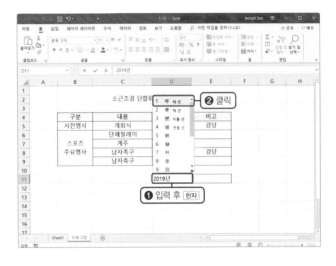

POINT
한자 목록에서 Tab을 누르면 현재 전체 한자 목록을 표시할 수 있습니다.

02 같은 방법으로 '1월'을 '1月'로 변경합니다.

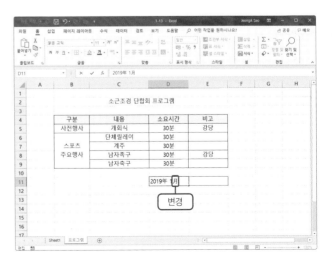

03 [E11]셀을 선택하고 '종료'를 입력합니다. 한자를 세 번 누르면 [한글/한자 변환] 대화상자가 표시되면서 단어 변환을 할 수 있습니다.

입력 형태를 '한글(漢字)'로 지정하고 [변환] 버튼을 클릭합니다.

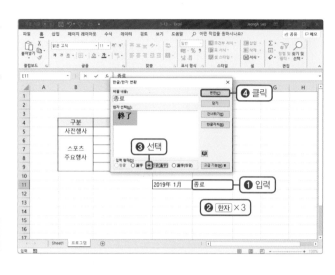

04 '종료(終了)'로 변경된 것을 확인할 수 있습니다.

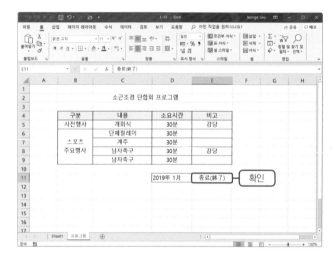

쌩초보 Level Up

한자 사전 보기

[한글/한자 변환] 대화상자에서 [한자 사전(📖)]을 클릭하면 한자의 음과 뜻, 부수, 획수 등을 볼 수 있습니다.

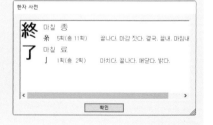

기호
입력하기

키보드에 없는 기호를 특수 문자라고 합니다. [삽입] 탭-[기호] 그룹-[기호]를 사용하거나, 한글 자음을 입력하고
[한자]를 눌러 특수 문자를 입력할 수 있습니다.

Keyword 특수 문자, 기호   **예제 파일** Part 1\1-14.xlsx

01 제목에 특수 문자를 입력해 보겠습니다. [B2]셀을 더블클릭하고 자음 'ㅁ'을 입력한 다음 [한자]를 누릅니다. [Tab]을 누르면 목록이 펼쳐져 보입니다.

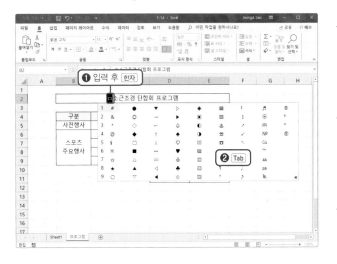

02 '◖', '◗'를 선택하여 제목 앞뒤에 입력합니다.

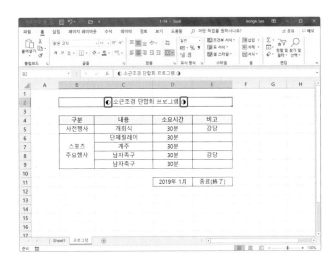

03 [E6]셀을 클릭하고, [삽입] 탭-[기호] 그룹-[기호]를 클릭합니다. 글꼴을 'Webdings'로 지정하고 '♙'를 선택합니다. [삽입] 버튼을 클릭하고 [닫기] 버튼을 클릭합니다.

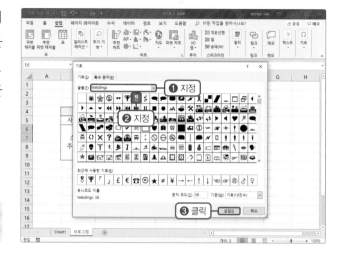

04 기호를 삽입하고 채우기 핸들을 [E7] 셀까지 드래그하여 수식을 복사한 다음 작업을 마무리합니다.

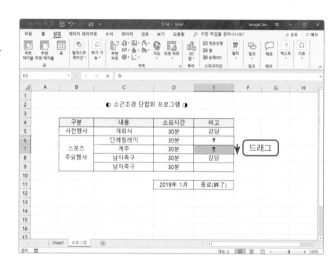

쌩초보 Level Up

자주 입력하는 특수 문자

키보드에 있는 자음에 따라 특수 문자들이 할당되어 있습니다. 자주 사용하는 특수 문자는 다음과 같습니다.

자음	특수 문자
ㅁ	※ ◎ ▲ ☎
ㄴ	「 」『 』
ㅇ	① ② ③ ⓐ ⓑ ⓒ
ㄹ	℃ ㎟ ㎢
ㅌ	· (중간 점)

기본 & 입력

서식 & 표

활용 기능

차트 & 응용

필터링 & 분석

매크로

참조 & 자동 계산

함수

SECTION

15

숫자 데이터 입력하기

엑셀은 숫자 데이터로 기본적인 계산을 합니다. 하나의 셀에 숫자로만 입력되어 있거나 수식에 의한 결과가 숫자인 경우 계산이 가능한 숫자 데이터라 할 수 있습니다.

Keyword 숫자 데이터, 지수 형식, 분수 입력　　　**예제 파일** Part 1\1-15.xlsx

01 [B4]셀을 선택하고 '6370'을 입력합니다. 정수, 소수, 분수 등 모든 숫자는 오른쪽 정렬됩니다.

02 [B5]셀에 '0'을 입력하고 Enter 를 누른 다음 [B6]셀에 '123456789012'를 입력합니다.

POINT
숫자 데이터는 아무런 표시 형식 없이 한 셀에 12글자 이상 입력하면 지수승으로 표시됩니다.

03 [B7]셀을 선택하고 '0 1/4'를 입력합니다. 분수로 인식되며, 수식 입력줄에 0.25로 보이는 것을 확인할 수 있습니다.

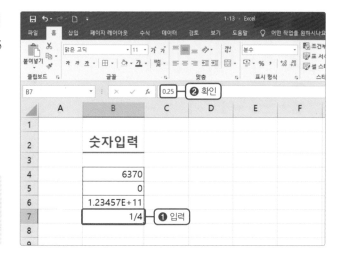

POINT
'1/4'로 입력하면 날짜 '01월 04일'로 입력되므로 분수 입력을 하려면 '0'과 띄어쓰기 한 칸을 입력한 다음 입력합니다.

04 [B4:B6]을 선택하고 [홈] 탭-[표시 형식] 그룹-[쉼표 스타일(,)]을 클릭합니다.

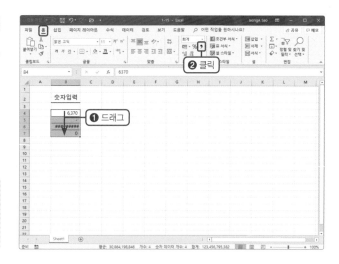

POINT
[쉼표 스타일]을 클릭하면 회계와 연동되어 [B5] 데이터는 '–'로 변경되며, 지수 형식으로 표시된 [B6]셀은 셀 너비가 좁기 때문에 '#'으로 표시됩니다.

05 좁게 표시된 [B6]셀의 데이터를 제대로 표시하기 위해 B열 머리글 오른쪽 경계를 더블클릭합니다.

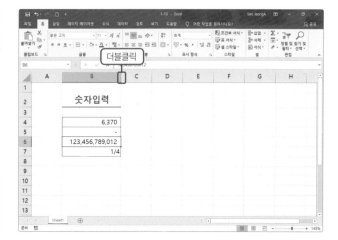

POINT
B열 머리글 경계를 오른쪽으로 드래그하여 너비를 수동으로 조절할 수도 있습니다.

날짜와 시간 입력하기

엑셀에서는 날짜와 시간을 계산할 수 있습니다. 그러므로 형식에 따라 입력하는 것이 중요한데 날짜는 슬래시(/), 하이픈(−)을 구분 기호로 사용하고, 시간은 콜론(:)을 구분 기호로 사용합니다.

Keyword 날짜, 시간　　　　　　　　　　　　　　　　**예제 파일** Part 1 \ 1-16.xlsx

기본 & 입력

서식 & 표

활용 기능

차트 & 응용

필터링 & 분석

매크로

참조 & 자동 계산

함수

01 날짜를 입력하기 위해 [B9]셀을 클릭하고 '3−27'을 입력한 다음 Enter를 누릅니다.

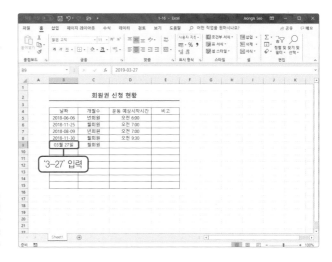

POINT
올해의 날짜를 입력할 때는 연도를 입력하지 않아도 자동 올해의 날짜로 입력됩니다.

02 [홈] 탭-[표시 형식] 그룹에서 형식을 '간단한 날짜'로 지정합니다.

POINT
Ctrl+:를 누르면 컴퓨터에 설정된 오늘 날짜가 자동으로 입력되고, Ctrl+Shift+:를 누르면 현재 시각이 입력됩니다.

03 시간을 입력하기 위해 [D9]셀에 '10:'을 입력하고 Enter 를 누릅니다. '10:00'이 입력됩니다.

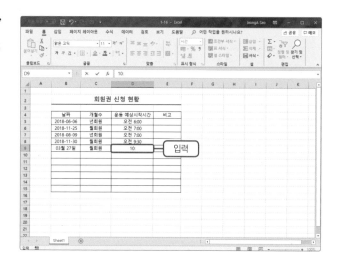

04 시간을 입력한 [D9]셀을 클릭하고 수식 입력줄을 보면 '10:00:00 AM'으로 나타납니다.

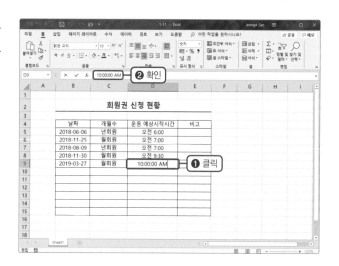

05 [B10]셀을 클릭하고 '3-28'을 입력합니다. [D10]셀을 클릭하고 오후 6시를 입력하기 위해 '18:'을 입력합니다.

POINT
엑셀에서 시간은 24시간 형식으로 입력하거나 12시간 형식으로 입력한 다음 한 칸을 띄우고 AM이나 PM을 입력할 수 있습니다.

메모
삽입하기

메모는 셀에 직접 입력하지 못하는 추가적인 설명글을 쓸 수 있는 기능입니다. 다른 데이터에 방해되지 않도록 메모를 숨기거나, 반대로 계속 볼 수 있도록 펼쳐 놓을 수 있습니다.

Keyword 메모, 메모 편집, 메모 표시   **예제 파일** Part 1 \ 1-17.xlsx

기본 & 입력

서식 & 표

활용 기능

차트 & 응용

필터링 & 분석

매크로

참조 & 자동 계산

함수

01 [D6] 셀을 클릭하고 [검토] 탭-[메모] 그룹-[새 메모]를 클릭합니다. 나타난 메모지에 'pt해주기로 함'을 입력하고 임의의 다른 셀을 클릭합니다.

POINT
셀을 마우스 오른쪽 버튼으로 클릭하고 [메모 삽입]을 실행할 수 있습니다. 단축키는 Shift + F2 입니다.
메모를 삽입했을 때 기본으로 설정되는 이름은 [파일] 탭-[옵션]-[일반] 범주에서 Microsoft Office 개인 설정 항목의 사용자 이름에 설정된 문자가 자동으로 표시됩니다.

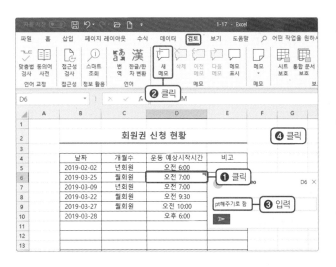

02 [D6]셀에 표식이 남아 있습니다. 엑셀 2019에서는 다른 셀을 클릭하고 있더라도 [D6]셀에 마우스 포인터를 위치하고 텍스트를 클릭하면 메모 편집을 할 수 있습니다.

POINT
메모 기능은 엑셀 2019 세부 버전에 따라 다를 수 있습니다. 숨겨진 메모는 마우스 포인터를 메모 표식에 가져가면 확인할 수 있습니다. 마우스 오른쪽 버튼을 클릭하고 [메모 편집]을 실행할 수 있습니다.

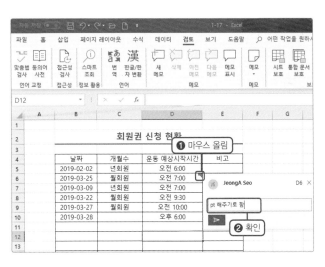

03 메모의 [게시] 아이콘(▷)을 클릭하면 첫 번째 메모에 답글을 달 수 있습니다. 세 번째 부터는 글을 입력하고 [게시] 아이콘만 클릭합니다.

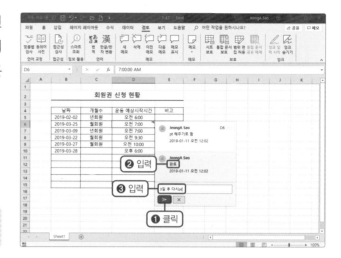

POINT
답글 기능은 엑셀 2019부터 사용할 수 있습니다.

04 입력된 메모를 마우스 포인터 위치와 상관없이 계속 표시하려면 [메모] 그룹-[메모 표시]를 클릭합니다.
엑셀 2019에서는 메모 작업 창이 열려서 현재 시트에 적용된 모든 메모를 볼 수 있습니다.

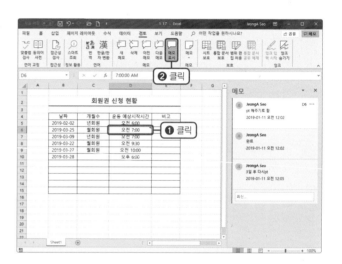

쌩초보 Level Up

메모와 함께 인쇄하기

삽입된 메모는 기본적으로 인쇄되지 않습니다. 메모를 인쇄하기 위해 추가 설정이 필요합니다. [페이지 레이아웃] 탭-[페이지 설정] 그룹에서 설정 아이콘(◰)을 클릭하고 [시트] 탭을 선택합니다. 메모를 '시트 끝'과 '시트에 표시된 대로' 중 한 개로 지정합니다.

수식
입력하기

숫자, 날짜, 시간 데이터를 계산할 수 있으며, 수식은 등호(=)로 시작하여 입력할 수 있습니다. 수식을 입력할 때는 직접 입력하는 방법도 있지만 데이터가 입력된 셀을 참조하여 입력하기도 합니다.

Keyword 수식 입력, 등호, 계산   **예제 파일** Part 1 \ 1-18.xlsx

01 [E14]셀에 '='를 입력합니다. [C14]셀을 클릭하면 = 뒤에 셀 주소가 입력됩니다. '−'를 입력하고 [D14]셀을 클릭한 다음 Enter 를 누릅니다.

POINT
수식을 편집할 때 글자 색깔과 참조되고 있는 셀의 테두리 색상이 동일한 것을 확인할 수 있습니다.

02 [E14]셀을 다시 클릭하고 수식 입력줄을 확인합니다. 셀에는 결과 값이 보이며, 수식 입력줄에서 수식을 확인할 수 있습니다.

SECTION

19

데이터 편집 및
옵션 사용하기

입력된 데이터를 편집할 때 여러 가지 방법이 있습니다. F2 를 눌러 커서가 있는 편집 상태로 수정하는 방법과 수식 입력줄에서 편집하는 방법을 알아보고 또한 옵션 아이콘을 이용하여 데이터를 빠르게 편집할 수 있는 방법을 알아보겠습니다. 옵션 아이콘은 현재 기능을 수행했을 때만 편집할 수 있습니다.

Keyword F2, 데이터 편집, 옵션 아이콘　　　예제 파일 Part 1 \ 1-19.xlsx

01 [E1]셀을 '25%'로 수정합니다.

02 4행에서 빈 행을 삽입하기 위해 4행을 마우스 오른쪽 버튼으로 클릭하고 [삽입]을 실행하여 행을 추가합니다.

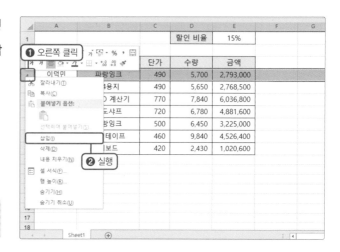

POINT
삽입 단축키는 Ctrl + + 입니다.

03 [삽입 옵션(🖌)]-[아래와 같은 서식]을 클릭합니다.

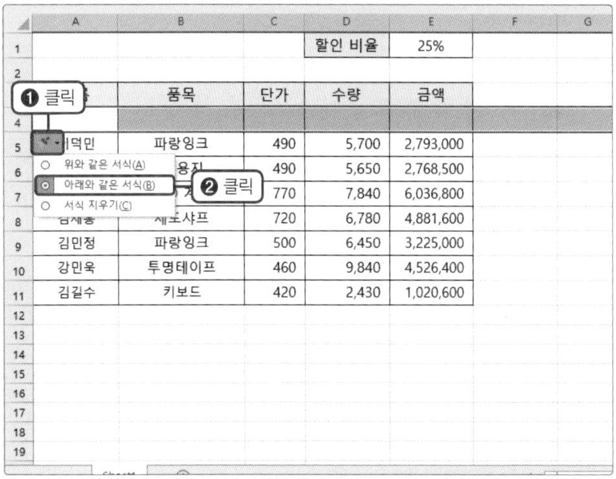

POINT
행/열, 셀을 추가하면 왼쪽, 위쪽에 있는 서식이 그대로 적용됩니다. 이때 옵션 아이콘을 이용해서 변경할 수 있습니다.

04 추가된 행의 4행을 클릭하고 [A4:D4]에 그림과 같이 입력합니다.

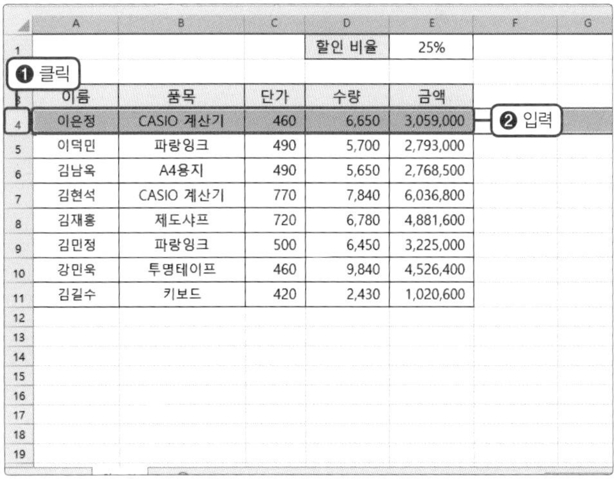

POINT
4행을 선택하고 [Enter]를 누르면 범위 지정된 곳(행)에서만 이동합니다.

기본 & 입력

서식 & 표

활용 기능

차트 & 응용

필터링 & 분석

매크로

참조 & 자동 계산

함수

숫자 일정하게 자동 채우기

SECTION

20

자동 채우기를 하면 데이터를 빠르게 입력할 수 있습니다. 숫자를 연속 데이터로 1씩 증가하게 할 수도 있습니다. 일정한 간격으로 증가 또는 증감할 수 있는 방법을 알아보겠습니다.

Keyword 연속 데이터 채우기, 붙여넣기 옵션 　　　**예제 파일** Part 1 \ 1-20.xlsx

01 [A2]셀을 클릭하고 채우기 핸들에 마우스 포인터를 위치시킨 다음 +로 변경되면 [A21]셀까지 드래그합니다.

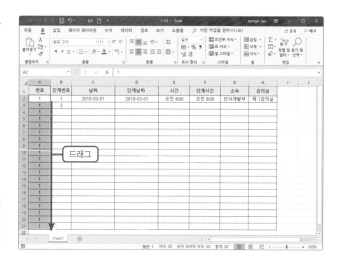

POINT
'1'을 입력하고 Ctrl을 누른 채로 채우기 핸들을 드래그하면 1, 2, 3, ……으로 나타납니다.

02 드래그한 만큼 1이 복사되었습니다. [자동 채우기 옵션(🖳)]-[연속 데이터 채우기]를 클릭합니다.

POINT
채우기 옵션에서는 '연속 데이터 채우기', '서식만 채우기', '서식 없이 채우기', '빠른 채우기' 중 하나를 선택하여 데이터를 채울 수 있습니다.

03 이번에는 단계 값으로 숫자를 넣는 방법을 배워 보겠습니다. [B2:B3]까지 범위를 지정하고 채우기 핸들을 더블클릭합니다.

기본 & 입력

서식 & 표

활용 기능

차트 & 응용

필터링 & 분석

매크로

참조 & 자동 계산

함수

POINT
더블클릭했을 때의 채워지는 기준은 Ctrl + A 를 눌렀을 때 하나의 표로 인식하는 마지막 데이터까지입니다.

04 [B2:B3]의 차이만큼 연속 데이터가 증가한 것을 확인할 수 있습니다.

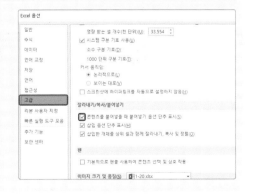

POINT
두 개의 셀 범위를 지정할 때 차이 값을 어떻게 입력하느냐에 따라서 단계 값이 다르게 입력됩니다.

쌩초보 Level Up

[자동 채우기 옵션(⊞)] 사용하기

옵션 아이콘은 자동 채우기한 화면의 마지막 셀에 표시되며, 다음 기능을 실행하면 옵션 아이콘이 사라집니다. 옵션 아이콘이 자동 채우기한 다음 표시되지 않으면 [파일] 탭-[옵션]-[고급] 범주의 잘라내기/복사/붙여넣기 항목에서 '콘텐츠를 붙여넣을 때 붙여넣기 옵션 단추 표시'에 체크 표시합니다.

날짜 단위 자동 채우기

날짜 데이터를 자동 채우기 하면 하루씩 증가됩니다. 이때 옵션 아이콘을 이용해서 여러 단위를 기준으로 자동 채우기 하는 방법을 배워 보겠습니다. 또한 연속 데이터 기능을 이용하여 단계별 값을 채워 보겠습니다.

Keyword 평일 단위 채우기, 연속 데이터   **예제 파일** Part 1 \ 1-21.xlsx

---

01 [C3]셀 채우기 핸들을 더블클릭합니다. 1일씩 증가되는 것을 확인할 수 있습니다.

번호	단계번호	날짜	단계날짜	시간	단계시간	
1	1	2019-03-01	더블클릭	오전 8:00	오전 8:00	인사
2	3	2019-03-02				
3	5	2019-03-03				
4	7	2019-03-04				
5	9	2019-03-05				
6	11	2019-03-06				
7	13	2019-03-07				
8	15	2019-03-08				
9	17	2019-03-09				
10	19	2019-03-10				
11	21	2019-03-11				
12	23	2019-03-12				
13	25	2019-03-13				
14	27	2019-03-14				
15	29	2019-03-15				
16	31	2019-03-16				
17	33	2019-03-17				
18	35	2019-03-18				
19	37	2019-03-19				
20	39	2019-03-20				

평균: 2019-03-10   개수: 20   숫자 데이터 개수: 20   합계: 4283-11-12

---

02 [자동 채우기 옵션(📋)]–[평일 단위 채우기]를 클릭합니다. '토요일', '일요일'을 빼고 평일 단위로 채워집니다.

번호	단계번호	날짜	단계날짜	시간	단계시간	
1	1	2019-03-01	2019-03-01	오전 8:00	오전 8:00	인사
2	3	2019-03-04				
3	5	2019-03-05				
4	7	2019-03-06				
5	9	2019-03-07				
6	11	2019-03-08				
7	13	2019-03-11				
8	15	2019-03-12				
9	17	2019-03-13				
10	19	2019-03-14				
11	21	2019-03-15	○ 셀 복사(C)			
12	23	2019-03-18	○ 연속 데이터 채우기(S)			
13	25	2019-03-19	○ 서식만 채우기(F)			
14	27	2019-03-20	○ 서식 없이 채우기(O)			
15	29	2019-03-21	○ 일 단위 채우기(D)			
16	31	2019-03-22	⦿ 평일 단위 채우기(W)	❷ 클릭		
17	33	2019-03-25	○ 월 단위 채우기(M)			
18	35	2019-03-26	○ 연 단위 채우기(Y)			
19	37	2019-03-27	○ 빠른 채우기(F)			
20	39	2019-03-28	❶ 클릭			

평균: 2019-03-15   개수: 20   숫자 데이터 개수: 20   합계: 4284-02-12

POINT
평일, 월, 연 단위로 채우기로 변경할 수 있습니다.

03 [D2]셀을 클릭하고 마우스 오른쪽 버튼으로 채우기 핸들을 [D21]셀까지 드래그합니다. 표시되는 메뉴에서 **[연속 데이터]**를 실행합니다.

POINT
[홈] 탭-[편집] 그룹-[채우기(⊡)]-[계열]을 클릭해도 됩니다.

04 날짜 단위를 '평일', 단계 값을 '2'로 지정하고 [확인] 버튼을 클릭합니다.

05 평일 단위로 2일씩 자동 채우기된 것을 확인할 수 있습니다.

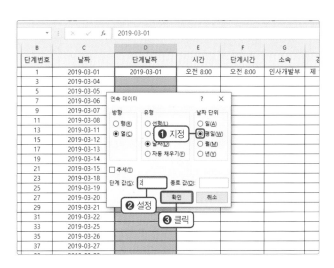

시간 단위 자동 채우기

시간을 자동 채우기 하면 '시'가 변경되는 것을 알 수 있습니다. 이때 분이 원하는 만큼 증가되도록 변경하는 방법을 배워 보겠습니다.

Keyword 시간 자동 채우기   **예제 파일** Part 1 \ 1-22.xlsx

01 [E2]셀 채우기 핸들을 더블클릭합니다. '시'가 증가되는 것을 확인할 수 있습니다.

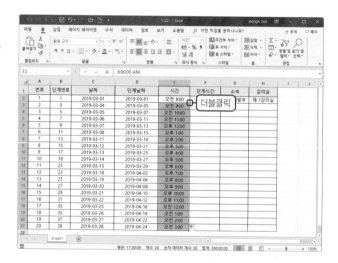

02 [F2:F3]까지의 범위를 선택하고 채우기 핸들을 더블클릭합니다. [F2:F3] 차이 값만큼 분이 증가됩니다.

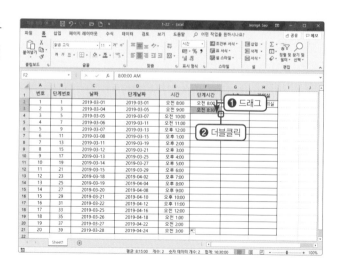

문자와 숫자가 함께 있는 데이터 자동 채우기

문자와 숫자가 함께 있으면 숫자는 자동으로 1씩 증가하게 되어 있습니다. 또한 문자는 복사됩니다. 자동 채우기 옵션으로 변경하여 데이터를 입력하는 방법을 배우겠습니다.

Keyword 연속 데이터 채우기, 셀 복사, 문자와 숫자 함께 채우기, 병합된 셀 채우기　**예제 파일** Part 1 \ 1-23.xlsx

01 [G2]셀 채우기 핸들을 더블클릭합니다. 문자만 있는 데이터이기 때문에 데이터가 있는 바로 위 [G10]셀까지 복사됩니다.

POINT
문자만 있기 때문에 [자동 채우기 옵션(圖)]을 클릭해도 [연속 데이터 채우기]가 나타나지는 않습니다.

02 [G11]셀 채우기 핸들을 더블클릭합니다. 숫자가 증가되는 것을 확인할 수 있습니다.

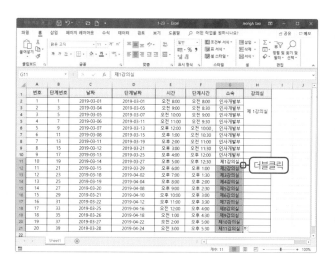

03 [자동 채우기 옵션(📋)]-[셀 복사]를
클릭하는 것이 가능합니다.

단계날짜	시간	단계시간	소속	강의실
2019-03-01	오전 8:00	오전 8:00	인사개발부	
2019-03-05	오전 9:00	오전 8:30	인사개발부	
2019-03-07	오전 10:00	오전 9:00	인사개발부	제 1강의실
2019-03-11	오전 11:00	오전 9:30	인사개발부	
2019-03-13	오후 12:00	오전 10:00	인사개발부	
2019-03-15	오후 1:00	오전 10:30	인사개발부	
2019-03-19	오후 2:00	오전 11:00	인사개발부	
2019-03-21	오후 3:00	오전 11:30	인사개발부	
2019-03-25	오후 4:00	오후 12:00	인사개발부	
2019-03-27	오후 5:00	오후 12:30	제1강의실	
2019-03-29	오후 6:00	오후 1:00	제1강의실	
2019-04-02	오후 7:00	오후 1:30	제1강의실	
2019-04-04	오후 8:00	오후 2:00	제1강의실	
2019-04-08	오후 9:00	오후 2:30	제1강의실	
2019-04-10	오후 10:00	오후 3:00	제1강의실	
2019-04-12	오후 11:00	오후 3:30	제1강의실	
2019-04-16	오전 12:00	오후 4:00	제1강의실	
2019-04-18	오전 1:00	오후 4:30	제1강의실	
2019-04-22	오전 2:00	오후 5:00	제1강의실	
2019-04-24	오전 3:00	오후 5:30	제1강의실	

❷ 클릭

◉ 셀 복사(C)
○ 연속 데이터 채우기(S)
○ 서식만 채우기(F)
○ 서식 없이 채우기(O)
○ 빠른 채우기(F)

❶ 클릭

개수: 11   100%

04 병합된 [H2]셀 채우기 핸들을 드래그
하여 [H21]셀까지 채웁니다.

드래그

05 병합되어 있어도 [자동 채우기 옵션
(📋)]에서 [셀 복사]나 [연속 데이터 채우
기]를 사용할 수 있습니다.

단계날짜	시간	단계시간	소속	강의실
2019-03-01	오전 8:00	오전 8:00	인사개발부	
2019-03-05	오전 9:00	오전 8:30	인사개발부	
2019-03-07	오전 10:00	오전 9:00	인사개발부	제 1강의실
2019-03-11	오전 11:00	오전 9:30	인사개발부	
2019-03-13	오후 12:00	오전 10:00	인사개발부	
2019-03-15	오후 1:00	오전 10:30	인사개발부	제 2강의실
2019-03-19	오후 2:00	오전 11:00	인사개발부	
2019-03-21	오후 3:00	오전 11:30	인사개발부	
2019-03-25	오후 4:00	오후 12:00	인사개발부	
2019-03-27	오후 5:00	오후 12:30	제1강의실	제 3강의실
2019-03-29	오후 6:00	오후 1:00	제1강의실	
2019-04-02	오후 7:00	오후 1:30	제1강의실	
2019-04-04	오후 8:00	오후 2:00	제1강의실	
2019-04-08	오후 9:00	오후 2:30	제1강의실	제 4강의실
2019-04-10	오후 10:00	오후 3:00	제1강의실	
2019-04-12	오후 11:00	오후 3:30	제1강의실	
2019-04-16	오전 12:00	오후 4:00	제1강의실	
2019-04-18	오전 1:00	오후 4:30	제1강의실	제 5강의실
2019-04-22	오전 2:00	오후 5:00	제1강의실	
2019-04-24	오전 3:00	오후 5:30	제1강의실	

❷ 확인

○ 셀 복사(C)
◉ 연속 데이터 채우기(S)
○ 서식만 채우기(F)
○ 서식 없이 채우기(O)
○ 빠른 채우기(F)

❶ 클릭

개수: 5   100%

기본 & 입력

서식 & 표

활용 기능

차트 & 응용

필터링 & 분석

매크로

참조 & 자동 계산

함수

사용자 지정으로 자동 채우기

엑셀은 버전과 상관없이 '월요일, 화요일……', '갑, 을, 병……' 등과 같이 자주 사용되는 일반적인 목록을 지정해 놓았습니다. 그렇기 때문에 데이터를 자동 채우기 한 것과 같이 사용할 수 있는데 사용자가 필요한 데이터를 추가하여 목록으로 사용할 수 있습니다.

Keyword 사용자 지정 자동 채우기, 자동 데이터 추가   **예제 파일** Part 1 \ 1-24.xlsx

01 [파일] 탭-[옵션]-[고급] 범주의 일반 항목에서 [사용자 지정 목록 편집] 버튼을 클릭합니다.

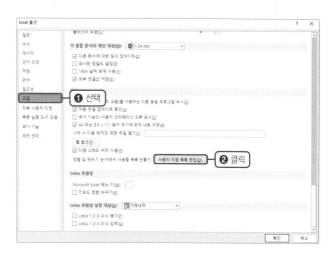

02 [사용자 지정 목록] 대화상자가 표시됩니다.

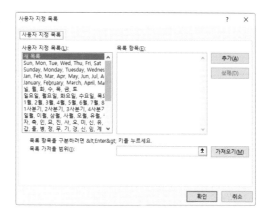

03 '서울특별시, 인천광역시, 대전광역시, 광주광역시, 대구광역시, 울산광역시, 부산광역시'를 Enter를 누르면서 입력하고 [추가] 버튼을 클릭합니다.

[확인] 버튼을 두 번 클릭하여 대화상자를 모두 닫습니다.

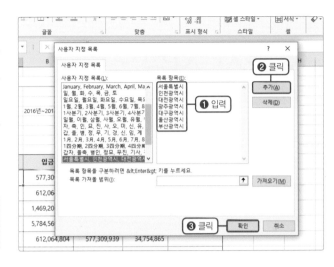

04 [A11]셀에 사용자 지정 목록에서 추가했던 목록 중 '서울특별시'를 입력하고, 채우기 핸들을 더블클릭합니다.

05 '서울특별시'가 복사되지 않고 사용자 지정 목록에 추가한 목록으로 자동 채우기가 됩니다. [자동 채우기 옵션(🖱)]-[서식 없이 채우기]를 클릭합니다.

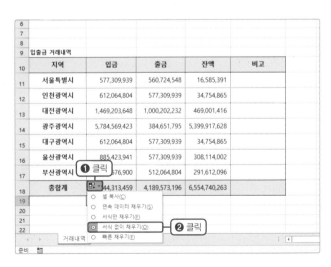

SECTION

25

기본 & 입력

서식 & 표

활용 기능

차트 & 응용

필터링 & 분석

매크로

참조 & 자동 계산

함수

빠른 채우기로
데이터 빠르게 입력하기

엑셀의 빠른 채우기 기능은 엑셀 2013 이상에서만 사용할 수 있으며, 빠른 채우기는 패턴을 감지하면 자동으로 데이터를 입력할 수 있습니다. 한 개의 열에서 두 개 이상을 분리하거나 서로 다른 두 개의 열에서 결합할 수 있습니다.

Keyword 빠른 채우기   **예제 파일** Part 1 \ 1-25.xlsx

01 [B4]셀을 클릭하고 '가장 오래된 교양'을 입력한 다음 Enter를 누릅니다.

POINT
빠른 채우기는 엑셀 2013 이상부터 사용할 수 있습니다.

02 [B5]셀에 '감'을 입력하고 미리 보기가 표시되면 Enter를 누릅니다.

POINT
자동으로 빠른 채우기가 안 될 경우 [데이터]-[데이터 도구] 그룹-[빠른 채우기(☰)]를 클릭하거나 Ctrl+E를 누릅니다.

03 내용이 자동으로 채워집니다.

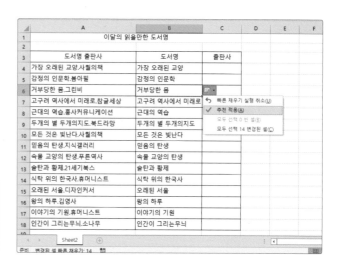

POINT
[빠른 채우기 옵션(⊞)]–[빠른 채우기 실행 취소] 또는
[추천 적용]을 클릭하면 [빠른 채우기 옵션] 아이콘은
없어집니다.

04 같은 방법으로 [C4]셀에 '사월의책'
을 입력하고, [C5]셀에 '봄'을 입력한 후
Enter 를 누릅니다.

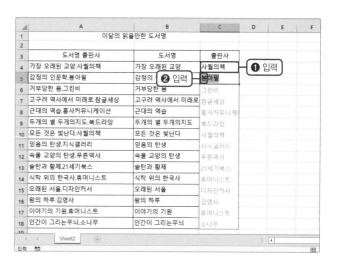

05 반대로 다시 결합하기 위해 [D4]셀에
'가장 오래된 교양–사월의책'을 입력하고,
[D5]셀에 '감'을 입력한 다음 Enter 를 누
릅니다.

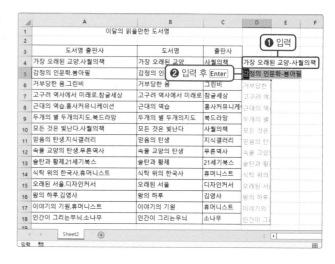

06 수식의 빠른 채우기를 익히기 위해 [수식] 시트를 선택합니다. [C1]셀에 '=A1*B1'을 입력하고 [C8]셀까지 채우기 핸들을 드래그하여 수식을 복사합니다.

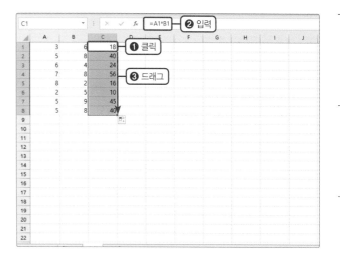

07 [A9]셀에 '8'을 입력하고 [B9]셀에 '9'를 입력한 다음 Enter를 누릅니다. 수식이 [C9]셀까지 복사됩니다.

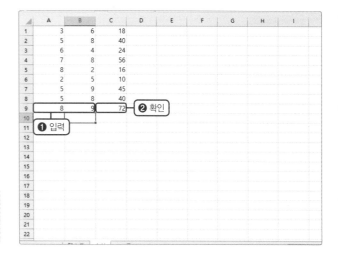

POINT
[C9]셀에는 수식이 복사되어 있지 않았지만 빠른 자동 채우기 때문에 가능합니다.

쌩초보 Level Up

빠른 자동 채우기

빠른 채우기가 적용이 되지 않을 때 [파일] 탭-[옵션]-[고급] 범주를 클릭하고 [편집 옵션] 항목에서 '셀 내용을 자동 완성'의 '빠른 자동 채우기'에 체크 표시합니다.

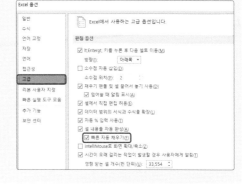

SECTION 26

글꼴 서식
변경하기

엑셀은 계산을 하기 위한 프로그램이지만 보기 좋게 데이터를 표현하기 위해 제목 또는 데이터를 눈에 띄도록 꾸밀
줄 알아야 합니다. 글꼴과 크기, 색을 변경하는 법을 알아보겠습니다.

Keyword 글꼴, 서식 변경 　　　　　　예제 파일 Part 1 \ 1-26.xlsx

01 [B2]셀을 클릭하고 [홈] 탭-[글꼴] 그
룹에서 글꼴을 'HY견고딕', 글꼴 크기를
'20'으로 지정합니다.

02 테두리를 적용하기 위해 [B4:D4]를
선택하고 Ctrl 을 누른 채 [B5:D7]를 선택
합니다. 다시 Ctrl 을 누른 채 [B8:D8]를
중복 선택합니다.

POINT
엑셀은 이어진 범위라도 Ctrl 을 누른 채 중복 범위를
지정하면 각각 다른 범위로 인식합니다.

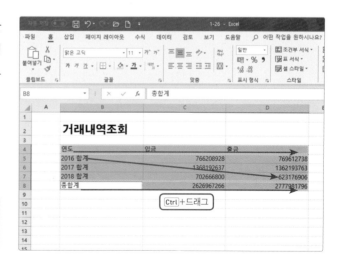

03 [글꼴] 그룹-[테두리▼]-[모든 테두리]를 선택하고 다시 [굵은 바깥쪽 테두리]를 선택합니다.

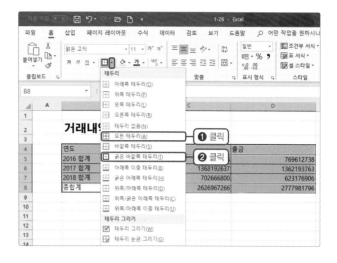

04 [B4:D4]를 선택하고 [글꼴] 그룹-[채우기 색▼]-[흰색, 배경1, 5% 더 어둡게]를 클릭합니다.

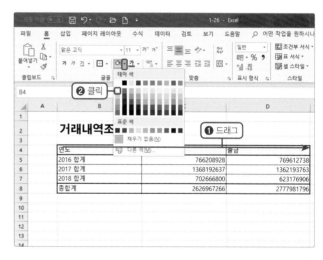

쌩초보 Level Up

빠른 메뉴 미니바

마우스 오른쪽 버튼을 클릭하면 사용자들이 자주 사용하는 기능이 모여 있는 미니바가 표시됩니다.

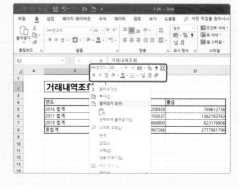

기본 & 입력

서식 & 표

활용 기능

차트 & 응용

필터링 & 분석

매크로

참조 & 자동 계산

함수

맞춤 서식 변경하기

SECTION

27

엑셀에서 쉽게 데이터를 정렬할 수 있는데, 기본적으로는 숫자와 날짜는 오른쪽 정렬되고, 문자는 왼쪽으로 정렬됩니다. 또는 여러 셀의 범위를 병합하거나 균등 분할하여 셀에 보기 좋게 표시할 수 있습니다.

Keyword 정렬, 병합하고 가운데 맞춤　　　**예제 파일** Part 1 \ 1-27.xlsx

01 [B2:D2]를 선택하고 [홈] 탭-[맞춤] 그룹-[병합하고 가운데 맞춤(圐)]을 클릭합니다.

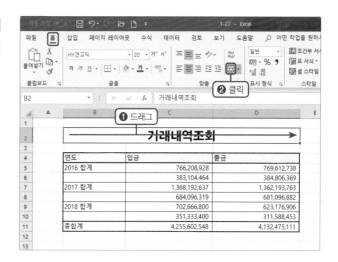

02 [B4:D4]를 선택하고 [맞춤] 그룹-[가운데 맞춤(≡)]을 클릭합니다.

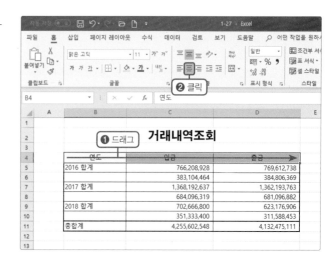

03 [B5:B6], [Ctrl]을 누른 채 [B7:B8], [B9:B10]을 선택하고 [맞춤] 그룹-[병합하고 가운데 맞춤(圉)]을 클릭합니다.

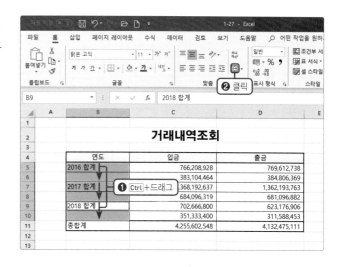

04 [B5:B10]을 선택하고 마우스 오른쪽 버튼을 클릭한 다음 **[셀 서식]**을 실행합니다. [맞춤] 탭 화면에서 가로를 '균등 분할(들여쓰기)', 들여쓰기를 '1'로 설정하고 [확인] 버튼을 클릭합니다.

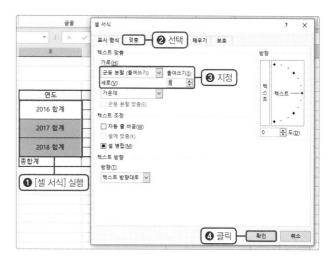

쌩초보 Level Up

선택 영역 가운데로 표시하기

병합하고 가운데 맞춤을 실행하면 데이터 관련 메뉴들을 실행할 때 결과 값의 오류가 표시되거나 기능이 수행되지 않을 수도 있습니다. 이러한 문제를 해결하기 위해 병합하지 않고, 병합한 것과 같은 형태를 띠게 할 수 있습니다.

[B2:D2]를 선택하고 마우스 오른쪽 버튼을 클릭한 다음 [셀 서식]을 실행합니다. [맞춤] 탭을 선택하고 가로를 '선택 영역의 가운데로'로 지정합니다.

맞춤 서식 텍스트
줄 바꿈 지정하기

하나의 셀에 여러 줄로 나누어 입력하기 위해 다양한 방법을 사용할 수 있습니다. 아이콘, [셀 서식] 대화상자, 단축키를 이용해서 줄 바꿈을 하는 방법을 상세히 배우겠습니다.

Keyword 자동 줄 바꿈, 텍스트 줄 바꿈   **예제 파일** Part 1 \ 1-28.xlsx

---

01 [C4]셀을 클릭하고 [홈] 탭-[맞춤] 그룹-[가운데 맞춤(≡)]을 클릭합니다.

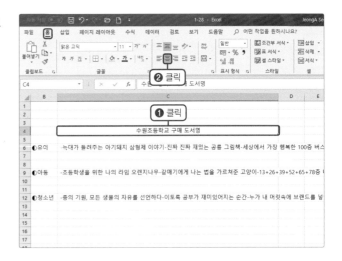

02 [C6]셀을 선택하고 [맞춤] 그룹에서 설정 아이콘(⬓)을 클릭한 다음 텍스트 조정 항목에서 '자동 줄 바꿈'에 체크 표시합니다.

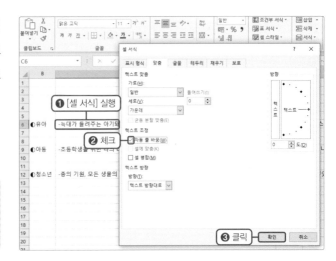

POINT
엑셀 2016 이하는 '텍스트 줄 바꿈'으로 표시되어 있습니다. '자동 줄 바꿈'에 체크 표시하면 텍스트 길이가 길 경우, 열 너비에 따라 줄이 자동으로 바뀝니다.

03 [C9]셀을 클릭하고 [맞춤] 그룹−[텍스트 줄 바꿈(🔁)] 또는 [자동 줄 바꿈]을 클릭합니다.

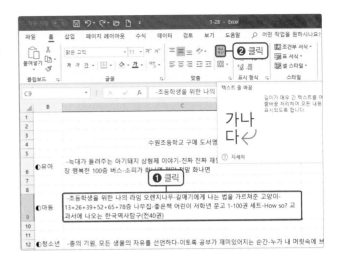

04 [C12]셀의 끝쪽 '재미있어지는 순간' 뒤에 커서를 두고 Alt + Enter 를 눌러 텍스트 줄 바꿈을 적용한 다음 작업을 완료합니다.

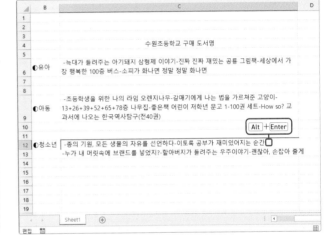

POINT

F2 를 눌러 편집 모드로 변경 가능하며, Alt + Enter 를 적용할 때는 열 너비와 상관없이 커서를 기준으로 줄 바꿈을 할 수 있습니다.

쌩초보 Level Up

텍스트 줄 바꿈 해제하기

여러 가지 방법으로 텍스트 줄 바꿈을 지정할 수 있는데 이를 해제하기 위해서는 [홈] 탭−[맞춤] 그룹−[텍스트 줄 바꿈(🔁)]을 다시 클릭하여 선택을 해제합니다.

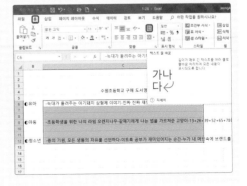

금액을 자동으로 한글로 표시하기

SECTION

29

셀 서식의 표시 형식은 빠르게 입력한 데이터를 다양한 형태로 표시 변경하는 것을 말하는데, 그중 개수가 변경될 때마다 변경되는 발주서에 총 금액이 한글로 자동으로 표시될 수 있도록 변경하거나, 문자로 입력된 데이터에 추가적인 문자를 입력할 수 있습니다.

Keyword 셀 서식, 사용자 지정, 회계 표시 형식 　　　**예제 파일** Part 1 \ 1-29.xlsx

01 문자 데이터 뒤에 문자를 추가하기 위해 [B7]셀을 클릭합니다.
마우스 오른쪽 버튼을 클릭하고 **[셀 서식]**을 실행한 다음 [표시 형식] 탭 화면에서 범주를 '텍스트'로 지정합니다.

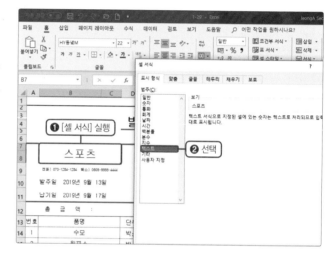

POINT
셀 서식은 [홈] 탭-[표시 형식] 그룹에서 설정 아이콘
(⏷)을 클릭하거나, Ctrl+1을 누르면 표시됩니다.

02 이어서 '사용자 지정'을 클릭하면 '@'가 입력되어 있는 것을 확인할 수 있습니다. 형식에 '귀하'를 추가로 입력합니다.
[확인] 버튼을 클릭합니다.

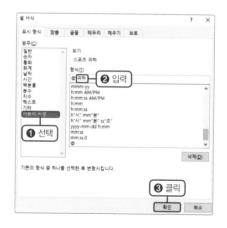

POINT
[B7]셀에 데이터가 바뀌더라도, 셀 서식에서 추가한 '귀하'는 계속 유지됩니다.

03 숫자를 한글로 표시하기 위해 [C12]셀을 마우스 오른쪽 버튼으로 클릭하고 **[셀 서식]**을 실행합니다.
범주를 '기타', 형식을 '숫자(한글)'로 지정합니다. 범주를 '사용자 지정'으로 지정합니다.

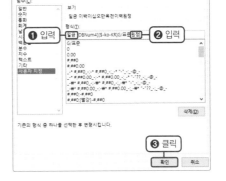

04 형식의 제일 앞에 '일금 '을 입력하고 제일 끝에 '원정'을 입력한 다음 [확인] 버튼을 클릭합니다.

POINT
편하게 앞뒤에 추가 입력하면 '[DBNum4]"일""금"[$-ko-KR]G/표준"원""정"'으로 변경됩니다.

05 '일금 이백이십오만육천이백원정'으로 적용된 것을 확인할 수 있습니다.
[I12]셀을 선택하고 [홈] 탭-[표시 형식] 그룹-[회계 표시 형식(圖)]을 클릭합니다.

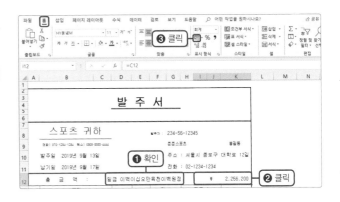

쌩초보 Level Up

숫자를 다양하게 표현하기

[표시 형식] 탭의 [기타] 범주에서 선택하거나 [사용자 지정]에서 직접 입력할 수 있습니다.

표시 형식	표시 형식-기타	입력	결과
[DBNum1]	숫자(한자)	12345	一万二天三百四十五
[DBNum2]	숫자(한자-갖은자)	12345	壹萬貳阡參百四拾伍
[DBNum3]		12345	1万2天3百4十5
[DBNum4]	숫자(한글)	12345	일만이천삼백사십오

숫자를 자릿수 지정하여 표시하기

SECTION

30

기존의 셀에 숫자로 입력된 데이터가 있다면 다양하게 여러 형태로 표시할 수 있습니다. 한 자리인 일련번호를 001, 002로 표시하거나, 숫자 처리된 전화번호를 전화번호 형태로 보이게 사용자 지정에서 설정할 수 있습니다.

Keyword 자리 수 정하여 표시, 전화번호 형식 　　　**예제 파일** Part 1 \ 1-30.xlsx

01 사원번호를 '19-사원번호' 형태의 총 일곱 자리로 보여주기 위해 [C3:C11]을 선택하고 Ctrl + 1 을 누릅니다. 범주를 '사용자 지정'으로 지정합니다.

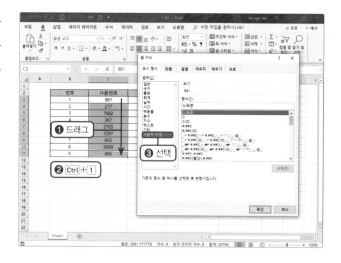

02 19년도 신입사원 사원번호를 나타내기 위해 형식을 '19-0000'으로 지정합니다. [확인] 버튼을 클릭합니다.

POINT
직접 수치 셀 앞에 0을 입력하면 무효의 '0'이 되어 표시되지 않기 때문에 '0901'이라고 입력해도 '901'로 표시됩니다. 무효의 0을 표시하기 위해 '0000'을 입력하여 자릿수를 채웁니다.

03 사원번호가 변경된 것을 확인할 수 있습니다. 연락처를 전화번호 형식으로 보이게 하기 위해 [E3:E11]셀을 선택하고 Ctrl + 1을 누릅니다.

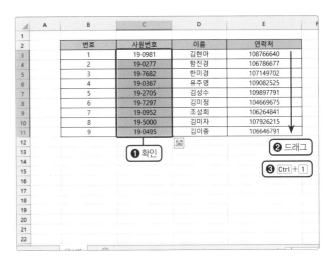

POINT
표시 형식을 이용해 사원번호를 '19-0981'로 변경했지만 수식 입력줄에는 '981'만 보입니다. 표시 형식은 표시되는 것만 변경할 뿐 실제 데이터에 적용되지는 않습니다.

04 범주를 '사용자 지정'으로 지정합니다. 전화번호처럼 형식을 '000-0000-0000'으로 지정합니다.
[확인] 버튼을 클릭합니다.

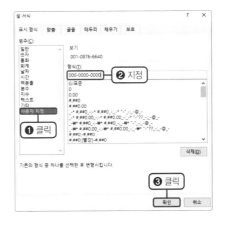

POINT
0을 입력하여 '3자리-4자리-4자리' 형식으로 입력되도록 만듭니다.

05 표시되지 않았던 무효의 0이 전화번호 형식으로 표시됩니다.

번호	사원번호	이름	연락처
1	19-0981	김현아	010-8766-6540
2	19-0277	함진경	010-6786-6577
3	19-7682	한미경	010-7514-9702
4	19-0367	유주영	010-9082-5525
5	19-2705	김성수	010-9589-7791
6	19-7297	김미정	010-4656-9675
7	19-0952	조성희	010-6265-4841
8	19-5000	김미자	010-7952-6215
9	19-0495	김이종	010-6564-6791

확인

숫자를 원, 천 원, 백만 원 단위로 표시하기

자릿수가 큰 숫자인 경우 데이터가 길어지면 공간도 많이 차지하며 읽기가 불편합니다. 원 단위, 천 원 단위, 백만 원 단위로 표시할 수 있는 방법을 알아보겠습니다.

Keyword 천 원 단위, 백만 원 단위   **예제 파일** Part 1 \ 1-31.xlsx

01 세 자리마다 쉼표(,) 스타일을 유지하며, 수치 뒤에 '원'을 추가하기 위해 [C4:C33]을 선택하고 Ctrl + 1 을 누릅니다.

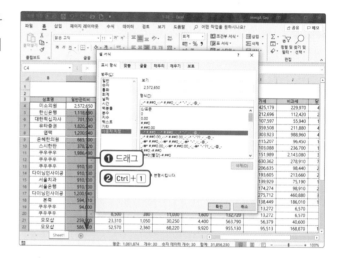

02 범주에서 '사용자 지정'을 클릭합니다. 원래 있었던 형식 그대로에 '원'을 추가하여 '_-* #,##0원_-;-* #,##0_-;-* "-"_-;_-@_-'를 입력하고, [확인] 버튼을 클릭합니다.

POINT
'#,##0'은 세 자리마다 쉼표(,)를 표시하는 기호이지만, 쉼표 스타일(,)을 활용하면 더욱 보기 좋게 표시할 수 있습니다. '양수;음수;0;문자' 자리로 지정되어 있기 때문에 양수 자리에 '원'이 추가되었고, 0이 '-'로 나타납니다.

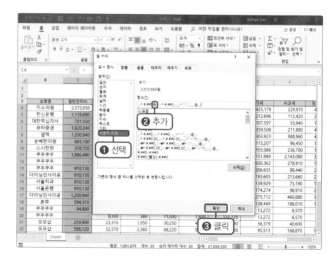

03 세 자리마다 쉼표 스타일(,)을 표시하고 천 원 단위로 보이기 위해 [H4:H33]을 선택하고 Ctrl+1을 누릅니다. '사용자 지정'을 클릭합니다.

천 원 단위로 세 자리 마다 쉼표를 표시하도록 형식을 '#,##0, 천원'으로 지정하고 [확인] 버튼을 클릭합니다.

POINT
'#,##0,' 형식은 마지막 쉼표(,) 뒤에 세 자리가 생략된 것을 의미하며, 실질적으로 데이터에 변화를 주지 않으면서 셀만 변경되어 표시됩니다.

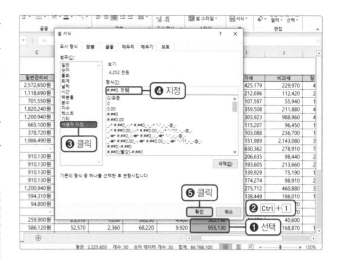

04 천 원 단위로 변경된 결과를 확인할 수 있습니다. 백만 원 단위로 변경해 보기 위해 [K4:K33]을 선택한 다음 [셀 서식] 대화상자의 범주를 '사용자 지정', 형식을 ' 0,, 백만원'으로 지정합니다.

POINT
여섯 자리가 생략되면 남은 자릿수가 세 자리를 넘지 않으니 수치를 대표하는 0을 입력하고 쉼표(,)를 두 개 입력합니다.

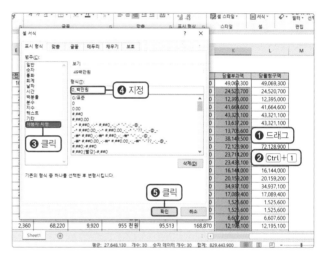

쌩초보 Level Up

0과 #의 차이점

숫자를 대표하는 사용자 정의 표시 형식은 0과 #이 있습니다. #은 수치가 있을 때만 원하는 서식으로 표시되며, 0은 해당 자리에 숫자가 없어도 0을 대신 표시합니다.

입력	#,###	0,000
1234.5	1,234	1,234
123	123	0,123
0	표시 안 됨	0,000

만 원 단위로
쉼표 표시 및 변경하기

셀 서식으로 표시할 수 없는 만 원 단위로 표시하기 위해서는 셀 서식이 아닌 다른 방법으로 데이터를 변환해야 합니다. 선택하여 붙여넣기를 통해 변환해 보겠습니다.

Keyword 만 원 단위로 변경, 만 원 단위 쉼표 표시   **예제 파일** Part 1 \ 1-32.xlsx

01 네 자리마다 쉼표(,)를 표시하기 위해 [K4:K33]을 선택하고 Ctrl + 1 을 누릅니다. 표시를 '사용자 지정'으로 지정합니다.

02 형식을 '[〉99999999]####","####","####;####","####'로 지정하고 [확인] 버튼을 클릭합니다.

POINT
'[조건]형식1;형식2' 조건을 만족하면 형식1이 실행되고, 그렇지 않으면 형식2가 실행됩니다.
[〉99999999]####","####","####;####","####
9를 여덟 개 입력한 것은 여덟 자릿수를 나타내며, 여덟 자리를 초과할 경우 ####","####","####; 여덟 자리 이하이면 ####","####으로 표시됩니다.

03 네 자리마다 쉼표(,)가 표시된 것을 확인할 수 있습니다.

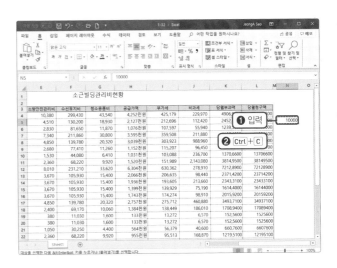

POINT
'####','####','####' 이렇게만 입력하면 ',1708,9400'으로 여덟 자리만 있을 때도 값 앞에 쉼표가 표시됩니다.

04 네 자리, 만 원 단위 이하를 절삭하기 위해, 비어 있는 셀에 '10000'을 입력하고 Ctrl + C 를 눌러 복사합니다.

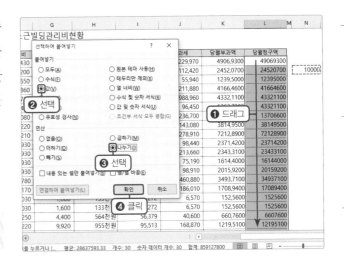

05 [L4:L33]을 선택하고 마우스 오른쪽 버튼을 클릭한 다음 [선택하여 붙여넣기]를 실행합니다. 붙여넣기 항목의 '값'을, 연산 항목의 '나누기'를 선택하고 [확인] 버튼을 클릭합니다.

POINT
선택하여 붙여넣기 단축키는 Ctrl + Alt + V 입니다.

기본 & 입력

서식 & 표

활용 기능

차트 & 응용

필터링 & 분석

매크로

참조 & 자동 계산

함수

06 실제 데이터에 변화를 주어 만 원 이하 데이터가 없어진 것을 확인할 수 있습니다.

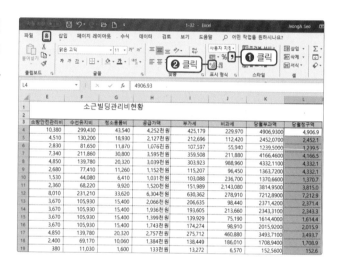

07 만 원 단위를 제외한 나머지 데이터가 세 자리를 넘으므로 [홈] 탭-[표시 형식] 그룹-[쉼표 스타일(,)], [자릿수 늘림(← .00)]을 클릭합니다.

날짜 분리하여
표시하기

날짜를 표시하는 방법은 다양합니다. 연–월–일 형태의 '2019–03–02'로 표현할 수도 있고 '2019년 03월 02일'로 표현할 수도 있으며, 월, 일, 요일 중 원하는 것만 표현할 수도 있습니다.

Keyword 월-일만 표시, 요일만 표시   **예제 파일** Part 1 \ 1-33.xlsx

기본 & 입력

서식 & 표

활용 기능

차트 & 응용

필터링 & 분석

매크로

참조 & 자동 계산

함수

01 [A4:A15]를 선택하고 Ctrl+1을 눌러 [셀 서식]을 표시합니다. 범주를 '날짜', 형식을 '3월 14일'로 지정합니다.

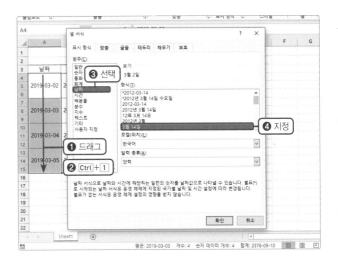

02 범주를 '사용자 지정'으로 지정하고 형식을 'mm월 dd일'로 변경해서 입력한 다음 [확인] 버튼을 클릭합니다.

POINT
입력할 때 대소문자는 구분하지 않으며, 'm월'은 3월로 표현되며, 'mm월'은 03월로 표시됩니다.

03 [B4:B15]를 선택하고 Ctrl + 1 을 눌러 [셀 서식] 대화상자를 표시합니다. 범주에서 '사용자 지정'을 선택합니다.

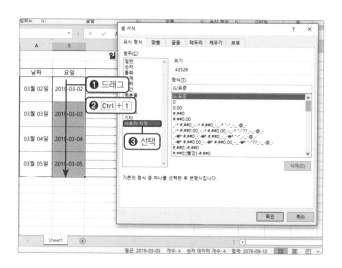

04 요일을 표시하는 'aaaa'를 입력하고 [확인] 버튼을 클릭합니다.

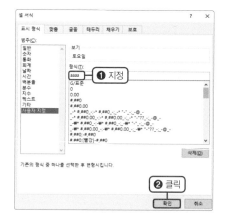

POINT
'aaa'는 '월'로 입력되며, 'aaaa'는 '월요일'로 입력됩니다. 요일을 영문으로 표시하기 위해서는 'ddd', 'dddd'로 입력할 수 있습니다.

05 해당 날짜의 요일이 표시됩니다.

	A	B	C	D	E	F
1			일 정 표			
2						
3	날짜	요일	내용	비고		
4-5	03월 02일	토요일				
8	03월 03일	일요일				
11	03월 04일	월요일				
14	03월 05일	화요일				

기초 & 입력

서식 & 표

활용 기능

차트 & 응용

필터링 & 분석

매크로

참조 & 자동 계산

함수

SECTION

날짜 형식 변경하고
누적 시간 표시하기

34

요일 표시는 aaa, aaaa, ddd, dddd 기호를 사용하며, 시간 형식은 시:분:초 형태의 h:m:s 형식을 사용합니다. 누적된 시간을 표시하는 방법을 알아보겠습니다.

Keyword 날짜 표시, 누적된 시간   **예제 파일** Part 1 \ 1-34.xlsx

01 [B4:B12]를 선택하고 Ctrl + 1 을 눌러 [셀 서식] 대화상자를 표시합니다. 날짜를 변경하고자 하는 형식과 가장 유사한 '2012년 3월 14일'로 지정합니다.

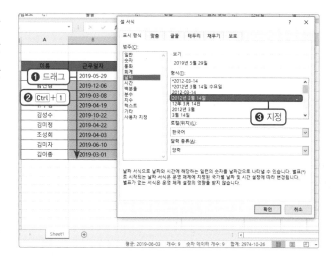

02 범주를 '사용자 지정', 형식을 'yyyy"년" mm"월" dd"일" (aaa)'로 지정하고 [확인] 버튼을 클릭합니다.

POINT
표시 형식의 ';;@'는 원하는 형식으로 표시하고 ';' 그렇지 않으면 '@'를 표시하라는 의미입니다. 원하는 형식으로 변경했을 때 '####'으로 셀에 표시된다면 열 폭이 좁기 때문입니다.

03 누적된 시간을 표시하기 위해 먼저 수식을 작성하겠습니다. [E4]셀에 '=D4-C4'를 입력하고 채우기 핸들을 이용하여 수식을 복사합니다.

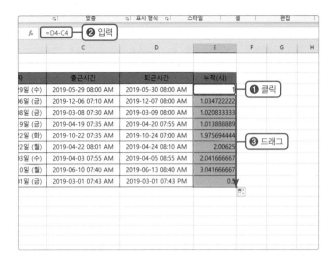

04 [E4:E12]셀이 선택된 상태로 `Ctrl`+`1`을 눌러 [셀 서식] 대화상자를 표시합니다. 범주를 '시간', 형식을 '13:30'으로 지정합니다.

05 범주를 '사용자 지정'으로 지정합니다. 형식에 'h:mm'이 입력되어 있지만 보기에는 시간이 제대로 표시되지 않습니다. 형식을 '[h]시간 m분'으로 지정하고 [확인] 버튼을 클릭합니다.

시간과 분으로 표시됩니다.

POINT
시간은 23시간, 분은 59분, 초는 59초까지 표시되는 것이 기본이며 그 이상 시간 즉, 24시간 이상 표시하려면 [ ] 안에 입력합니다. [h]는 누적된 시간, [m]는 누적된 분, [s]는 누적된 초입니다.

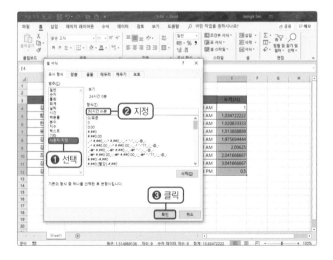

문자 데이터
표시하기

문자를 대표하는 표시 형식은 @ 기호로 나타냅니다. 예제에서는 @ 기호를 사용해 보고, *와 공백을 이용해 열의
폭만큼 공백을 넣어 보겠습니다.

Keyword 문자 표시, 기호 추가 표시　　　　　　　**예제 파일** Part 1 \ 1-35.xlsx

01 [A3:A8]을 선택하고 Ctrl + 1 을 눌러
[셀 서식] 대화상자를 표시합니다. [표시
형식] 탭을 선택하고 범주를 '텍스트'로 지
정합니다.

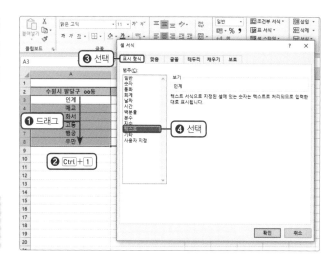

POINT
범주를 '텍스트'로 지정하면 형식에 '@'가 자동으로 입
력되어 편리합니다.

02 범주를 '사용자 지정', 형식을 '수원시
팔달구 @동'으로 지정하고 [확인] 버튼을
클릭합니다.

03 [B3:B8]을 선택하고 Ctrl+1을 누릅니다. [셀 서식] 대화상자에서 범주를 '텍스트'로 지정한 다음 다시 '사용자 지정'으로 지정합니다.

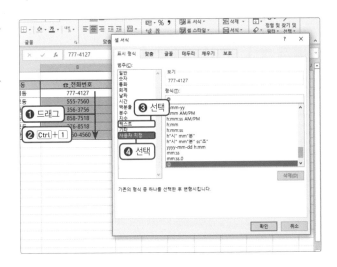

04 @ 기호 앞에 ㅁ+한자를 이용하여 '☎'를 입력하고 '*'를 입력한 다음 공백(띄어쓰기 한 칸)을 만듭니다. '☎* @'와 같이 되어야 합니다.

> **POINT**
> '* '(*공백)은 열의 폭만큼 공백을 넣으라는 의미입니다.

05 열의 폭만큼 공백이 들어가고 기호와 문자가 입력된 것을 확인할 수 있습니다.

	A	B	C	D	E	F
1						
2	수원시 팔달구 ㅇㅇ동	☎ 전화번호				
3	수원시 팔달구 인계동	☎ 777-4127				
4	수원시 팔달구 매교동	☎ 555-7560				
5	수원시 팔달구 화서동	☎ 356-3756				
6	수원시 팔달구 고등동	☎ 858-7518				
7	수원시 팔달구 행궁동	☎ 276-8518				
8	수원시 팔달구 우만동	☎ 7250-4560				
9						
10						
11						
12						
13						
14						
15						
16						
17						
18						
19						
20						
21						
22						

양수와 음수 서식 다르게 지정하기

사용자 지정은 세미콜론(;)을 구분 기호로 사용하고 양수;음수;0;문자 형식으로 사용되며, 조건1;조건2;조건3 형식으로도 이용됩니다. 기호와 색상을 바꿀 수 있는 표시 형식을 변경하는 방법을 알아보겠습니다.

Keyword 세미콜론으로 구분, 양수, 음수, 0자리   **예제 파일** Part 1 \ 1-36.xlsx

01 등락률이 증가했을 때와 하락했을 때, 0일 때를 구분하여 표시하기 위해 [C4:C11]을 선택하고 Ctrl+1을 눌러 [셀 서식] 대화상자를 표시합니다.
범주를 '사용자 지정'으로 지정합니다.

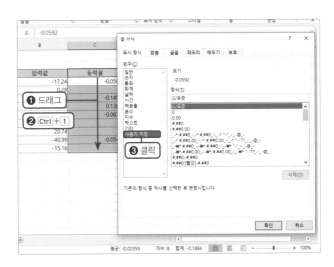

02 형식에 '[빨강]'을 입력합니다. 색을 대괄호 안에 넣어서 표시할 수 있습니다.
ㅁ+한자를 눌러 ▲를 입력합니다.

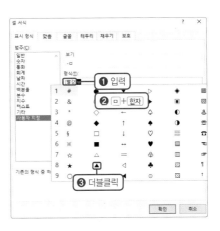

POINT
특수문자를 입력할 때 Tab을 누르면 목록을 펼쳐서 볼 수 있습니다.

기본 & 입력

서식 & 표

활용 기능

차트 & 응용

필터링 & 분석

매크로

참조 & 자동 계산

함수

03 형식을 '[빨강]▲0.0%;[파랑]▼0.0%;-' 으로 지정합니다.

04 '_-'를 추가하여 형식을 '[빨강]▲0.0% _-;[파랑]▼0.0%_-;-_-'으로 지정합니다. 과정 03과의 차이점으로 오른쪽에 여백이 추가된 것을 확인할 수 있습니다. [확인] 버튼을 클릭합니다.

05 [D4:D11]의 범위를 선택하고 Ctrl+1을 누른 다음 범주를 '사용자 지정'으로 지정합니다.

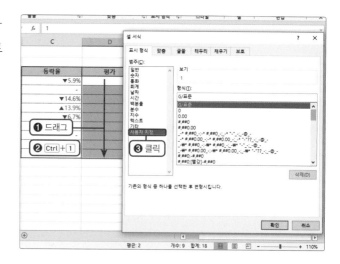

06 1이면 빨간색으로 '통과'를 나타내며, 2이면 파란색으로 '보류', 3이면 녹청으로 '탈락'으로 나타내기 위해 형식을 '[=1][빨강]통과;[=2][파랑]보류;[녹청]탈락'으로 지정하고 [확인] 버튼을 클릭합니다.

POINT
[조건1][색]1인 경우 표시할 문자;[조건2][색]2인 경우 표시할 문자;[조건1 또는 조건2도 아닌 경우][색]3인 경우 표시할 문자

07 조건을 적용하여 색과 문자로 대치된 결과를 볼 수 있습니다.

	A	B	C	D	E
1					
2					
3	종목명	입력값	등락율	평가	
4	소근조경	-17.24	▼5.9%	통과	
5	중부조경	0.28	-	보류	
6	케어조경	199.62	▼14.6%	통과	
7	나무조경	54.45	▲13.9%	탈락	
8	메이드조경	88.46	▼6.7%	보류	
9	심는조경			탈락	
10	본조경	20.74	-	통과	
11	보미조경	-40.99	▼5.5%	보류	
12	성진조경	-15.16	-	탈락	

기본 & 입력

서식 & 표

활용 기능

차트 & 응용

필터링 & 분석

매크로

참조 & 자동 계산

함수

[사용자 지정] 형식에 사용되는 표시 형식

기호	입력	표시 형식	결과	기능
#	1234 12.30	#,###.##	1,234 12.3	숫자를 표시하는 기호로 무효의 '0'은 표시하지 않으며, 숫자가 있을 때 적용된 서식을 따르지만 숫자가 없을 때 표시하지 않습니다.
0	1234 12.30	0,000.00	1,234.00 0,012.30	숫자를 표시하는 기호로 무효의 '0'을 모두 표시하며, 자릿수가 모자라도 '0'을 써서 지리를 채웁니다.
?	1.2	??.??	공백1.2공백	숫자를 표시하는 기호로, 무효의 '0'을 공백으로 표시하여 자릿수를 맞춥니다.
,	12345	#,#	12,345	숫자 세 자리마다 구분 기호로 표시합니다.
%	0.0135	0.0%	1.4%	백분율을 표시합니다. (숫자는 반올림을 원칙으로 합니다.)
@	엑셀	@2019	엑셀2019	문자를 대표하는 기호로 앞뒤에 추가 문자를 쓸 수 있습니다.
_(밑줄)	1234	#,##0_-	1,234공백	_ 기호 다음에 오는 - 기호 너비만큼 공백을 줍니다. 하이픈 대신 다른 문자를 사용할 수도 있지만 _ 기호 단독으로 쓰이진 못합니다.
*	123	*▲#	▲▲▲1234	* 기호 뒤에 문자나 공백을 셀의 너비만큼 반복합니다.
;	_-* #,##0_-;-* #,##0_-;_-* "-"_-;_-@_-			양수;음수;0;문자로 구분하기도 하며 조건1;조건2;조건3으로 구분할 수 있습니다.
[조건값]	1,2	[=1]합격	합격,2	숫자 데이터에 조건을 지정할 수 있습니다. 조건은 비교 연산자로 입력할 수 있습니다.
yy/ yyyy	2019-03-01	yy yyyy	19 2019	연도를 두 자리, 네 자리로 표시합니다.
m/mm	2019-03-01	m mm	3 03	월을 1~12월, 01~12월로 표시합니다.
mmm/ mmmm/ mmmmm	2019-03-01	mmm mmmm mmmmm	Mar March M	월을 영문으로 표시합니다.
d/dd	2019-03-01	d dd	1 01	일을 1~31일, 01~31일로 표시합니다.
ddd/ dddd	2019-03-01	ddd dddd	Fri Friday	요일을 영문으로 표시합니다.
aaa/ aaaa	2019-03-01	aaa aaaa	금 금요일	요일을 한글로 표시합니다.
h/hh	8:05:03	h hh	8 08	시간을 0~23 또는 00~23으로 표시합니다.
m/mm	8:05:03	m mm	5 05	분을 0~59 또는 00~59로 표시합니다.
s/ss	8:05:03	s ss	3 03	초를 0~59 또는 00~59로 표시합니다.
[색상]	셀에 있는 데이터에 색상을 지정합니다. [검정], [파랑], [녹청], [자홍], [빨강], [흰색], [노랑], [녹색] 중에 지정할 수 있습니다.			

행/열 너비 조정하기

데이터에 맞게 열 너비와 행 높이를 편집하는 방법과 직접 입력하여 높이나 너비를 조절하는 방법, 여러 행이나 열을 같은 너비로 지정하는 방법을 알아보겠습니다.

Keyword 행 높이, 열 너비   **예제 파일** Part 1 \ 1-37.xlsx

01 2행을 마우스 오른쪽 버튼으로 클릭하고 [행 높이]를 실행합니다.

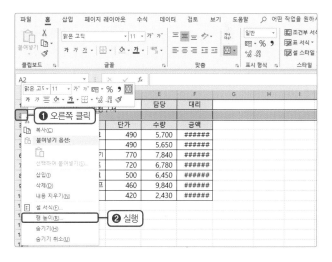

02 행 높이를 '50'으로 설정하고 [확인] 버튼을 클릭합니다.

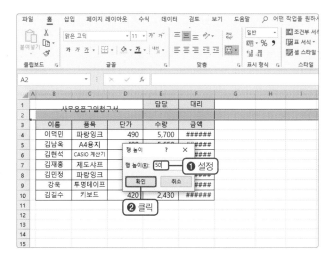

03 3행부터 10행까지 드래그하고 행과 행 사이 경계선을 아래로 드래그하여 행 높이를 보기 좋게 조절합니다.

POINT
여러 개의 행이나 열을 선택하고 드래그하면 선택된 행 또는 열이 모두 똑같은 너비가 됩니다.

04 B열부터 F열까지 선택하고 열과 열 사이 경계선을 더블클릭합니다.

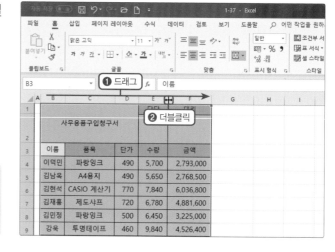

POINT
여러 개의 행이나 열을 선택하고 더블클릭하면 선택된 행/열의 데이터 길이 각각에 맞추어 너비가 조절됩니다.

너비 유지하여 붙여넣고, 그림으로 연결하여 붙여넣기

엑셀에서 다른 시트로 데이터를 복사하면 기본 너비로 붙여넣기 되어 하나하나 편집해야 했던 불편함을 해결할 수 있습니다. 또한 그림을 붙여넣기를 이용하면 열과 너비를 유지할 수 있습니다.

Keyword 너비 유지 붙여넣기, 그림으로 붙여넣기　　**예제 파일** Part 1 \ 1-38.xlsx

01 데이터를 복사하기 위해 [A6:E19]를 선택하고 Ctrl + C 를 눌러 복사합니다.

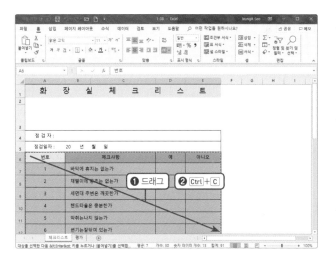

02 [새 시트] 아이콘(⊕)을 클릭하여 시트를 새로 만들고 Ctrl + V 를 누르면 열 너비가 원본 데이터와 상관없이 기본 너비로 붙여넣기됩니다. [붙여넣기 옵션(📋)]을 클릭합니다.

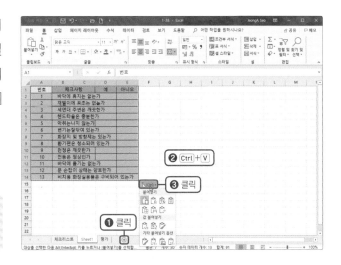

POINT
[붙여넣기 옵션(Ctrl))]을 클릭하기 위해 Ctrl 을 눌러도 됩니다.

03 붙여넣기 옵션 중 [원본 열 너비 유지(📋)]를 클릭합니다.

POINT
W를 눌러도 됩니다.

04 그림으로 붙여넣기 위해 [평가] 시트에서 [A1:H3]을 선택하고 Ctrl + C를 눌러 복사합니다.

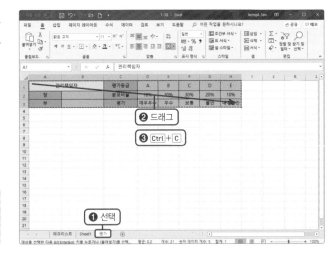

POINT
그림으로 복사할 때는 눈금선도 복사되므로 [보기] 탭-[표시] 그룹에서 '눈금선'의 체크 표시를 해제합니다.

05 [체크리스트] 시트의 [A2]셀을 선택하고 Ctrl + V를 누릅니다. [붙여넣기 옵션(📋)]-[연결된 그림]을 클릭합니다. 붙여넣기를 한 그림을 선택하고 크기를 적당히 조절합니다.

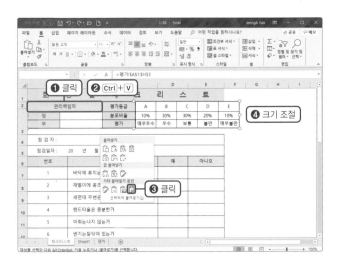

POINT
[연결된 그림]을 클릭하면 원본 데이터와 연결되며 수정했을 때 연결된 그림도 수정된 상태로 표시됩니다. 원본 데이터의 영향을 받지 않으려면 [그림(📋)]을 클릭합니다.

연산하여
붙여넣기 하기

셀이나 범위를 복사했을 때 다양하게 붙여넣기를 할 수 있는데, [붙여넣기 옵션(📋)]에서 제공해 주지 않는 다른 기능으로 붙여넣기 하고자 할 때 사용하는 기능이 '선택하여 붙여넣기'입니다.

Keyword 선택하여 붙여넣기, 연산으로 붙여넣기   **예제 파일** Part 1 \ 1-39.xlsx

01 빈 임의의 셀에 '90%'를 입력하고 Ctrl + C 를 눌러 복사합니다.

POINT

현재 '1인당 비용'을 100%로 보면 10% 할인된 금액인 90%를 복사합니다.

02 [E3]셀을 클릭하고 Ctrl + Shift + ↓ 를 눌러 데이터 끝([E78]셀)까지 선택합니다.

03 마우스 오른쪽 버튼을 클릭하고 [**선택 하여 붙여넣기**]를 실행합니다.

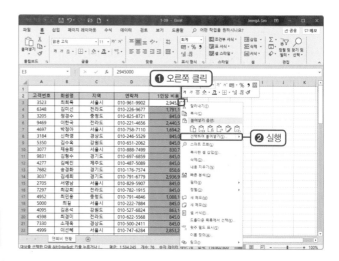

04 [선택하여 붙여넣기] 대화상자에서 붙 여넣기를 '값', 연산을 '곱하기'로 지정하고 [확인] 버튼을 클릭합니다.

05 '1인당 비용이' 일괄적으로 10% 할인된 숫자로 변경된 것을 확인할 수 있습니다.

	A	B	C	D	E	F	G	H
1								
2	고객번호	회원명	지역	연락처	1인당 비용			
3	3523	최회욱	서울시	010-961-9902	2,650,500			
4	6348	김미선	전라도	010-226-9677	1,611,990			
5	3205	정경수	충청도	010-825-8721	760,500			
6	9469	이한국	전라도	010-221-4656	2,196,450	90%		
7	4697	박정아	서울시	010-758-7110	1,524,780			
8	3184	신하영	경상도	010-246-5529	760,500			
9	5350	김수욱	강원도	010-651-2062	760,500			
10	3077	채송화	서울시	010-888-7499	747,630			
11	9831	김형수	경기도	010-697-6859	760,500	확인		
12	4277	김혜진	제주도	010-487-5089	760,500			
13	7682	송경화	경기도	010-176-7574	772,740			
14	3037	김세회	경기도	010-791-6779	2,643,210			
15	2705	서영남	서울시	010-829-5907	760,500			
16	7297	최강회	전라도	010-782-1915	760,500			
17	4952	최민용	충청도	010-791-4846	979,290			
18	5000	최길	서울시	010-222-7884	760,500			
19	4095	김은석	강원도	010-527-6824	776,790			
20	4598	최경미	전라도	010-622-5568	760,500			
21	7330	소재욱	경상도	010-500-2411	760,500			
22	4999	이선혜	서울시	010-747-6284	2,567,880			

[선택하여 붙여넣기] 메뉴와 대화상자 알아보기

복사하여 붙여넣기 했을 때 나타나는 [붙여넣기 옵션(📋)]은 아이콘으로 제공되며, 제공되지 않는 메뉴는 대화상자에서 추가로 확인할 수 있습니다.

붙여넣기 옵션			기능
붙여넣기	📋	붙여넣기	셀 내용은 물론, 서식, 수식, 메모 등 전체 붙여넣기 붙여넣기의 '모두'와 동일
	📋fx	수식	수식 입력줄에 입력한 대로 수식만 붙여넣기 붙여넣기의 '값'과 동일
	📋%fx	수식 및 숫자 서식	수식과 함께 숫자 서식 붙여넣기
	📋	원본 서식 유지	원본 서식을 유지하면서 셀 내용과 서식, 수식 붙여넣기
	📋	테두리 없음	테두리 없이 셀 내용과 서식 및 수식 붙여넣기 붙여넣기의 '테두리만 동일'과 동일
	📋	원본 열 너비 유지	원본 데이터의 열 너비를 유지하면서 셀 내용과 서식, 수식 붙여넣기
	📋	바꾸기	행과 열의 구조를 바꿔서 붙여넣기 붙여넣기의 '행/열 바꿈'과 동일
값 붙여넣기	📋123	값	원본 데이터의 값만 복사하되 수식은 수식의 결과 값만 붙여넣기
	📋%2	값 및 숫자 서식	값과 함께 숫자에 사용된 서식도 함께 붙여넣기
	📋	값 및 원본 서식	원본 데이터의 모든 것을 복사하되 수식만 결과 값으로 붙여넣기
기타 붙여넣기 옵션	📋	서식	서식(글꼴, 맞춤, 표시 형식, 테두리, 채우기 색 등)만 붙여넣기
	📋	연결하여 붙여넣기	원본 데이터와 연결하여 붙여넣기, 즉 원본 데이터를 수정하면 붙여넣기 결과 셀도 자동 수정됨
	📋	그림	그림 형식으로 붙여넣기
		연결된 그림	원본과 연결하여 그림 형식으로 붙여넣기, 즉, 원본 데이터를 수정하면 결과 그림도 자동 수정됨
연산	곱하기, 더하기, 나누기, 빼기		원본 데이터 값을 이용하여 붙여넣을 때 연산하면서 붙여넣기
내용이 있는 셀만 붙여넣기			데이터가 입력된 셀만 붙여넣기

기초 & 입력 / 서식 & 표 / 활용 기능 / 차트 & 응용 / 필터링 & 분석 / 매크로 / 참조 & 자동 계산 / 함수

서식 복사로
빠르게 모양 변경하기

서식 복사는 셀 내용 중 서식만을 복사하는 기능으로, 셀, 범위, 행/열 단위로 복사할 수 있습니다. [서식 복사(✅)]를 더블클릭하면 한꺼번에 여러 번 서식 복사하는 것이 가능합니다.

Keyword 서식 복사, 더블클릭 서식 복사　　　**예제 파일** Part 1 \ 1-40.xlsx

01 서식 복사하기 위해 [C2:C3]을 선택하고 [홈] 탭-[클립보드] 그룹-[서식 복사(✅)]를 클릭합니다.

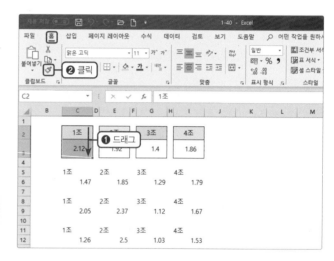

POINT
[서식 복사(✅)]를 더블클릭하면 Esc 를 누를 때까지 여러 번 서식 붙여넣기가 가능합니다.

02 [C5:C6]을 드래그하여 서식을 붙여넣기 합니다.

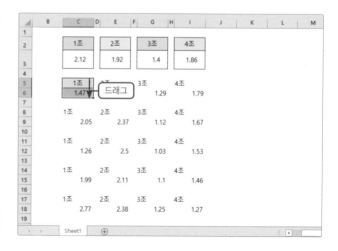

POINT
범위로 서식을 복사하면 열 너비, 행 너비를 붙여넣기 할 수 없습니다.

03 서식이 적용된 2행부터 4행까지를 선택하고 [클립보드] 그룹-[서식 복사(❖)]를 클릭합니다.

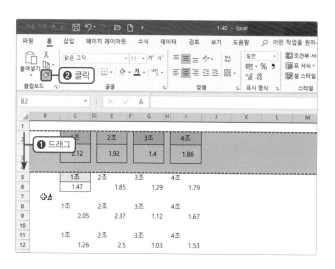

POINT
[서식 복사]를 더블클릭하면 마우스 포인터가 + 기호의 브러시가 붙은 모양(❖▲)으로 변경되며, Esc 를 누를 때까지 여러 번 서식 붙여넣기가 가능합니다.

04 5행부터 드래그하여 데이터 끝까지 서식 붙여넣기를 합니다.

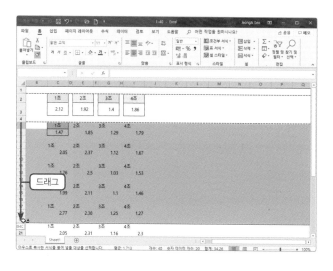

POINT
서식을 복사하려는 행과 빈 행을 같이 범위 지정하면 서식 붙여넣기할 때도 같은 패턴으로 붙여넣기가 가능합니다.

05 행 단위로 서식을 복사한 결과를 확인할 수 있습니다.

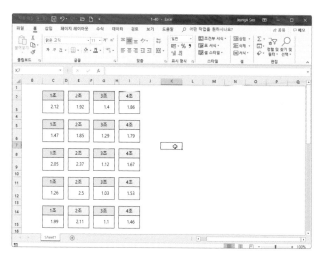

POINT
행/열 단위로 서식을 복사하면 열 너비, 행 너비까지 붙여넣기를 할 수 있습니다.

셀 스타일과
표 서식 적용하기

표 서식과 셀 스타일을 이용하면 빠르게 글꼴과 테두리, 채우기 등을 미리 정의된 서식으로 변경할 수 있습니다. 간편하게 문서를 꾸미는 방법을 알아보겠습니다.

Keyword 셀 스타일, 표 서식 **예제 파일** Part 1 \ 1-41.xlsx

01 [A1]셀을 클릭하고 [홈] 탭-[스타일] 그룹-[셀 스타일]을 클릭합니다. [테마 셀 스타일] 범주-[녹색, 강조색6]을 클릭합니다.

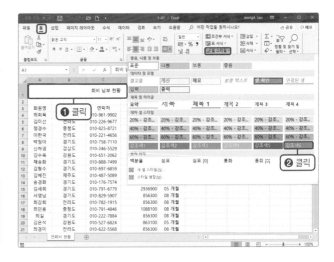

POINT
셀 스타일 목록 중 적용하고자 하는 스타일에 마우스 포인터를 위치시키면 반영되는 결과를 미리 볼 수 있습니다.

02 [글꼴] 그룹-[글꼴 크기 크게(가˄)]를 두 번 클릭해서 제목 글꼴 크기를 '14'로 설정합니다.

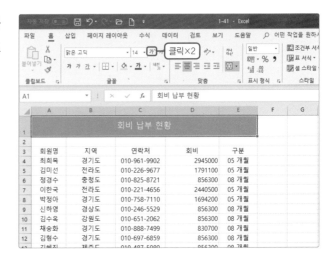

03 표 서식을 적용하기 위해 [A3]셀을 클릭하고 [스타일] 그룹-[표 서식]-[녹색, 표스타일 보통 7]을 클릭합니다.

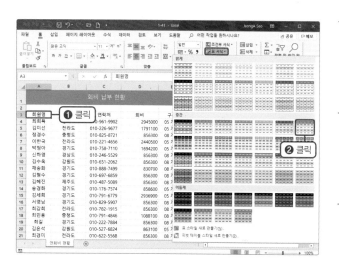

POINT
표 서식을 적용할 범위에 이미 서식이 설정되어 있다면 사용자가 지정한 서식을 우선으로 하기 때문에 표 서식의 결과가 나타나지 않습니다. 이미 적용된 서식을 지우려면 [홈] 탭-[편집] 그룹-[지우기(◇)]-[서식 지우기]를 클릭합니다.

04 [표 서식] 대화상자에서 표에 사용할 데이터 범위와 '머리글 포함'이 체크되어 있는지를 확인하고 [확인] 버튼을 클릭합니다.

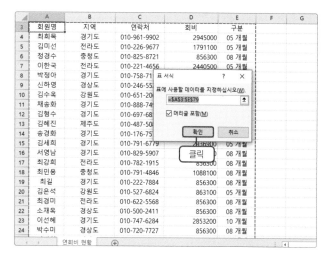

POINT
표 서식의 첫째 행이 제목일 경우 '머리글 포함'에 체크 표시해야 합니다. 체크 표시하지 않으면 표에 사용할 데이터 위에 열1, 열2, 열3…… 순서로 임시 제목행이 추가 삽입됩니다.

05 화면을 아래로 스크롤바를 움직이면 열 이름이 영문이 아닌, '회원명', '지역', '연락처', ……로 변경된 것을 확인할 수 있으며 [표 도구]-[디자인] 탭이 새로 생긴 것을 확인할 수 있습니다.

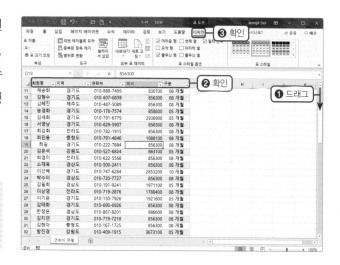

POINT
표 서식이 적용되면 [표 도구]-[디자인] 탭-[표 스타일] 그룹에 있는 다른 스타일로 변경하는 것이 자유로워집니다.

06 [표 도구]-[디자인] 탭-[표 스타일 옵션] 그룹에서 '요약 행'에 체크 표시합니다. 마지막 데이터 아래(80행)에 요약 행이 표시됩니다.

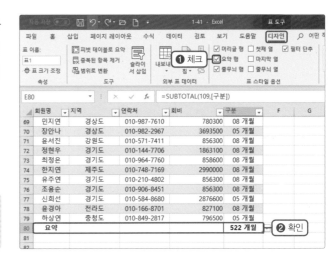

POINT
[표 도구]-[디자인] 탭은 표 서식이 적용된 범위 안에 셀이 클릭되어 있어야 표시됩니다.

07 요약 행이 적용된 합계 셀을 클릭하면 목록 아이콘(▼)이 나타나는데 구분과 회비 열의 합계를 '평균'으로 변경하고, 회원명이 있는 [A80]셀은 '평균'을 입력합니다.

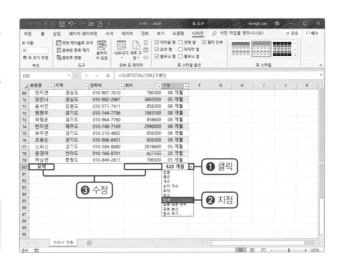

POINT
요약 행 셀에 목록 버튼(▼)을 클릭하여 함수를 적용하면 나머지 셀은 채우기 핸들로 복사할 수 있습니다.

표 서식에서
수식 적용해 보기

표 서식에는 [머리글 행]을 이용하여 수식이 사용됩니다. 또한 한 개의 셀에만 수식을 입력하면 열의 모든 셀에 자동으로 수식이 입력되도록 해 보겠습니다.

Keyword 표 서식, 표 서식 수식 **예제 파일** Part 1 \ 1-42.xlsx

01 [F3]셀을 클릭하고 '입금할 금액'을 입력한 다음 Enter를 누릅니다.

POINT
표 서식이 적용된 열과 붙어 있는 셀에 입력하기 때문에 자동으로 표 서식 영역이 늘어납니다.

02 [F4]셀을 클릭하고 '='를 입력합니다.
[D4]셀을 클릭하면 [@회비]가 입력됩니다.

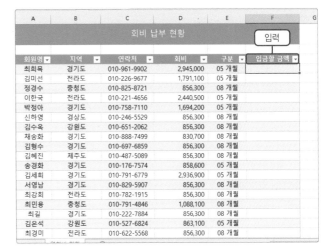

03 계속해서 '*'를 입력하고 [E4]셀을 클릭하면 회비와 마찬가지로 [@구분]이 입력됩니다.

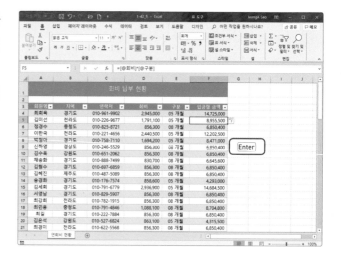

=[@회비]*[@구분]

04 Enter 를 누르면 수식을 복사하지 않아도 전체 열이 동시에 계산되는 것을 확인할 수 있습니다.

쉼표 스타일을 클릭하지 않아도 쉼표가 적용되는 것을 확인할 수 있습니다.

표 서식 범위로 변경하기

표 서식을 유지하고 있을 때는 데이터를 삭제하거나, 병합하거나 더 이상 표 서식을 사용하고 싶지 않을 때 일반 데이터 범위로 변경 가능합니다.

Keyword 표 서식, 범위로 변환　　　　　　　　**예제 파일** Part 1 \ 1-43.xlsx

01 [표 도구]-[디자인] 탭-[표 스타일]-[파랑, 표 스타일 보통 2]를 클릭하여 스타일을 변경합니다.

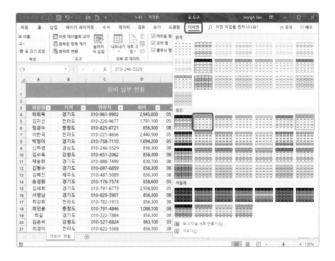

02 일반 범위로 변경하기 위해 [표 도구]-[디자인] 탭-[도구] 그룹-[범위로 변환]을 클릭합니다.
표를 정상 범위로 변환할지 묻는 대화상자가 표시되면 [예] 버튼을 클릭합니다.

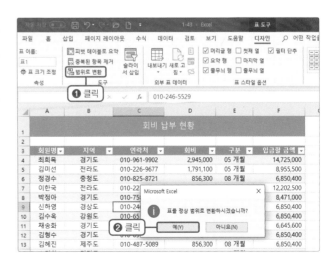

03 적용된 서식은 남아 있고 [표 도구]-[디자인] 탭은 사라진 것을 확인할 수 있습니다.

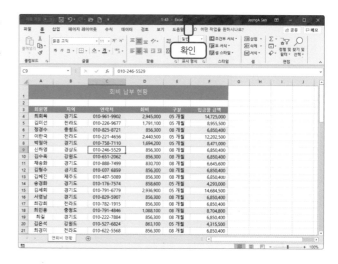

04 일반 범위로 변환된 데이터에 수식을 입력해 보겠습니다. [G3]셀을 클릭하고 '할인된 금액'을 입력합니다.

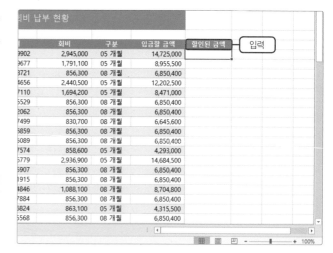

> **POINT**
> 표 서식 기능이 적용되지 않은 상태에서도 제목 셀은 [F3]셀에 적용된 서식이 적용되는 것을 확인할 수 있습니다.

05 15% 할인된 금액을 계산하기 위해 '=F4*0.85'를 입력하고 Enter 를 누릅니다. 표 서식일 때는 수식이 열에 자동 계산되지만 일반 범위에서는 채우기 핸들을 이용하여 수식을 복사해야 합니다.

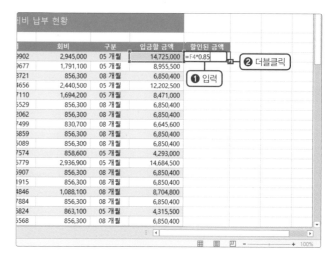

기본 & 입력

서식 & 표

활용 기능

차트 & 응용

필터링 & 분석

매크로

참조 & 자동 계산

함수

SECTION

셀 편집하여 데이터 정리하기

44

데이터를 입력할 때 셀, 범위, 행/열 단위로 삽입하거나 삭제, 또는 편집할 수 있습니다. 분리된 데이터를 상황에 따라 편집하여 하나의 열로 정리하는 방법을 알아보겠습니다.

Keyword 셀 삽입, 셀 삭제　　　　　　　　　**예제 파일** Part 1 \ 1-44.xlsx

01 D열과 E열 내용을 하나의 열로 합치기 위해 범위를 선택하겠습니다. [E4]를 클릭하고 화면을 아래로 이동한 다음 Shift 를 누른 채 [E33]셀을 클릭합니다.

02 [홈] 탭-[편집] 그룹-[찾기 및 선택]-[이동 옵션]을 클릭합니다.

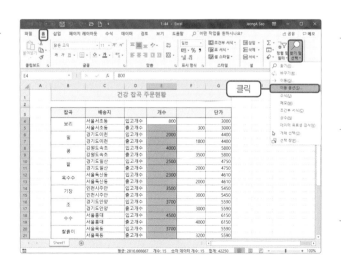

03 [이동 옵션] 대화상자에서 '빈 셀'을 선택하고 [확인] 버튼을 클릭합니다.

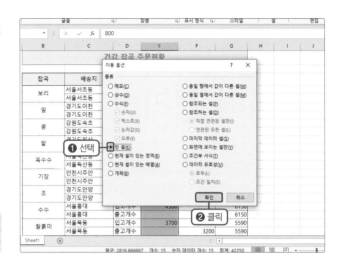

POINT
K를 누르고 Enter를 눌러도 됩니다.

04 선택한 범위에서 빈 셀만 선택이 되었습니다. 마우스 오른쪽 버튼을 클릭하고 [삭제]를 실행합니다.

POINT
셀 삽입: Ctrl+[+], 셀 삭제: Ctrl+[-]

05 [삭제] 대화상자에서 '셀을 왼쪽으로 밀기'를 선택하고 [확인] 버튼을 클릭합니다.

POINT
대화상자에서 괄호( ) 안에 표시되는 알파벳을 누르면 단축키로 해당 기능을 실행할 수 있습니다.

06 삭제되어 D열로 입고 개수와 출고 개수가 하나로 합쳐진 것을 확인할 수 있습니다.

	A	B	C	D	E	F	G	H
4		보리	서울서초동	입고개수	800		3000	
5			서울서초동	출고개수	300	3000		
6		밀	경기도이천	입고개수	2000		4400	
7			경기도이천	출고개수	1800	4400		
8		콩	강원도속초	입고개수	4000		5800	
9			강원도속초	출고개수	3500	5800		
10		팥	경기도일산	입고개수	2500		4750	
11			경기도일산	출고개수	2000	4750		
12		옥수수	서울독산동	입고개수	2300		4610	
13			서울독산동	출고개수	2000	4610		
14		기장	인천시주안	입고개수	3500		5450	
15			인천시주안	출고개수	3000	5450		
16		조	경기도안양	입고개수	3700	확인	5590	
17			경기도안양	출고개수	3000	5590		
18		수수	서울홍대	입고개수	4500		6150	
19			서울홍대	출고개수	4000	6150		
20		찰흑미	서울목동	입고개수	3700		5590	
21			서울목동	출고개수	3200	5590		
22		강낭콩	경기도파주	입고개수	3300		5310	
23			경기도파주	출고개수	2800	5310		
24		백태	서울잠실	입고개수	600		3000	
25			서울잠실	출고개수	500	3000		

평균: 2383.333333   개수: 15   숫자 데이터 개수: 15   합계: 35750

07 [F4:F33]을 선택하고 과정 01~06과 같은 방법으로 F열의 빈 셀에 G열의 단가가 나타나도록 만듭니다.

	A	B	C	D	E	F	G	H
1			건강 잡곡 주문현황					
2								
3		잡곡	배송지		개수	단가		
4		보리	서울서초동	입고개수	800	3000		
5			서울서초동	출고개수	300	3000		
6		밀	경기도이천	입고개수	2000	4400		
7			경기도이천	출고개수	1800	4400		
8		콩	강원도속초	입고개수	4000	5800		
9			강원도속초	출고개수	3500	5800		
10		팥	경기도일산	입고개수	2500	4750		
11			경기도일산	출고개수	2000	4750		
12		옥수수	서울독산동	입고개수	2300	4610		
13			서울독산동	출고개수	2000	4610		
14		기장	인천시주안	입고개수	3500	5450		
15			인천시주안	출고개수	3000	5450		
16		조	경기도안양	입고개수	3700	5590		
17			경기도안양	출고개수	3000	5590		
18		수수	서울홍대	입고개수	4500	6150		
19			서울홍대	출고개수	4000	6150		
20		찰흑미	서울목동	입고개수	3700	5590		
21			서울목동	출고개수	3200	5590		

데이터 정리

행과 열
삽입, 삭제, 숨기기

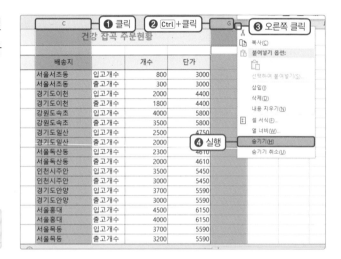

S E C T I O N

45

행과 열 단위로 데이터를 중간에 추가하거나 삽입할 수 있으며 때에 따라 행과 열을 숨길 수 있는데 여러 개의 행/열을 편집하는 방법을 알아보겠습니다.

Keyword 행/열 삽입, 삭제, 숨기기   **예제 파일** Part 1 \ 1-45.xlsx

01 C열을 클릭하고 Ctrl을 누른 채 G열을 클릭한 다음 마우스 오른쪽 버튼을 클릭합니다. **[숨기기]**를 실행합니다.

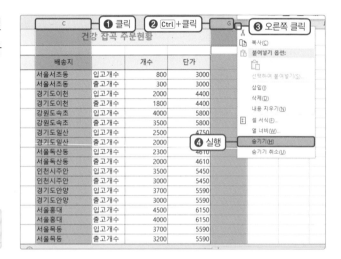

POINT
연속적인 행/열을 선택할 때는 Shift를 누릅니다.

02 B열을 마우스 오른쪽 버튼으로 클릭한 다음 **[삽입]**을 실행합니다.

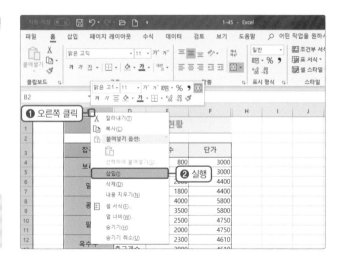

POINT
단축키 행/열 삽입 : Ctrl + +
행/열 삭제 : Ctrl + −

03 [삽입 옵션(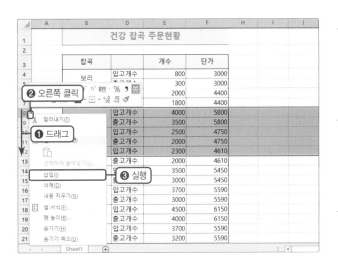)]-[오른쪽과 같은 서식]을 클릭합니다.

04 추가한 열을 삭제하겠습니다. B열을 마우스 오른쪽 버튼으로 클릭한 다음 **[삭제]**를 실행합니다.

05 여러 개의 행을 삽입하기 위해 8행부터 12행까지 선택하고 마우스 오른쪽 버튼을 클릭한 다음 **[삽입]**을 실행합니다. 한 번에 다섯 개의 행이 삽입됩니다.

기본 & 입력

서식 & 표

활용 기능

차트 & 응용

필터링 & 분석

매크로

참조 & 자동 계산

함수

SECTION 46

워크시트 이름, 탭 색 변경하기

시트의 이름은 기본적으로 Sheet1, Sheet2, ……와 같은 형태로 되어 있습니다. 시트 내용을 알기 쉽게 이름을 변경하거나 편하게 편집하기 위해 시트 탭 색을 변경할 수 있습니다.

Keyword 시트 이름, 탭 색   **예제 파일** Part 1\1-46.xlsx

01 첫 번째 시트인 'Sheet1'을 더블클릭하여 블록으로 표시되면 '1월'을 입력하여 시트 이름을 변경합니다.

구 분	면 적	전월지침	당월지침	사 용 량	세대사용료	공동사용료	합 계
1	29.75	–	–	–	–	1,840	1,840
2	29.75	937	960	23	23,000	1,840	24,840
3	29.75	681	687	6	6,000	1,840	7,840
4	29.75	1,276	1,277	1	1,000	1,840	2,840
5	115.70	5,139	5,211	72	72,000	7,140	79,140
6	155.37	–	–	–	–	9,590	9,590
7	28.30	1,227	1,227	–	–	1,750	–
8	28.30	1,220	1,227	7	7,000	1,750	8,750
9	28.30	933	961	28	28,000	1,750	29,750
10	28.30	926	946	20	20,000	1,750	21,750
11	28.30	1,327	1,336	9	9,000	1,750	10,750
12	28.30	241	242	1	1,000	1,750	2,750
13	28.30	630	643	13	13,000	1,750	14,750
14	28.30	1,232	1,232	–	–	1,750	1,750
15	28.30	1,603	1,615	12	12,000	1,750	13,750
16	28.30	1,591	1,603	12	12,000	–	12,000
17				15	15,000	1,750	16,750
19	28.30	980	984	7	7,000	1,750	8,750
19	28.30	980	984	4	4,000	1,750	5,750

① 더블클릭   **② 이름 변경**

1월 | Sheet2 | 3월 | 4월 | 5월

POINT
시트 이름을 마우스 오른쪽 버튼으로 클릭하고 [이름 바꾸기]를 실행하여 변경할 수도 있습니다.

02 같은 방법으로 'Sheet2'를 더블클릭하여 블록으로 표시되면 '2월'을 입력하여 시트 이름을 변경합니다.

구 분	면 적	전월지침	당월지침	사 용 량	세대사용료	공동사용료	합 계
1	28.30	1,033	1,050	17	17,000	1,750	18,750
2	28.30	1,218	1,241	23	23,000	1,750	24,750
3	28.30	987	996	9	9,000	1,750	10,750
4	28.30	944	955	11	11,000	1,750	12,750
5	28.30	882	884	2	2,000	1,750	3,750
6	28.30	879	882	3	3,000	–	3,000
7	28.30	1,637	1,663	26	26,000	1,750	27,750
8	28.30	1,254	1,259	5	5,000	1,750	6,750
9	28.30	830	840	10	10,000	1,750	11,750
10	28.30	1,205	1,214	9	9,000	1,750	10,750
11	28.30	1,398	1,406	8	8,000	1,750	9,750
12	28.30	1,220	1,250	30	30,000	1,750	31,750
13	28.30	277	286	9	9,000	1,750	10,750
14	28.30	1,526	1,556	30	30,000	1,750	31,750
15	28.30	962	969	7	7,000	1,750	8,750
17						1,750	
					8,000	1,750	9,750
					22,000	1,750	23,750
19	28.30	1,117	1,173	56	56,000	1,750	57,750

① 더블클릭   **② 이름 변경**

1월 | 2월 | 3월 | 4월 | 5월

POINT
워크시트의 이름은 서른한 자까지 가능하며, ₩, ', *, ?, /, [,]는 사용할 수 없습니다.

03 홀수 달 시트 탭 색을 변경하기 위해 '1월'을 클릭하고 Ctrl 을 누른 채로 '3월', '5월'을 클릭합니다. 마우스 오른쪽 버튼을 클릭합니다.

POINT
시트를 여러 개 선택하기 위해 Shift 를 누르면 연속된 시트를 선택할 수 있으며, 두 개 이상 시트를 선택하면 제목 표시줄에 [그룹]이 표시됩니다.

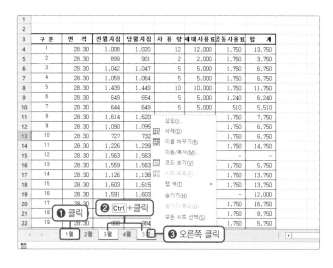

04 [탭 색]–[녹색, 강조6]을 클릭합니다.

05 여러 개의 시트를 선택하면 제목 표시줄에 [그룹]이 표시되는데, 그룹을 해제하기 위해 현재 선택되어 있지 않은 다른 시트를 선택합니다.

워크시트 이동 및 복사하기

S E C T I O N

47

필요에 따라 워크시트를 이동하거나 전체 양식은 같은데 내용이 다른 문서를 만들어야 한다면 시트를 복사하여 사용할 수 있습니다. 이동 복사하는 방법을 알아보겠습니다.

Keyword 현재 파일에서 시트 이동/복사, 다른 파일로 시트 이동/복사   **예제 파일** Part 1 \ 1-47.xlsx

01 시트를 복사하기 위해 [5월] 시트 탭을 Ctrl을 누른 채 오른쪽으로 드래그합니다.

POINT
시트를 이동할 때 마우스 포인터에 문서 모양( )이 표시됩니다. 복제할 때는 문서 모양에 +가 추가( )되어 표시됩니다.

02 복사된 시트 이름은 '5월 (2)'로 변경됩니다. 더블클릭하여 시트 이름을 '6월'로 변경합니다.

기본 & 입력

서식 & 표

활용 기능

차트 & 응용

필터링 & 분석

매크로

참조 & 자동 계산

함수

03 [새 시트] 아이콘(⊕)을 클릭하고 시트 이름을 '상반기'로 변경한 다음 시트를 [1월] 시트 앞으로 이동합니다.

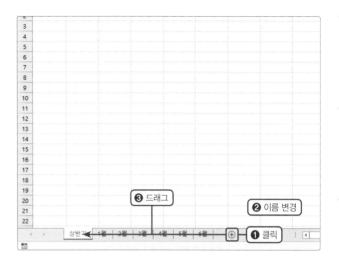

04 새로운 파일로 시트를 복사하기 위해 [1월] 시트를 선택하고 Shift 를 누른 채 [3월]을 클릭합니다.

구 분	면 적	전월지침	당월지침	사 용 량	세대사용료	공동사용료	합 계
1	29.75	–	–	–	–	1,840	1,840
2	29.75	937	960	23	23,000	1,840	24,840
3	29.75	681	687	6	6,000	1,840	7,840
4	29.75	1,276	1,277	1	1,000	1,840	2,840
5	115.70	5,139	5,211	72	72,000	7,140	79,140
6	155.37	–	–	–	–	9,590	9,590
7	28.30	1,227	1,227	–	–	1,750	1,750
8	28.30	1,220	1,227	7	7,000	1,750	8,750
9	28.30	933	961	28	28,000	1,750	29,750
10	28.30	926	946	20	20,000	1,750	21,750
11	28.30	1,327	1,336	9	9,000	1,750	10,750
12	28.30	241	242	1	1,000	1,750	2,750
13	28.30	630	643	13	13,000	1,750	14,750
14	28.30	1,232	1,232	–	–	1,750	1,750
15	28.30	1,603	1,615	12	12,000	1,750	13,750
16	28.30	1,591	1,603	12	12,000	–	12,000
17	28.30		1,88		15,000	1,750	16,750
18	28.30		1,1		7,000	1,750	8,750
19	28.30	980	984	4	4,000	1,750	5,750

05 선택된 시트를 마우스 오른쪽 버튼으로 클릭하고 [이동/복사]를 실행합니다.

구 분	면 적	전월지침	당월지침	사 용 량	세대사용료	공동사용료	합 계
1	29.75	–	–	–	–	1,840	1,840
2	29.75	937	960	23	23,000	1,840	24,840
3	29.75	681	687	6	6,000	1,840	7,840
4	29.75	1,276	1,277	1	1,000	1,840	2,840
5	115.70	5,139	5,211	72	72,000	7,140	79,140
6	155.37	–	–	–	–	9,590	9,590
7	28.30	1,227	1,227	–	–	1,750	1,750
8	28.30				7	7,000	8,750
9	28.30				28	28,000	1,750	29,750
10	28.30				20	20,000	1,750	21,750
11	28.30				9	9,000	1,750	10,750
12	28.30				1	1,000	1,750	2,750
13	28.30				13	13,000	1,750	14,750
14	28.30				–	–	1,750	1,750
15	28.30				12	12,000	1,750	13,750
16	28.30				12	12,000	–	12,000
17	28.30				15	15,000	1,750	16,750
18	28.30				7	7,000	1,750	8,750
	28.30				4	4,000	1,750	5,750

삽입(I)...
삭제(D)
이름 바꾸기(R)
이동/복사(M)...
코드 보기(V)
시트 보호(P)
탭 색(T)
숨기기(H)
숨기기 취소(U)
모든 시트 선택(S)
시트 그룹 해제(N)

POINT
시트를 여러 개 선택하기 위해 Ctrl 을 누르면 비연속적으로 시트를 선택할 수 있습니다.

06 [이동/복사] 대화상자에서 대상 통합 문서를 '(새 통합 문서)'로 지정하고 '복사본 만들기'에 체크 표시합니다.
[확인] 버튼을 클릭합니다.

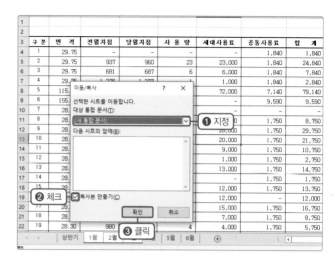

POINT
[복사본 만들기]를 선택하지 않으면 시트가 복사되지 않고, 원본 통합 문서에는 없어지며 대상 통합 문서로 이동됩니다.

07 새 통합 문서로 [1월]~[3월] 시트가 복제된 것을 확인할 수 있습니다.

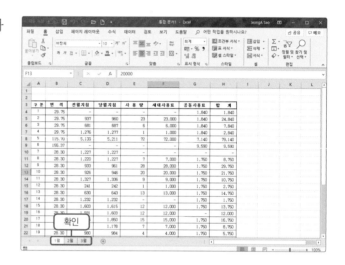

시트 숨기기와 숨기기 취소하기

시트를 지금 사용하지 않을 때 쓰는 기능이 시트 숨기기입니다. 시트 이름을 마우스 오른쪽 버튼으로 클릭하고 [숨기기]를 실행할 수 있으며, 숨겨진 시트가 하나도 없을 때는 [숨기기 취소]가 비활성화됩니다.

Keyword 시트 숨기기, 시트 숨기기 취소   **예제 파일** Part 1 \ 1-48.xlsx

01 [상반기] 시트를 숨기기 위해 [상반기] 시트 이름을 마우스 오른쪽 버튼으로 클릭합니다.

[숨기기]를 실행합니다.

POINT
[홈] 탭-[셀] 그룹-[서식]-[숨기기 및 숨기기 취소]-[시트 숨기기]를 클릭해도 됩니다.

02 시트가 숨겨집니다. 숨긴 시트를 다시 나타내기 위해 임의의 시트를 마우스 오른쪽 버튼으로 클릭하고 [숨기기 취소]를 실행합니다.

POINT
시트 숨기기가 된 것은 마우스 오른쪽 버튼을 클릭했을 때 표시되는 [숨기기 취소] 메뉴가 활성화된 것으로 확인할 수 있습니다.

03 숨겨진 시트 목록이 표시됩니다. 숨기기 취소할 시트를 선택하고 [확인] 버튼을 클릭합니다.

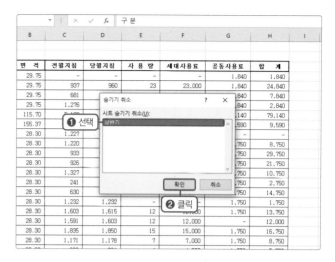

04 숨겨진 시트가 원래 위치에 다시 나타납니다.

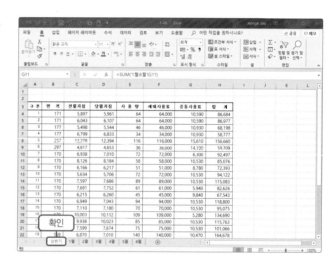

쌩초보 Level Up

워크시트 삭제하기

필요 없는 시트는 시트의 내용과 함께 삭제할 수 있는데, 이때는 되돌리기(Ctrl+Z)로 작업을 취소할 수 없습니다. 빈 시트를 삭제할 경우 메시지 대화상자가 나타나지 않고 바로 시트가 삭제됩니다.

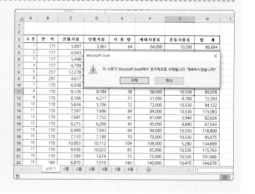

기본 & 입력

서식 & 표

활용 기능

차트 & 응용

필터링 & 분석

매크로

참조 & 자동 계산

함수

S E C T I O N

49

시트 여러 개에
한꺼번에 그룹 작업하기

단순하지만 쉼표 스타일, 일련번호, 합계 등을 여러 개의 시트에 적용해야 한다면 같은 작업을 여러 번 할 수 있습니다. 그러나 엑셀은 그룹 작업이 가능하여 한꺼번에 여러 개의 시트에 동시에 작업을 할 수 있습니다.

Keyword 그룹 작업   **예제 파일** Part 1 \ 1-49.xlsx

---

01 그룹 작업을 위해 [1월] 시트를 선택하고 Ctrl을 누른 채 [시트 이동 아이콘(▶)]을 클릭합니다. 시트의 끝 [12월]이 보입니다.

면 적	전월지침	당월지침	사 용 량	세대사용료	공동사용료	
29.75	0	0	0		1840	
29.75	937	960	23	23000	1840	
29.75	681	687	6	6000	1840	
29.75	1276	1277	1	1000	1840	
115.70	5139	5211	72	72000	7140	
155.37	0	0	0	0	9590	
28.30	1227	1227	0	0	0	
28.30	1220	1227	7	7000	1750	
28.30	933	961	28	28000	1750	
28.30	926	946	20	20000	1750	
28.30	1327	1336	9	9000	1750	
28.30	241	242	1	1000	1750	
28.30	630	643	13	13000	1750	
28.30	1232	1232	0		1750	
28.30	1603	1615	12	12000	1750	
28.30	1591	1603	12	12000	0	
28.30	1835	1850	15	15000	1750	
28.30	1171	1178	7	7000	1750	
28.30	980	984	4	4000	1750	

❷ Ctrl+클릭

▶ 1월 ── ❶ 클릭 4월 5월 6월 7월 8월 9월 10월 … ⊕

02 Shift를 누른 채 [12월] 시트를 클릭하면 '1월'부터 '12월'까지 선택되어 제목 표시줄에 [그룹]이라고 표시됩니다.

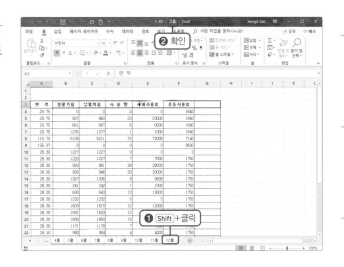

❶ Shift+클릭

❷ 확인

03 A열 앞에 두 개의 열을 삽입하기 위해 A열과 B열을 선택하고 마우스 오른쪽 버튼을 클릭한 다음 **[삽입]**을 실행합니다.

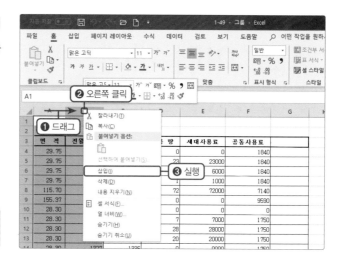

POINT

Ctrl + + 를 눌러 열을 삽입할 수 있습니다.

04 [B3]셀을 '번호'라 입력하고, [B4:B5] 셀에 '1'과 '2'를 각각 입력합니다.

▲	A	B	C	D	E	F	G	H
1								
2								
3		번호	면 적	전월지침	당월지침	사 용 량	세대사용료	공동사용료
4		1	29.75	0	0	0	0	18
5		2	29.75	937	960	23	23000	18
6			29.75	681	687	6	6000	18
7			29.75	1276	1277	1	1000	18
8			115.70	5139	5211	72	72000	71
9			155.37	0	0	0	0	95
10			28.30	1227	1227	0	0	
11			28.30	1220	1227	7	7000	17
12			28.30	933	961	28	28000	17
13			28.30	926	946	20	20000	17
14			28.30	1327	1336	9	9000	17
15			28.30	241	242	1	1000	17
16			28.30	630	643	13	13000	17
17			28.30	1232	1232	0	0	17
18			28.30	1603	1615	12	12000	17
19			28.30	1591	1603	12	12000	17
20			28.30	1835	1850	15	15000	17
21			28.30	1171	1178	7	7000	17
22			28.30	980	984	4	4000	17

입력

POINT

그룹 작업을 할 때는 옵션이 나오지 않습니다. [서식 옵션]이나 [자동 채우기 옵션]이 나오지 않기 때문에 [B4:B5]에 1, 2를 입력하고 그 차이 값만큼 숫자를 복사합니다.

05 [B4:B5]를 선택하고 채우기 핸들을 더블클릭합니다.

▲	A	B	C	D	E	F	G	H
1								
2								
3		번호	면 적	전월지침	당월지침	사 용 량	세대사용료	공동사용료
4		1	29.75	0	0	0	0	18
5			37	960	23	23000	18
6			81	687	6	6000	18
7			29.75	1276	1277	1	1000	18
8			115.70	5139	5211	72	72000	71
9			155.37	0	0	0	0	95
10			28.30	1227	1227	0	0	
11			28.30	1220	1227	7	7000	17
12			28.30	933	961	28	28000	17
13			28.30	926	946	20	20000	17
14			28.30	1327	1336	9	9000	17
15			28.30	241	242	1	1000	17
16			28.30	630	643	13	13000	17
17			28.30	1232	1232	0	0	17
18			28.30	1603	1615	12	12000	17
19			28.30	1591	1603	12	12000	17
20			28.30	1835	1850	15	15000	17
21			28.30	1171	1178	7	7000	17
22			28.30	980	984	4	4000	17

❶ 드래그 ❷ 더블클릭

POINT

채우기 핸들을 더블클릭하면 Ctrl + A 를 눌렀을 때 하나의 데이터 표로 인식하는 열의 마지막 데이터까지 복사됩니다.

06 일련번호가 채워진 것을 확인하고 [I3]셀에 '합계'를 입력합니다.

07 합계를 넣기 위해 [I4:I33]을 선택하고 [홈] 탭-[편집] 그룹-[자동 합계(Σ)]를 클릭합니다.

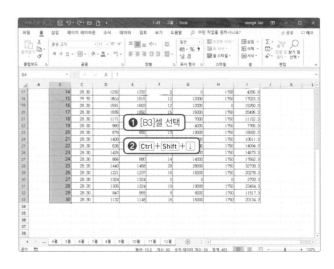

08 마지막으로 테두리까지 선택하기 위해 [B3]셀을 선택하고 Ctrl + Shift + ↓ 를 눌러 데이터 끝까지 선택합니다.

기본 & 입력

서식 & 표

활용 기능

차트 & 응용

필터링 & 분석

매크로

참조 & 자동 계산

함수

09 [홈] 탭-[글꼴] 그룹-[테두리▼]-[모든 테두리]를 선택합니다.

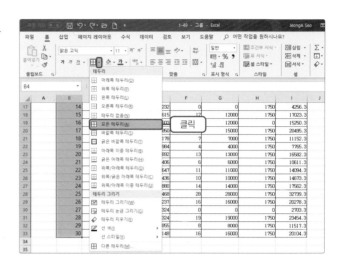

10 시트마다 열의 폭이 다르게 설정되어 있기 때문에 B열부터 I열까지 선택하고 열과 열 사이의 경계선을 더블클릭합니다. 모든 시트에 적용된 것을 확인할 수 있습니다.

11 [그룹]으로 선택되어 있기 때문에 [12월] 시트를 클릭하여 그룹을 해제합니다.

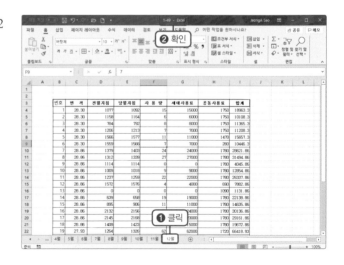

시트 보호하기

전체 시트를 보호할 수 있고 특정 시트만 보호를 할 수 있습니다. 특정 시트만 편집 제한을 한다거나, 임의의 범위만 편집 허용한 다음 시트를 보호하는 방법이 있습니다.

Keyword 시트 보호, 부분 허용 시트 보호   **예제 파일** Part 1 \ 1-50.xlsx

01 전체 시트를 보호하기 위해 [홈] 탭-[셀] 그룹-[서식]-[시트 보호]를 클릭합니다.

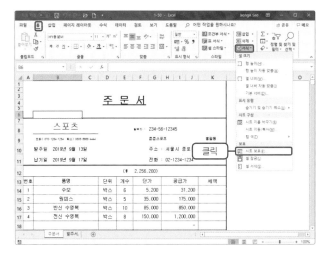

POINT
엑셀은 기본적으로 모든 셀이 잠겨져 있습니다. 시트를 보호(암호 설정)해 주면 모든 시트가 보호되어 편집되지 않습니다.

02 시트 보호 해제 암호를 한 글자 이상 입력합니다. [암호 확인] 대화상자에서도 똑같이 입력하고 [확인] 버튼을 클릭합니다.

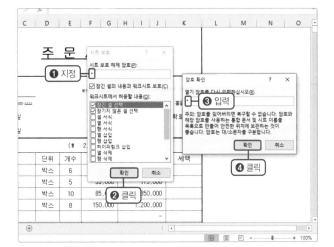

POINT
[검토] 탭-[보호] 그룹-[시트 보호]를 클릭하여 적용할 수 있습니다.

03 임의의 셀을 선택하여 편집하려고 하면 경고 대화상자를 확인할 수 있습니다.

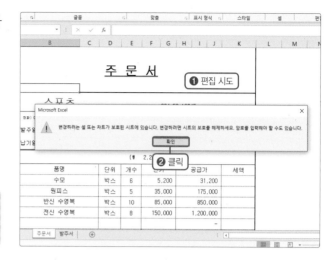

04 [셀] 그룹-[서식]-[시트 보호 해제]를 클릭하고 암호를 입력한 다음 [확인] 버튼을 클릭합니다.

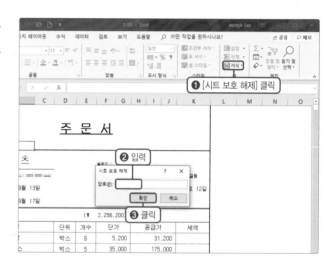

05 시트의 일부 중 편집을 허용하기 위해 [E14:G31]을 선택하고 [셀] 그룹-[서식]-[셀 잠금]을 클릭하여 셀 잠금을 해제합니다.

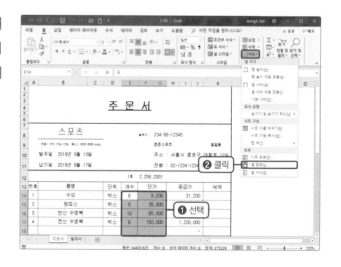

06 [셀] 그룹-[서식]-[시트 보호]를 클릭합니다. '잠긴 셀 선택'은 허용할 내용에서 제외하고 암호를 입력한 다음 [확인] 버튼을 클릭합니다.

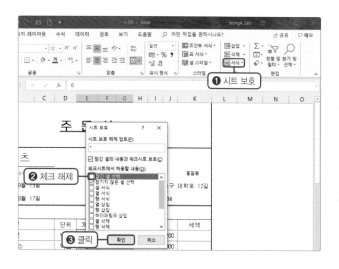

07 [E14:G31]은 편집이 허용되지만, 그 외 범위는 선택도 되지 않는 것을 확인할 수 있습니다.

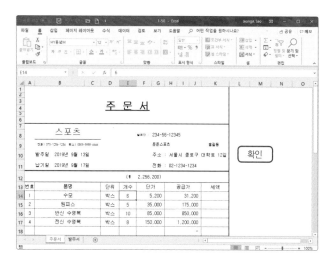

기본 & 입력

서식 & 표

활용 기능

차트 & 응용

필터링 & 분석

매크로

참조 & 자동 계산

함수

INTEGRITY

INNOVATION

COMMITMENT

CREATIVITY

PASSION

GOALS

CONNECTION

GROWTH

2

야근을 없애는
활용 예제 50가지

엑셀의 기본 기능을 배워 봤다면 보다 효율적으로 일 처리를 할 수 있는 활용 기능을 배우
겠습니다. 방대한 양의 데이터를 효율적으로 분석하여 가공하고, 데이터 흐름에 따라 한눈
에 파악할 수 있는 차트까지 표현하는 방법을 배워 봅니다.

데이터 이동하고
그림 복사하기

S E C T I O N

01

엑셀 문서를 편집하다 보면 데이터를 이동하고 복사한 다음 편집할 일이 많습니다. 중간에 있는 데이터를 이동하려면 원래 위치에 빈 셀이 남아 삭제해야 하는데 이때 사용할 수 있는 [잘라낸 셀 삽입]을 배워 보고, 그림으로 빠르게 복사하는 방법을 알아보겠습니다.

Keyword 잘라낸 셀 삽입, 그림 복사   **예제 파일** Part 2\2-1.xlsx

---

01 6~7행을 선택하고 마우스 오른쪽 버튼을 클릭한 다음 [잘라내기]를 실행합니다.

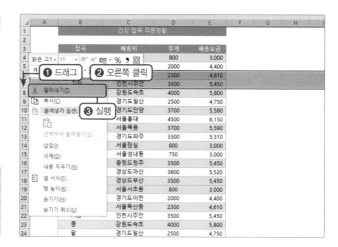

POINT
행/열 단위로 복사 및 잘라내기를 하면, 삽입할 위치는 첫 번째 셀을 선택하거나 행/열을 선택하고 삽입합니다.

02 이동하기 위해 15행을 마우스 오른쪽 버튼으로 클릭하고 [잘라낸 셀 삽입]을 실행합니다.

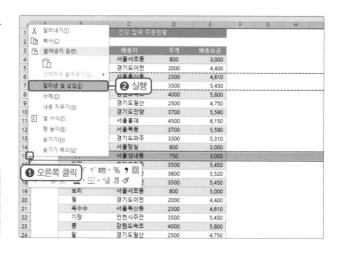

POINT
잘라낸 셀 삽입을 하지 않고 붙여넣기 하면 잘라내기한 셀 범위가 빈 칸으로 남아 있으며, 붙여넣기 하려는 셀의 데이터에 덮어 쓰기됩니다.

03 데이터가 이동된 것을 확인할 수 있습니다. 엑셀의 시트를 그림으로 내보내기 위해 [B3:E33]을 선택하고 [홈] 탭-[클립보드] 그룹-[복사(🗎)]▼-[그림으로 복사]를 클릭합니다.

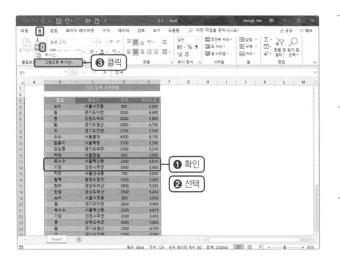

POINT
[잘라내기]하면 붙여넣기 메뉴는 [잘라낸 셀 삽입]으로 나타나며, [복사]하면 [복사한 셀 삽입]으로 나타납니다. [그림으로 복사]하면 화면상의 깨짐 현상을 없앨 수 있습니다.

04 [그림 복사] 대화상자가 표시되면 '미리 보기에 표시된 대로'를 선택하고 [확인] 버튼을 클릭합니다.

POINT
'화면에 표시된 대로'를 선택하여 복사하면 화면의 짤린 부분은 복사되지 않습니다.

05 [G2]셀을 클릭하고 Ctrl+V를 누르면 화면에 보이지 않던 부분까지 복사되는 것을 확인할 수 있습니다.

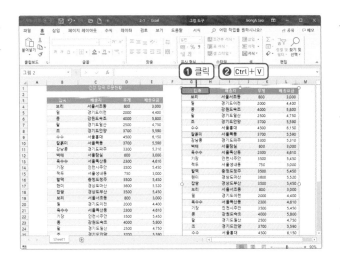

기본 & 입력

서식 & 표

활용 기능

차트 & 응용

필터링 & 분석

매크로

참조 & 자동 계산

함수

데이터 유효성 검사로 영문 모드 변경과 목록 설정하기

데이터를 입력할 때 오류 없이 유효한 데이터만 입력할 수 있도록 설정하는 기능이 데이터 유효성 검사입니다. 여러 가지 설정 방법 중 한/영을 누르지 않아도 영문 상태로 입력할 수 있는 IME 모드로 설정하고, 사용자가 목록 버튼을 이용하여 입력하도록 할 수 있습니다.

Keyword IME 모드, 영문 모드, 목록 설정 　　　　　**예제 파일** Part 2 \ 2-2.xlsx

01 아이디 열은 영문 모드로 시작할 수 있도록 [B4:B20]을 선택하고 [데이터] 탭-[데이터 도구] 그룹-[데이터 유효성 검사(📝)]를 클릭합니다.

[데이터 유효성] 대화상자에서 [IME 모드] 탭을 선택하고 모드를 '영문'으로 지정합니다. [확인] 버튼을 클릭합니다.

POINT
한/영을 직접 누르지 않아도 영문 모드에서 시작되며 한/영을 눌러 한글로 변환도 가능합니다.

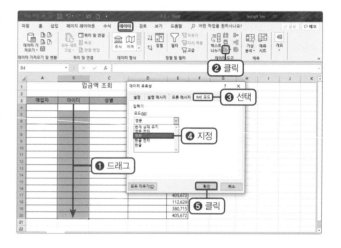

02 [A4:A20]을 선택하고 [데이터 도구] 그룹-[데이터 유효성 검사(📝)]를 클릭합니다.

[데이터 유효성] 대화상자에서 모드를 '한글'로 지정합니다. [확인] 버튼을 클릭합니다.

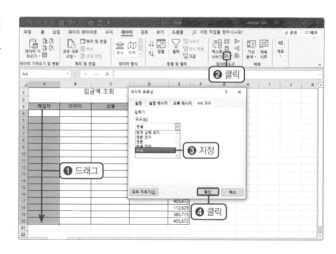

03 [A4] 셀에 '서윤수'를 입력하고, [B4] 셀에 'seoys23'을 입력합니다.

POINT
한/영을 누르지 않아도 [A4]셀은 한글 모드로, [B4]셀 은 영문 모드로 시작됩니다.

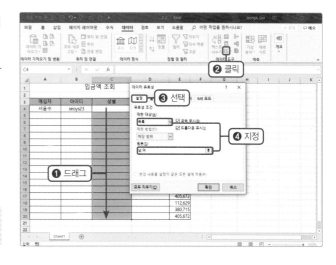

04 [C4:C20]을 선택하고, [데이터 도구] 그룹-[데이터 유효성 검사 (⬚)]를 클릭 합니다. [설정] 탭을 선택하고 제한 대상 을 '목록', 원본을 '남, 여'로 지정합니다.

POINT
원본에 입력되는 데이터는 쉼표(,)로 구분합니다.

05 [설명 메시지] 탭을 선택합니다. 설명 메시지에 '목록 버튼을 선택하세요'를 입 력하고 [확인] 버튼을 클릭합니다.

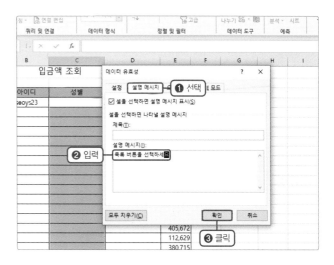

기본 & 입력

서식 & 표

활용 기능

차트 & 응용

필터링 & 분석

매크로

참조 & 자동 계산

함수

06 [C4]셀 목록 버튼을 클릭한 다음 '남'으로 지정합니다.

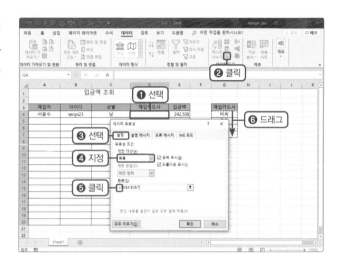

POINT
설명 메시지는 설정한 범위, 셀마다 나타납니다.

07 [D4:D20]을 선택하고 [데이터 도구] 그룹-[데이터 유효성 검사(◈)]를 클릭합니다. 제한 대상을 '목록', 원본을 '[G4:G7]'로 지정합니다.

08 [오류 메시지] 탭을 선택합니다. 제목을 '목록버튼에서 선택하세요'로 지정하고, 오류 메시지를 "비씨, 국민, 외환, 삼성' 목록에서만 선택해 주세요'로 지정합니다. [확인] 버튼을 클릭합니다.

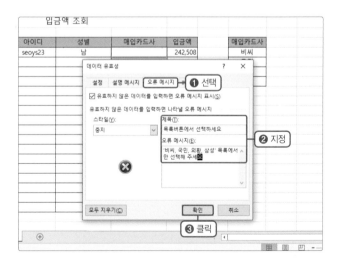

09 [D4]셀의 목록 버튼을 클릭한 다음 '국민'으로 지정합니다.

[D5]셀 목록 항목에 없는 '농협'을 입력하고 Enter를 누르면 [데이터 유효성] 대화상자에서 입력한 오류 메시지를 확인할 수 있습니다.

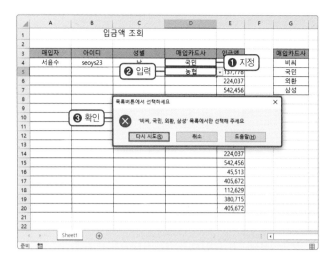

POINT
오류 메시지 대화상자에서 [다시 시도] 버튼을 클릭하고 목록 버튼을 클릭할 수 있습니다.

쌩초보 Level Up

데이터 유효성 검사로 오류 찾기

▶ 예제 파일 : Part 2 \ 2-S_1.xlsx

입력해야 하는 데이터 외에 유효하지 않은 데이터를 찾는 기능입니다. C~D 열에 오류가 있는지 찾아 보겠습니다.

① [C6:C23]을 선택하고 [데이터] 탭-[데이터 도구] 그룹-[데이터 유효성 검사(📋)]를 클릭합니다. 제한 대상을 '목록', 원본을 '승인, 취소로 지정합니다.

② [D6:D23]을 선택하고 [데이터 도구] 그룹-[데이터 유효성 검사(📋)]를 클릭합니다. 제한 대상을 '정수', 제한 방법을 '>=', 최소값을 '100'으로 지정합니다.

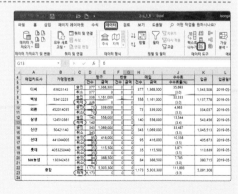

③ [데이터 도구] 그룹-[데이터 유효성 검사(📋)▼]-[잘못된 데이터]를 클릭합니다.

④ 오류인 경우 그림처럼 빨간색 동그라미가 표시됩니다.

⑤ 목록에 있는 데이터를 입력하면 빨간색 동그라미가 없어집니다.

기본 & 입력

서식 & 표

활용 기능

차트 & 응용

필터링 & 분석

매크로

참조 & 자동 계산

함수

워드아트로 제목 만들고
개체 편집하기

엑셀 문서에서 일러스트레이션을 추가하기 위해 관련 기능을 배우겠습니다. 엑셀 2019 일러스트레이션 기능은 그림, 온라인 그림, 도형, 아이콘, 3D 모델 등이 있습니다. [삽입] 탭의 워드아트와 문서에서 쓰일 만한 것을 위주로 배우겠습니다.

Keyword 워드아트, 그림, 스마트 아트　　　　**완성 파일** Part 2 \ 2-3_fi.xlsx

---

01 새 문서에서 워드아트를 만들기 위해 [삽입] 탭-[텍스트] 그룹-[WordArt]에서 [무늬 채우기: 흰색, 어두운 상향 대각선 줄무늬, 그림자]를 클릭합니다.

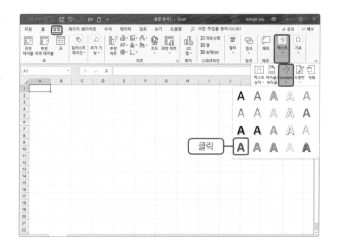

02 '필요한 내용을 적으십시오.'라는 텍스트 상자가 표시되면 '일러스트레이션'을 입력합니다. [홈] 탭-[글꼴] 그룹-[글꼴 크기 작게(가˅)]를 클릭하여 글꼴 크기를 '40'으로 지정하고 왼쪽 윗부분에 위치하도록 이동합니다.

03 온라인 그림을 삽입하기 위해 [삽입] 탭-[일러스트레이션] 그룹-[온라인 그림]을 클릭합니다.

여러 가지 검색 단어 중 '커피'를 클릭합니다.

04 원하는 그림을 클릭하고 [삽입]을 클릭합니다.

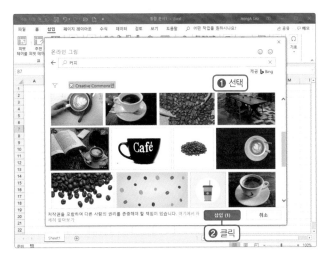

05 삽입된 그림의 크기를 조절하기 위해 Alt 를 누른 채 모서리 조절점을 드래그합니다.

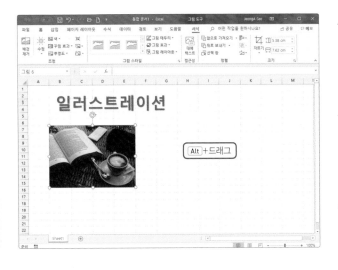

POINT

Alt 를 누른 채 크기를 조절하면 엑셀 셀 너비나 높이에 맞추어 크기를 조절할 수 있습니다.

06 스마트 아트를 삽입하기 위해 [삽입] 탭-[일러스트레이션] 그룹-[SmartArt]를 클릭합니다.

[SmartArt 그래픽 선택] 대화상자에서 [프로세스형] 범주-[단계 상승 프로세스형]을 클릭합니다.

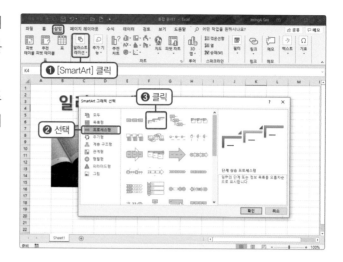

07 텍스트 창에 '스틱형(믹스)', '리필형', '스틱형(원두)'를 입력하고 Enter를 누른 다음 '기타'를 추가로 입력합니다.

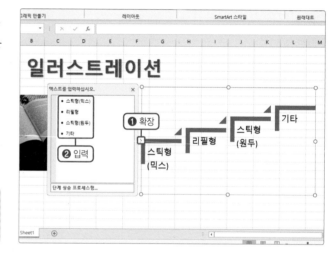

POINT
텍스트 창이 열려 있지 않으면 왼쪽 화살표 아이콘을 클릭하여 열어 줍니다.

08 [SmartArt 도구]-[디자인] 탭-[Smart Art 스타일] 그룹-[색 변경]-[색상형-강조색]을 클릭합니다.

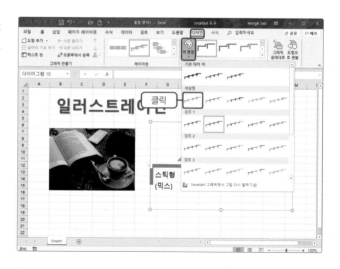

틀 고정하여
제목 행 유지하기

엑셀에서 많은 데이터를 화면으로 볼 때 스크롤 바를 움직이면 제목 행이 안 보여서 항목을 데이터와 연결해 볼 수 없습니다. 이때 사용하는 기능이 틀 고정입니다. 스크롤바와 상관없이 제목 행을 항상 보이도록 설정해 보겠습니다.

Keyword 틀 고정, 제목 행 유지   **예제 파일** Part 2 \ 2-4.xlsx

01 4행의 제목 행을 유지하기 위해 5행을 선택합니다. [보기] 탭-[창] 그룹-[틀 고정]-[틀 고정]을 클릭합니다.

POINT
[첫 행 고정]과 [첫 열 고정]은 각각 1행과 A열만 고정해 줍니다.

02 마우스 휠 버튼을 이용하여 아래 행으로 이동해 보면, 1행부터 4행까지 틀 고정된 것을 확인할 수 있습니다.

03 [창] 그룹–[틀 고정]–[틀 고정 취소]를 클릭합니다. 제목 행 고정이 취소됩니다.

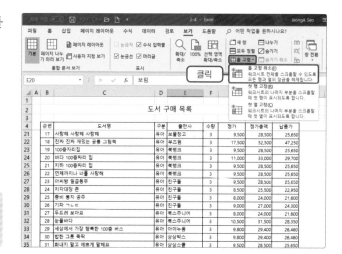

04 [D5]셀을 클릭하고, [창] 그룹–[틀 고정]–[틀 고정]을 클릭합니다.

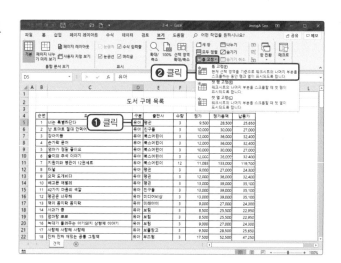

05 마우스 휠 버튼과 스크롤바를 이용하여 오른쪽과 아래쪽으로 이동해 보면 1행부터 4행, A열부터 C열까지 틀 고정된 것을 확인할 수 있습니다.

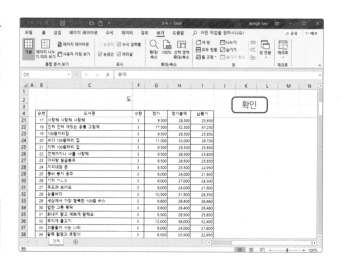

인쇄할 영역
1페이지로 지정하기

데이터 전체를 인쇄할 수 있고, 그 중 인쇄할 영역을 설정할 수 있습니다. 페이지 나누기 미리 보기에서 설정하는 방법을 알아보겠습니다.

Keyword 페이지 나누기 미리 보기, 인쇄 영역, 1페이지 인쇄 　**예제 파일** Part 2\2-5.xlsx

01 [보기] 탭-[통합 문서 보기] 그룹-[페이지 나누기 미리 보기]를 클릭합니다.

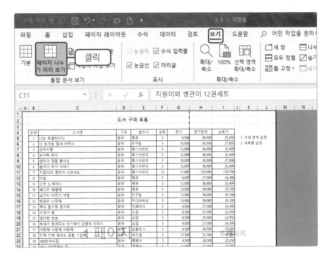

POINT
[페이지 나누기 미리 보기]는 상태 표시줄의 아이콘(띠)을 클릭해도 표시할 수 있습니다.

02 인쇄할 때 필요하지 않은 부분을 편집하기 위해 파란색 선에 마우스를 위치시키면, 화살표(↕, ↔)를 움직여 인쇄 영역을 조정할 수 있습니다.

03 I열도 1페이지에 포함하기 위해 [페이지 레이아웃] 탭-[크기 조정] 그룹에서 너비를 '1페이지'로 지정합니다.

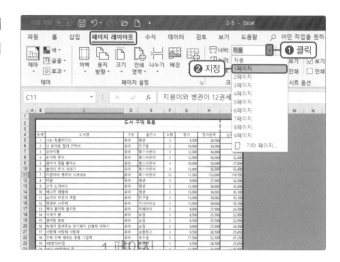

04 인쇄하고자 하는 영역이 1페이지 너비로 변경된 것을 확인할 수 있습니다.

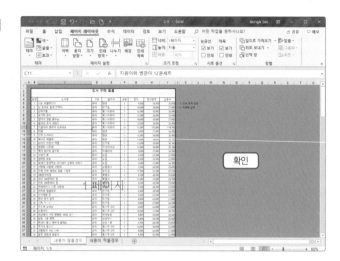

05 [내용이 적을경우] 시트를 클릭하고 [크기 조정] 그룹에서 배율을 '125%'로 설정하여 한 페이지가 되도록 확대합니다.

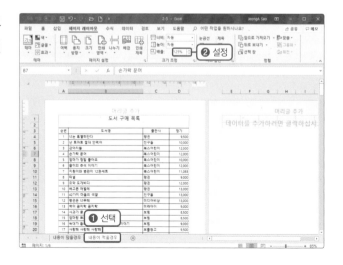

제목 행과 인쇄 영역 설정하기

인쇄할 페이지가 많을 경우 매 페이지마다 반복해야 할 행을 설정할 수 있습니다. 또한 일부분의 데이터만 인쇄할 수 있는 영역을 설정할 수 있습니다.

Keyword 인쇄 제목, 인쇄 영역 설정 　　　　　**예제 파일** Part 2\2-6.xlsx

01 상태 표시줄에서 [페이지 레이아웃(▦)]을 클릭합니다. [페이지 레이아웃] 탭-[페이지 설정] 그룹-[인쇄 제목]을 클릭합니다.

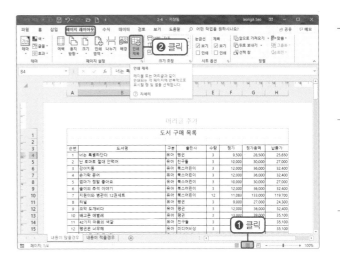

02 [페이지 설정] 대화상자 [시트] 탭 화면에서 인쇄 제목 항목의 반복할 행을 3행 머리글로 지정합니다. [확인] 버튼을 클릭합니다.

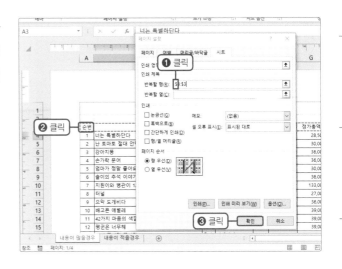

03 각 페이지마다 제목 행이 반복되는 것을 확인할 수 있습니다.

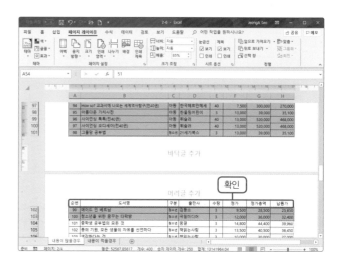

04 데이터의 51번부터 100번까지만 인쇄하기 위해 54행을 클릭합니다.

화면을 스크롤하여 Shift 를 누른 채 103행을 클릭합니다. [페이지 설정] 그룹-[인쇄 영역]-[인쇄 영역 설정]을 클릭합니다.

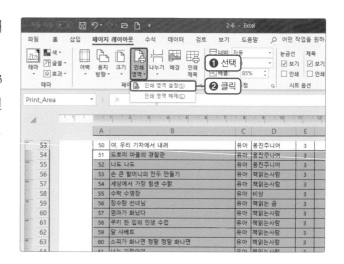

05 [파일] 탭-[인쇄]를 클릭하면 50번 데이터부터 인쇄할 준비가 된 것을 확인할 수 있습니다.

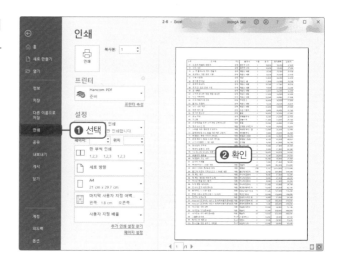

S E C T I O N

07

머리글과 바닥글 설정하기

페이지 레이아웃 보기 상태에서는 머리글과 바닥글을 설정하기 쉽게 되어 있습니다. 페이지 번호나 작성자 등을 머리글과 바닥글에 설정하는 방법을 알아보겠습니다.

Keyword 머리글, 바닥글, 페이지 번호   **예제 파일** Part 2 \ 2-7.xlsx

01 상태 표시줄에서 [페이지 레이아웃 (▦)]을 클릭하고 머리글 추가 영역의 오른쪽 영역을 클릭합니다.

02 [머리글/바닥글 도구]–[디자인] 탭–[머리글/바닥글 요소] 그룹–[현재 날짜]를 클릭합니다.

' : 작성일자'를 추가로 입력하고, [탐색] 그룹–[바닥글로 이동]을 클릭합니다.

POINT
머리글이나 바닥글 영역을 클릭해야만 [머리글/바닥글 도구]–[디자인] 탭이 나타납니다.

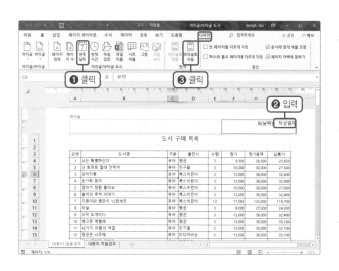

03 [머리글/바닥글 요소] 그룹-[페이지 번호]를 클릭합니다.

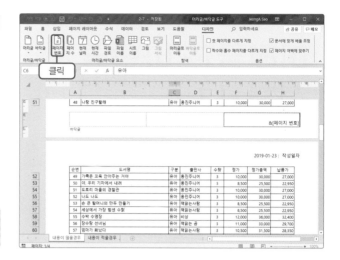

04 슬래시(/)를 입력하고 [머리글/바닥글 요소] 그룹-[페이지 수]를 클릭합니다.

05 임의의 셀을 클릭하면 바닥글이 '현재 페이지 번호/전체 페이지 번호' 형식으로 표시됩니다.

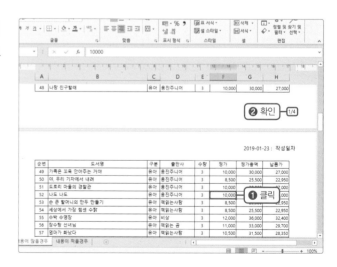

SECTION
여러 개 시트
동시에 인쇄하기

08

1월부터 5월까지의 데이터 양식은 시트마다 동일하기 때문에 일일이 시트를 개별 설정하지 않고 인쇄 설정을 동시에 할 수 있습니다. 동시에 설정하고 동시에 인쇄하는 방법을 알아보겠습니다.

Keyword 여러 시트 동시 인쇄　　　　　　　**예제 파일** Part 2\2-8.xlsx

01 [1월] 시트를 클릭하고 Shift 를 누른 채 [5월] 시트를 클릭합니다.

POINT
두 개 이상의 시트를 선택하면 제목 표시줄에 '그룹'으로 표시됩니다.

02 [페이지 레이아웃] 탭-[페이지 설정] 그룹에서 설정 아이콘(⬓)을 클릭합니다.

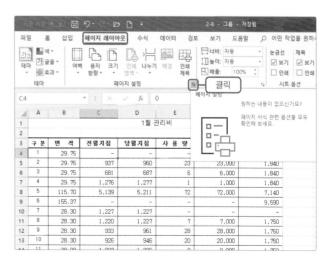

03 [페이지 설정] 대화상자에서 [여백] 탭을 선택합니다. 페이지 가운데 맞춤에서 '가로'에 체크 표시하고 [확인] 버튼을 클릭합니다.

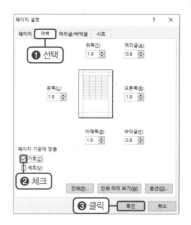

04 [파일] 탭-[인쇄]를 클릭하면 설정 항목의 기본값인 [활성 시트 인쇄]가 선택된 것을 확인할 수 있습니다.

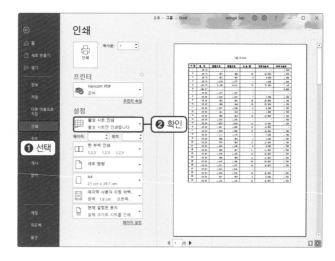

POINT
[1월] 시트부터 [5월] 시트까지 선택했기 때문에 활성 시트 다섯 장을 한꺼번에 인쇄할 수 있습니다.

05 화면 아랫부분의 화살표(▶)를 클릭하거나 스크롤바를 움직여서 [1월] 시트부터 [5월] 시트가 인쇄될 것을 미리 볼 수 있습니다.

기본 & 입력

서식 & 표

활용 기능

차트 & 응용

필터링 & 분석

매크로

참조 & 자동 계산

함수

SECTION

값이 차이 나는 데이터를
콤보 차트로 표시하기

09

값이 많이 차이 나는 데이터를 차트로 표현하면 적은 데이터가 제대로 표현되지 않습니다. 그럴 때 사용하는 차트
가 콤보 차트인데 보기 좋게 편집하는 방법을 알아보겠습니다.

Keyword 콤보 차트, 이중 축 혼합 차트　　　　　　**예제 파일** Part 2 \ 2-9.xlsx

01 [B3]셀을 클릭하고 [삽입] 탭-[차트]
그룹-[추천 차트]를 클릭합니다. [차트 삽
입] 대화상자 [모든 차트] 탭에서 [혼합] 범
주를 클릭합니다.

cut의 차트 종류를 '표식이 있는 꺾은선형'
으로 지정하고 '보조 축'에 체크 표시합니
다. [확인] 버튼을 클릭합니다.

POINT
엑셀 2007~2010은 [서식] 대화상자에서 '보조축'을
선택해야 합니다. 엑셀 2013부터 콤보 차트를 사용할
수 있습니다.

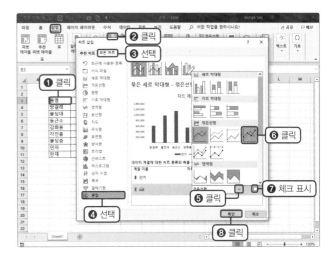

02 [차트 도구]-[디자인] 탭-[차트 스타
일] 그룹-[색 변경]-[다양한 색상표 3]을
클릭합니다.

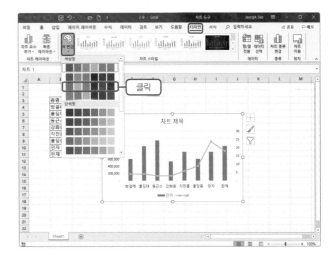

03 cut 계열의 표식이 있는 꺾은선형을 클릭하고 [차트 요소(⊞)]-[데이터 레이블]-[왼쪽]을 클릭합니다.

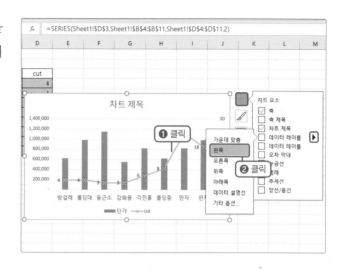

04 [보조 축]을 더블클릭하고 [축 서식] 작업 창을 표시합니다. [축 옵션(▮▮)]에서 축 옵션 항목을 최소화합니다. 레이블 항목에서 레이블 위치를 '없음'으로 지정합니다.

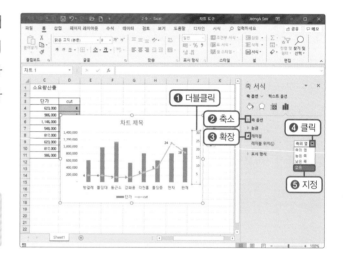

05 차트 영역 안에서 차트 제목을 클릭하고 수식 입력줄을 클릭합니다. '='을 입력하고 [B1]셀을 클릭합니다. Enter 를 누릅니다.

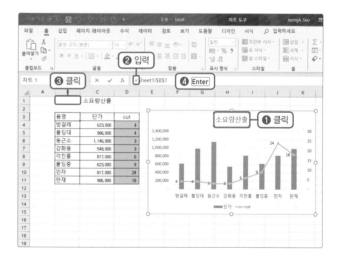

계층 구조 차트
사용하기

트리맵 차트는 상대적인 크기를 비교하여 표현하는 데 이상적인 차트입니다. 트리맵 차트는 색과 면적을 기준으로
표시하며 많은 양의 데이터를 쉽게 표시할 수 있습니다. 또한 같은 유형으로 선버스트 차트도 만들어 보겠습니다.

Keyword 트리맵, 선버스트　　　　　　　　　　　　　**예제 파일** Part 2 \ 2-10.xlsx

01 [A3]셀을 클릭하고 [삽입] 탭-[차트]
그룹-[계층 구조 차트(▥)]-[트리맵]을
클릭합니다.

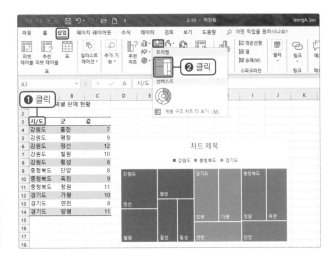

POINT
트리맵은 엑셀 2016부터 만들 수 있습니다. 사각형 크
기와 색상을 다르게 하여 데이터 값을 표현합니다.

02 상위 계층의 범주를 표현할 수 있도
록 [차트 도구]-[디자인] 탭-[차트 스타
일] 그룹에서 네 번째 스타일을 클릭합니
다. 범례를 삭제하기 위해 차트 영역에서
범례를 클릭합니다.

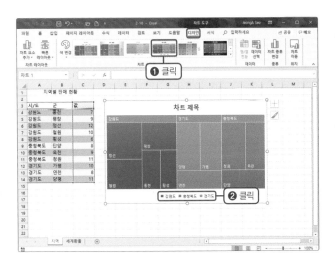

03 [차트 요소(+)]를 클릭합니다. '범례'의 체크 표시를 해제합니다.

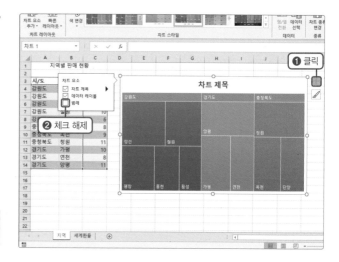

POINT
범례를 클릭하고 Delete 를 눌러도 삭제 가능합니다.

04 차트 제목을 '지역별 판매 현황'으로 변경합니다.
새로운 차트를 만들기 위해 [A3]셀을 클릭하고 [삽입] 탭-[차트] 그룹-[계층 구조 차트]-[선버스트]를 클릭합니다.

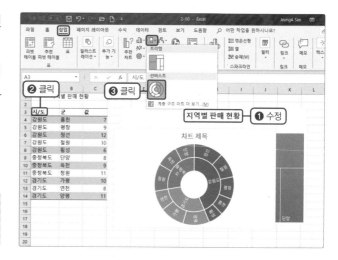

POINT
선버스트는 고리형이며, 트리맵은 사각형 형태를 띠고 있습니다.

쌩초보 Level Up

지도 차트 구하기

▶ 예제 파일 : Part 2\2-S_2.xlsx

지도 차트를 구해 보겠습니다. 지도 차트는 엑셀 2019(오피스 365)부터 추가 설치 없이 사용할 수 있습니다.

① [A3]셀을 클릭하고 [삽입] 탭-[차트] 그룹-[지도]-[등치 지역도]를 클릭합니다.

② [차트 요소(+)]-[데이터 레이블]-[기타 데이터 레이블 옵션]을 클릭하여 작업 창을 표시합니다.

③ 레이블 옵션 항목 중 [항목 이름]에 체크 표시합니다.

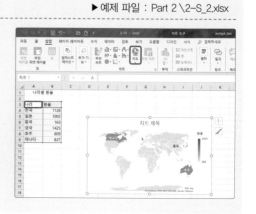

원형 대 원형
차트 만들기

원형 차트의 변형으로 원형 대 원형 차트, 원형 대 막대 차트 등이 있습니다. 표현하고자 하는 데이터가 많아질 때
원형 조각들이 너무 작아져 제대로 표현하기 힘들기 때문에 다시 작은 원형 차트에 자세히 표현하는 것이 시각적
으로 좋은 방법입니다.

Keyword 원형 대 원형 차트, 원형 차트   **예제 파일** Part 2\2-11.xlsx

01 [B2]셀을 클릭하고 [데이터] 탭-[정
렬 및 필터] 그룹-[내림차순(흭↓)]을 클릭
합니다.

POINT
내림차순되어 있어야 수치가 적은 데이터를 두 번째
작은 원형 차트로 보낼 수 있습니다.

02 [삽입] 탭-[차트] 그룹-[추천 차트]를
클릭합니다. [모든 차트] 탭 화면에서 [원
형] 범주-[원형 대 원형]을 클릭합니다.
[확인] 버튼을 클릭합니다.

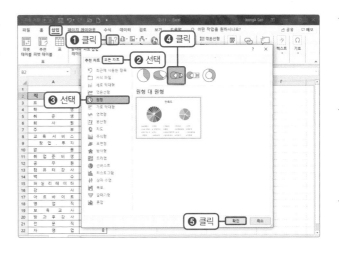

03 범례를 클릭하고 Delete 를 눌러 삭제합니다. 원형 차트 계열을 더블클릭합니다. [데이터 계열 서식] 작업 창의 계열 옵션 항목에서 둘째 영역 값을 '6', 간격 너비를 '60%', 둘째 영역 크기를 '70%'로 변경합니다.

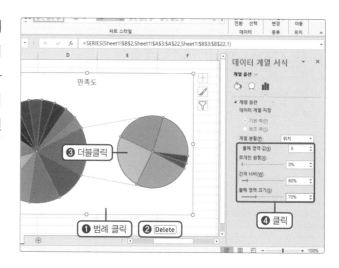

04 [차트 요소(+)]-[데이터 레이블]-[기타 옵션]을 클릭하여 작업 창을 표시합니다.

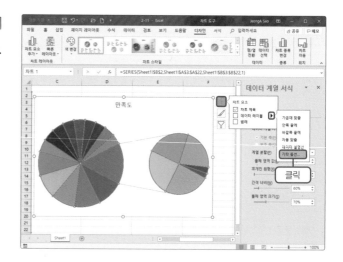

05 [데이터 레이블 서식] 작업 창의 레이블 옵션 항목(📊)에서 '값'의 체크 표시를 해제하고 '항목 이름'과 '백분율'은 체크 표시합니다. 레이블 위치는 '안쪽 끝에'로 지정합니다.
[차트 도구]-[디자인] 탭-[차트 스타일] 그룹-[색 변경]-[다양한 색상표 2]를 클릭합니다.

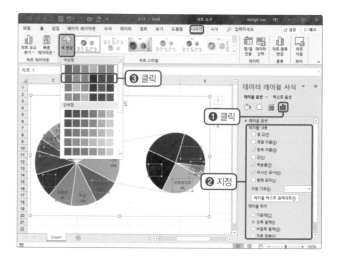

누적 가로 막대형
차트 만들기

데이터에 의해서 차트를 표현할 수 있는데 데이터 레이블을 이용하여 값을 다양하게 표현할 수 있는 방법을 알아
보겠습니다.

Keyword 누적 가로 막대형 차트, 레이블 값 표시   **예제 파일** Part 2 \ 2-12.xlsx

01 [B3]셀을 클릭하고 [삽입] 탭-[차트]
그룹-[세로 또는 가로 막대형 차트 삽입
(📊)]의-[누적 가로 막대형]을 클릭합니다.

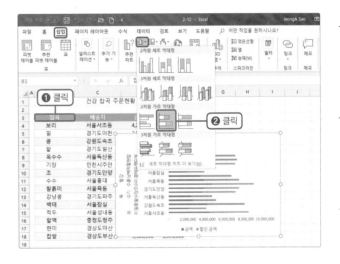

02 가로 축을 편집하기 위해 가로 축을
더블클릭하여 [축 서식] 작업 창을 엽니다.

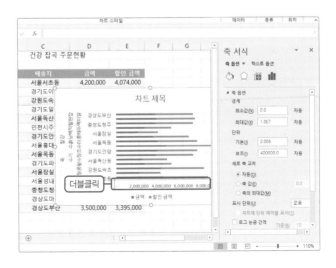

03 축 옵션(📊) 항목에서 경계의 최소값을 '1000000', 최대값을 '4800000', 단위 기본을 '1000000'으로 설정합니다.

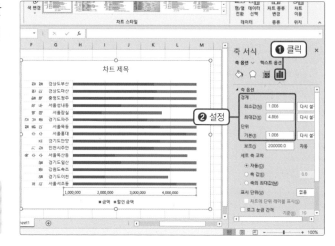

04 금액 계열을 클릭하고, [차트 요소(➕)]–[데이터 레이블]–[안쪽 끝에]를 클릭합니다.

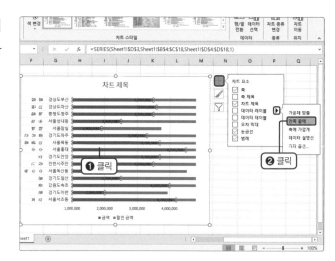

05 할인 금액 계열을 클릭하고 [차트 요소(➕)]–[데이터 레이블]–[축에 가깝게]를 클릭합니다.

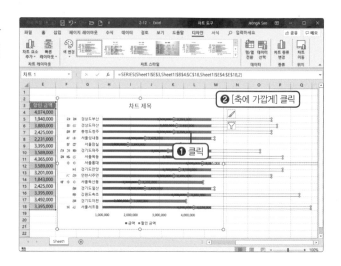

06 할인 금액 계열이 선택된 상태에서 [차트 도구]–[서식] 탭–[도형 스타일] 그룹–[도형 채우기▼]–[채우기 없음]을 클릭합니다.

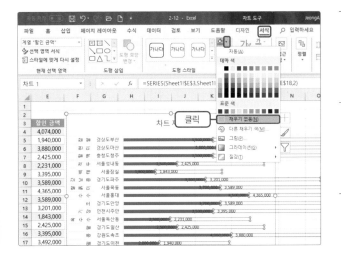

POINT
표기하고 싶은 레이블 값만 놔 두고 데이터 계열 색상을 없애서 표시할 수 있습니다.

07 금액 계열의 데이터 레이블을 클릭하고 [WordArt 스타일] 그룹–[텍스트 채우기▼]–[흰색]을 선택합니다.

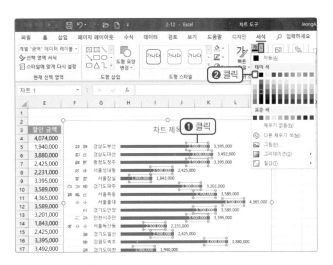

08 차트 제목을 클릭하고 수식 입력줄을 클릭합니다. 등호(=)를 입력하고 [B1]셀을 클릭합니다. Enter를 누르고 제목을 [B1]셀과 연결합니다.

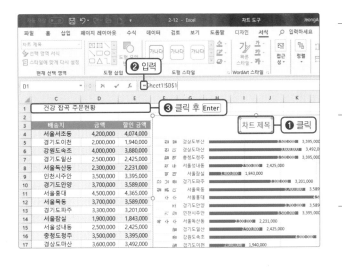

기본 & 입력

서식 & 표

활용 기능

차트 & 응용

필터링 & 분석

매크로

참조 & 자동 계산

함수

빈 데이터를
꺾은선 그래프로 표현하기

데이터를 꺾은선형 차트로 표현하기 위해 차트를 작성하면 빈 셀 때문에 꺾은선형 차트가 끊겨 있는 경우가 종종 있습니다. 빈 셀에 의한 끊김 현상을 해결하는 방법을 배우겠습니다.

Keyword 꺾은선형 차트, 차트 연결하기　　　　　　　**예제 파일** Part 2\2-13.xlsx

01 [B2]셀을 클릭하고 [삽입] 탭-[차트] 그룹-[꺾은선형 또는 영역형 차트 삽입 (〰)]-[꺾은선형]을 클릭합니다.

POINT
하위 버전에서도 Na( ) 함수를 이용해 표현할 수 있습니다.

02 데이터 아래쪽에 차트를 위치시킵니다. [차트 필터(▽)]를 클릭하고 '모두 선택'의 체크 표시를 해제합니다.
'당월지침'에 체크 표시하고 [적용] 버튼을 클릭합니다.

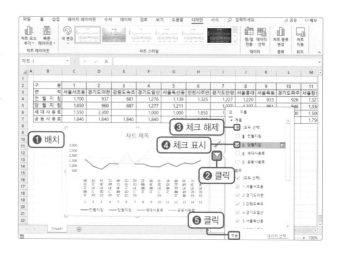

03 '인천시주안' 데이터가 없기 때문에 꺾은선형 차트가 끊겨 있습니다.
이 문제를 해결하기 위해 [차트 도구]-[디자인] 탭-[데이터] 그룹-[데이터 선택]을 클릭합니다.

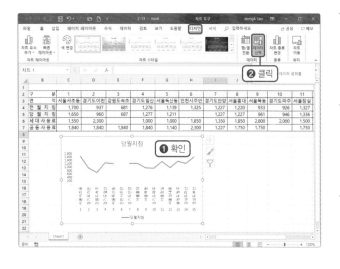

04 [데이터 원본 선택] 대화상자에서 [숨겨진 셀/빈 셀] 버튼을 클릭합니다.

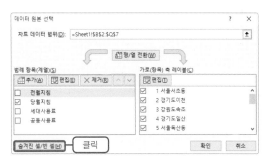

05 [숨겨진 셀/빈 셀 설정] 대화상자에서 빈 셀 표시 형식을 '선으로 데이터 요소 연결'로 지정하고 [확인] 버튼을 두 번 클릭하여 모든 대화상자를 닫습니다.

POINT
모든 데이터에 적용되어 현재 차트에서는 데이터가 비어 있더라도 연결되어 꺾은선형 차트에 표시됩니다.

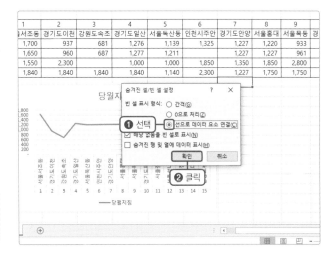

텍스트 줄 바꿈된
셀 나누기

엑셀에서는 두 가지 데이터가 열 하나에 입력되어 있으면 수식이나 데이터 기능을 제대로 사용할 수 없습니다. 텍스트 줄 바꿈되어 있는 데이터를 나누는 방법을 알아보겠습니다.

Keyword 텍스트 줄 바꿈, 텍스트 나누기   **예제 파일** Part 2\2-14.xslx

01 G열을 텍스트 나누기 위해 H열 제목을 마우스 오른쪽 버튼으로 클릭하고 **[삽입]**을 실행합니다.

POINT
Ctrl + + 를 눌러 열을 삽입할 수 있습니다.

02 [G2:G19]를 선택하고 [데이터] 탭-[데이터 도구] 그룹-[텍스트 나누기]를 클릭합니다.

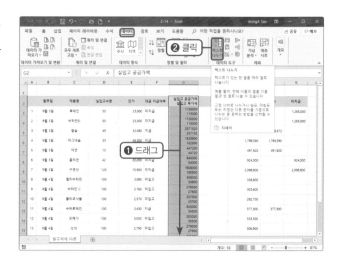

03 [텍스트 마법사] 대화상자가 표시됩니다. 구분 기호로 데이터가 나누어져 있기 때문에 [다음] 버튼을 클릭합니다.

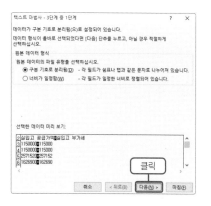

04 구분 기호에서 '기타'에 체크 표시하고 Alt 를 누른 채 키보드 숫자 키패드에서 '10'을 입력합니다.
[다음] 버튼을 클릭하고 텍스트 마법사 3 단계로 이동한 다음 [마침] 버튼을 클릭합니다.

POINT

[텍스트 마법사] 대화상자의 입력란에서는 Alt + Enter 로 줄 바꿈을 할 수 없으며, 숫자 10은 키보드 숫자 키패드를 이용해야 합니다. 숫자 키패드가 따로 없을 경우 Ctrl + J 를 눌러 단축키를 지정할 수 있습니다. 줄 바꿈의 아스키 코드값은 '10'이며 아스키 코드는 Alt 를 누른 상태에서 입력합니다. 텍스트 나누기 3단계는 데이터 서식을 변경하며, 숫자 값은 숫자로, 날짜 값은 날짜로 변경 가능합니다.

05 경고 대화상자가 나타나면 [확인] 버튼을 클릭하고 텍스트 나누기를 완료합니다.

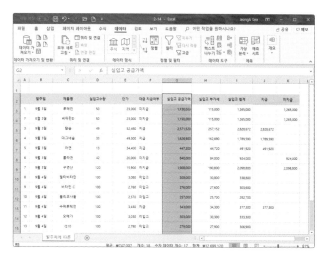

기본 & 입력

서식 & 표

활용 기능

차트 & 응용

필터링 & 분석

매크로

참조 & 자동 계산

함수

숫자 날짜를 올바른
형식으로 변환하기

ERP 데이터를 엑셀로 저장했을 경우, 숫자가 숫자로 인식되어 있지 않거나 날짜가 날짜로 인식되지 않는다면 제대로
된 엑셀 기능을 사용하지 못합니다. 텍스트 나누기로 올바른 형식으로 변환하는 방법을 알아보겠습니다.

Keyword 숫자를 날짜로 변경   **예제 파일** Part 2 \ 2-15.xlsx

---

01 날짜로 인식하지 못한 데이터를 날짜
로 변환하기 위해 [B3:B19]를 선택합니
다. [데이터] 탭-[데이터 도구] 그룹-[텍
스트 나누기]를 클릭합니다.

데이터가 분리되지 않도록 [다음] 버튼을
클릭하여 텍스트 마법사 3단계까지 이동
합니다.

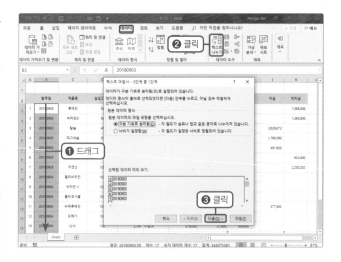

> **POINT**
> 숫자로 인식된 날짜를 클릭하고 [홈] 탭-[표시 형식]
> 그룹에서 표시 형식 목록을 표시하면 '간단한 날짜',
> '자세한 날짜'로 변경할 수 없는 형식이기 때문에 '#'이
> 입력되어 있는 것을 확인할 수 있습니다.

02 열 데이터 서식에서 '날짜'를 선택하고
[마침] 버튼을 클릭합니다.

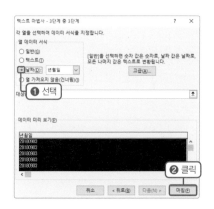

> **POINT**
> 날짜를 '년월일'로 지정하여 날짜 순서를 변경할 수 있
> 습니다.

03 숫자로 인식된 데이터가 날짜 형식으로 변환되었습니다.

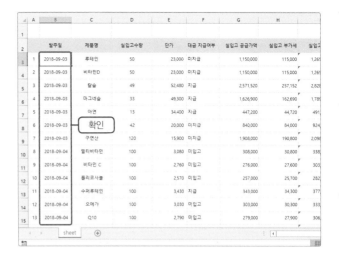

04 [I3:I19]를 선택하고 데이터 왼쪽 윗부분에서 오류 표시()를 클릭합니다. [텍스트 형식으로 지정된 숫자]가 선택된 것이 확인됩니다. [숫자로 변환]을 클릭합니다.

POINT
오류 표시가 되어 있지 않지만 숫자로 인식하지 못하고, 문자로 인식된 숫자인 경우 [텍스트 나누기]에서 형식 변경이 가능합니다.

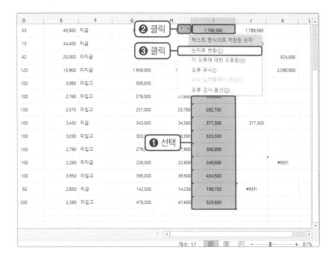

05 변환된 데이터를 확인할 수 있습니다. [통화]로 인식된 데이터를 마우스 오른쪽 버튼으로 클릭하고 표시되는 미니바에서 [쉼표 스타일(,)]을 클릭하여 표시 형식을 적용합니다.

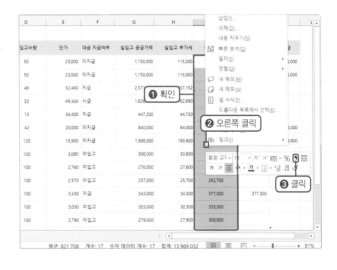

기본 & 입력

서식 & 표

활용 기능

차트 & 응용

필터링 & 분석

매크로

참조 & 자동 계산

함수

SECTION 16

스파크라인 삽입하기

엑셀은 단순화된 차트인 스파크라인을 제공합니다. 스파크라인, 열, 승패의 세 가지 종류를 제공하며 서로 호환되어 쉽게 종류를 변경할 수 있습니다.

Keyword 스파크라인, 열, 승패　　　　　**예제 파일** Part 2\2-16.xlsx

01 [G4]셀을 클릭하고 [삽입] 탭-[스파크라인] 그룹-[꺾은선형]을 클릭합니다.

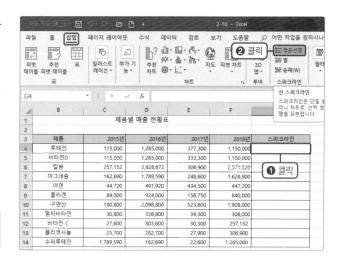

02 [스파크라인 만들기] 대화상자의 데이터 범위를 '[C4:F4]'로 지정하고, [확인] 버튼을 클릭합니다.

03 [G4]셀에 적용되어 있는 스파크라인을 복사하기 위해 채우기 핸들(✛)을 [G14]셀까지 드래그합니다.

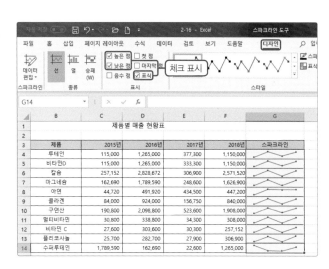

POINT
데이터 변화 추세를 나타낼 때 적합합니다.

04 [스파크라인 도구]-[디자인] 탭-[표시] 그룹에서 '높은 점', '낮은 점', '표식'에 체크 표시합니다.

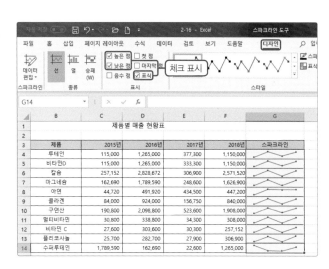

05 [스타일] 그룹에서 [자세히] 아이콘(▼)을 클릭하고 [바다색, 스파크라인 스타일 색상형 #6]을 선택합니다.

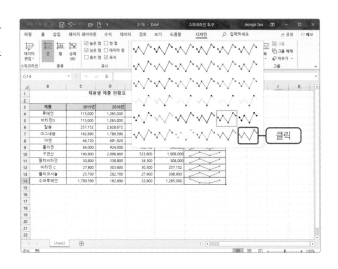

기본 & 입력

서식 & 표

활용 기능

차트 & 응용

필터링 & 분석

매크로

참조 & 자동 계산

함수

06 [스타일] 그룹-[표식 색]-[높은 점]-
[빨강]을 클릭합니다.

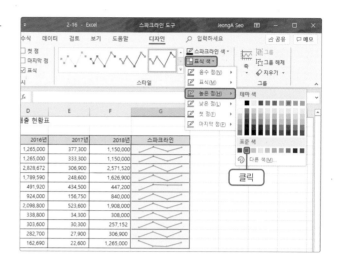

07 [종류] 그룹-[열]을 클릭하면 변경되
는 것을 확인할 수 있습니다.

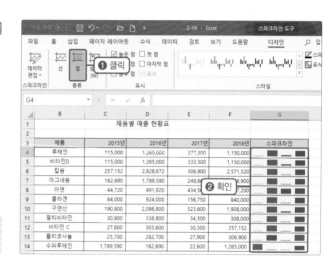

POINT
데이터 값의 차이를 비교할 때 적합합니다.

쌩초보 Level Up

적용한 스파크라인 삭제하기

[스파크라인 도구]-[디자인] 탭-[그룹] 그룹-[지우기]를 클릭하고 [선택한
스파크라인 지우기], [선택한 스파크라인 그룹 지우기]를 클릭하여 지울 수
있습니다.

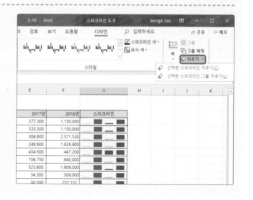

다양한 기준으로
정렬하기

순서는 작은 값에서 큰 값으로, 이전 날짜에서 최근 날짜로, 숫자-공백-특수 문자-알파벳 소문자-대문자 순서로 정렬됩니다. 논리값은 False, True 순서로 정렬됩니다. 오류값은 정렬 순서가 동일합니다. 다양한 기준으로 정렬하는 방법을 알아보겠습니다.

Keyword 셀 값 정렬, 셀 색 정렬, 셀 아이콘 정렬　　　　**예제 파일** Part 2\2-17.xlsx

01 [C3]셀을 클릭하고 [데이터] 탭-[정렬 및 필터] 그룹-[텍스트 오름차순 정렬(곿↓)]을 클릭합니다.

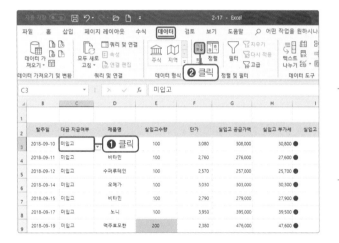

02 [정렬 및 필터] 그룹-[정렬]을 클릭합니다. [정렬] 대화상자에서 세로 막대형 정렬 기준을 '실입고수량', 정렬 기준을 '셀 색'으로 지정하고 정렬에서 셀 색을 지정합니다.
[확인] 버튼을 클릭합니다.

POINT
셀 색, 글꼴 색, 아이콘은 모두 조건부 서식 및 직접 적용하여 변경된 값입니다.

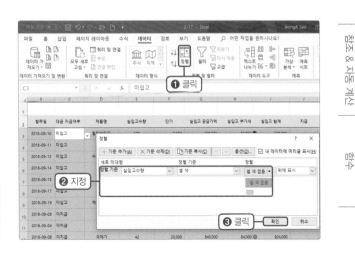

03 셀 색으로 정렬된 것을 확인할 수 있습니다.

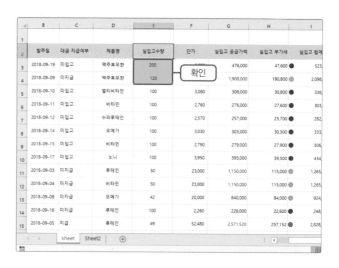

04 기준을 추가하여 다시 정렬하기 위해, [정렬 및 필터] 그룹–[정렬]을 클릭합니다. [정렬] 대화상자에서 [기준 추가] 버튼을 클릭합니다.

다음 기준을 '실입고 공급가액', 정렬 기준을 '글꼴 색'으로 지정한 다음 정렬에서 글꼴 색을 선택합니다.

[확인] 버튼을 클릭합니다.

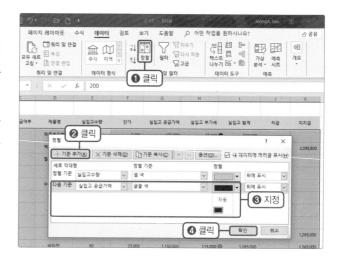

05 우선순위인 '실입고수량'과 두 번째 기준인 '실입고 공급가액'으로 정렬된 것을 확인할 수 있습니다.

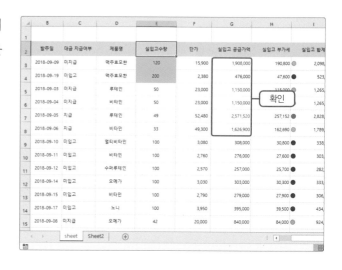

사용자 지정 목록으로 정렬하기

모든 데이터가 오름차순, 내림차순으로 정렬되는 것이 아니라 의미적인 높낮이를 갖고 있기도 합니다. 사용자가 지정한 목록 순서로 정렬하는 방법을 알아보겠습니다.

Keyword 사용자 지정 목록 정렬   **예제 파일** Part 2\2-18.xlsx

01 [B3]셀을 클릭하고 [데이터] 탭-[정렬 및 필터] 그룹-[정렬]을 클릭합니다.
[정렬] 대화상자에서 세로 막대형 정렬 기준을 '대금 지급여부'로 지정합니다. 정렬을 '사용자 지정 목록'으로 지정합니다.

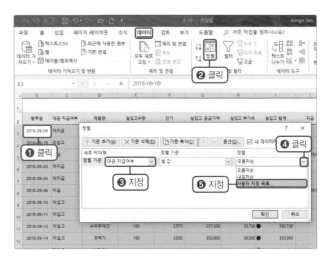

02 [사용자 지정 목록] 대화상자에서 목록 항목에 '미지급', '지급', '미입고'를 Enter 를 이용해 입력합니다. [추가] 버튼을 클릭합니다.
[확인] 버튼을 클릭합니다.

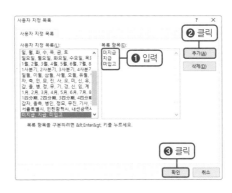

POINT
[추가] 버튼을 클릭하면 사용자 지정 목록에 추가됩니다.

03 정렬에서 오름차순으로 정렬할지 내림차순으로 정렬할지 지정할 수 있습니다. [기준 추가] 버튼을 클릭합니다.

다음 기준을 '제품명', 정렬을 '내림차순'으로 지정하고 [확인] 버튼을 클릭합니다.

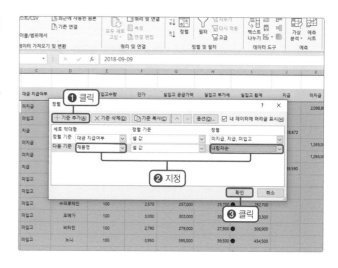

04 대금지급여부별 제품명을 기준으로 정렬된 것을 확인할 수 있습니다.

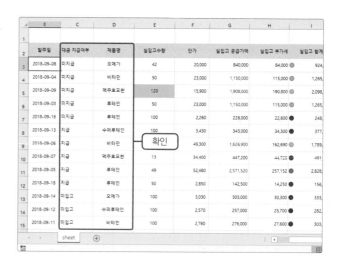

사용자 지정 목록을 미리 입력한 데이터가 있다면?

[파일] 탭–[옵션]을 클릭하고 대화상자에서 [고급] 범주를 선택합니다. 아랫부분에서 [사용자 지정 목록 편집] 버튼을 클릭합니다.

[정렬] 대화상자과 달리 [Excel 옵션] 대화상자를 통해 연 [사용자 지정 목록] 대화상자는 [가져오기] 기능이 있어 기존에 미리 입력해 놓은 데이터가 있다면 편리하게 추가할 수 있습니다.

중복 데이터
서식 변경하고 삭제하기

중복 데이터를 삭제하는 것은 [데이터] 메뉴의 [중복된 항목 제거]를 사용하면 됩니다. 그러나 정말 삭제해도 되는 지 확인하기 위해 [조건부 서식]을 이용하여 서식을 변경할 수 있습니다.

Keyword 중복 데이터 서식 변경, 중복된 항목 제거   **예제 파일** Part 2\2-19.xlsx

01 서식을 변경하기 위해 [B4:B234]를 선택하고, [홈] 탭-[스타일] 그룹-[조건 부 서식]-[셀 강조 규칙]-[중복 값]을 클 릭합니다.

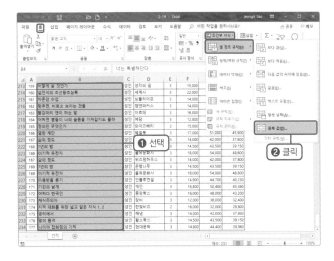

02 [중복 값] 대화상자에서 '중복'이 선택 되어 있는지 확인하고 [확인] 버튼을 클릭 합니다.

POINT
중복된 데이터만 서식이 변경되었기 때문에 정말 삭제 해도 되는지 확인할 수 있습니다.

기초 & 입력

서식 & 표

활용 기능

차트 & 응용

필터링 & 분석

매크로

참조 & 자동 계산

함수

03 중복된 데이터를 삭제하기 위해 [A3] 셀을 클릭합니다. [데이터] 탭-[데이터 도구] 그룹-[중복된 항목 제거(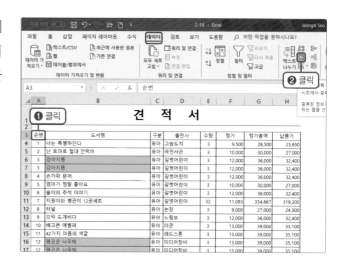)]를 클릭합니다.

04 [중복 값 제거] 대화상자에서 [모두 선택 취소] 버튼을 클릭하고 '도서명'만 체크 표시합니다.

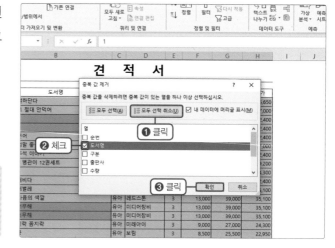

POINT
띄어쓰기 하나라도 다르면 중복된 내용이 아니기 때문에 모두 선택된 상태에서 하지 말고, 중요하게 생각하는 기준 열을 한두 가지 정도 체크하는 것이 좋습니다.

05 몇 개의 중복된 데이터가 삭제되었는지 확인할 수 있습니다. [확인] 버튼을 클릭합니다.

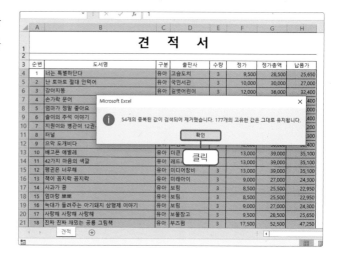

06 중복된 항목이 삭제되었기 때문에 조
건부 서식에서 적용한 서식 또한 없어진
것을 확인할 수 있습니다.

	A	B	C	D	E	F	G	H
1			견 적 서					
2								
3	순번	도서명	구분	출판사	수량	정가	정가총액	납품액
4	1	너는 특별하단다	유아	고슴도치	3	9,500	28,500	25,650
5	2	난 토마토 절대 안먹어	유아	국민서관	3	10,000	30,000	27,000
6	3	강아지똥	유아	길벗어린이	3	12,000	36,000	32,400
7	4	손가락 문어	유아	길벗어린이	3	12,000	36,000	32,400
8	5	엄마가 정말 좋아요	유아	길벗어린이	3	10,000	30,000	27,000
9	6	슬이의 추석 이야기	유아	길벗어린이	3	12,000	36,000	32,400
10	7	지원이와 병관이 12권세트	유아	길벗어린이	32	11,083	354,667	319,200
11	8	터널	유아	논장	3	9,000	27,000	24,300
12	9	으악 도개비다	유아	느림보	3	12,000	확인	32,400
13	10	배고픈 애벌레	유아	더큰	3	13,000	39,000	35,100
14	11	42가지 마음의 색깔	유아	레드스톤	3	13,000	39,000	35,100
15	12	펭귄은 너무해	유아	미디어창비	3	13,000	39,000	35,100
16	13	책이 꼼지락 꼼지락	유아	미래아이	3	9,000	27,000	24,300
17	14	사과나 콩	유아	보림	3	8,500	25,500	22,950
18	15	엄마랑 뽀뽀	유아	보림	3	8,500	25,500	22,950
19	16	늑대가 들려주는 아기돼지 삼형제 이야기	유아	보림	3	9,000	27,000	24,300
20	17	사랑해 사랑해 사랑해	유아	보물창고	3	9,500	28,500	25,650
21	18	진짜 진짜 재밌는 공룡 그림책	유아	부즈펌	3	17,500	52,500	47,250

견적

쌩초보 Level Up

[중복된 항목 제거 경고] 대화상자 확인하기

서식을 변경하기 위해 B열의 범위를 선택한 채로 [데이터] 탭-[데이터 도구]
그룹-[중복된 항목 제거]를 클릭하면 [중복된 항목 제거 경고] 대화상자가
표시됩니다. 전체 데이터를 선택하거나, 임의의 셀을 클릭하면 자동으로 전
체 데이터를 선택하는데 일부분의 범위를 선택하고 있기 때문에 경고 대화
상자가 표시되는 것입니다.

처음부터 임의의 셀을 클릭하고 시작하거나 [중복된 항목 제거 경고] 대화
상자에서 [중복된 항목 제거] 버튼을 클릭하면 중복된 항목 제거를 시작
할 수 있습니다.

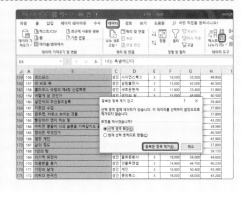

병합된 셀 해제하고 빈 셀 없애기

엑셀에서는 데이터가 병합되어 있을 때 기능을 제대로 사용하지 못하는 경우가 있습니다. 필터나 피벗 테이블은 병합된 데이터를 빈 항목으로 인식하여 제대로 된 결과를 도출하지 못하거나 정렬 기능은 아예 실행되지 않습니다. 해결하는 방법을 배우겠습니다.

Keyword 병합 해제, 빈 셀 없애기 **예제 파일** Part 2\2-20.xlsx

01 병합된 셀을 빠르게 선택하기 위해 [A4]셀을 클릭하고 스크롤바를 아래로 이동합니다. [Shift]를 누른 채 [A174] 셀을 클릭합니다.

[홈] 탭-[맞춤] 그룹-[병합하고 가운데 맞춤(園)]의 선택을 해제하여 병합된 셀을 해제합니다. [A4:A174] 범위를 그대로 선택한 채 [편집] 그룹-[찾기 및 선택]-[이동 옵션]을 클릭합니다.

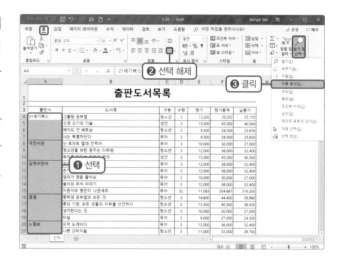

02 [이동 옵션] 대화상자에서 '빈 셀'을 선택하고 [확인] 버튼을 클릭합니다.

03 '=A4'를 입력하고 Ctrl + Enter 를 누릅니다.

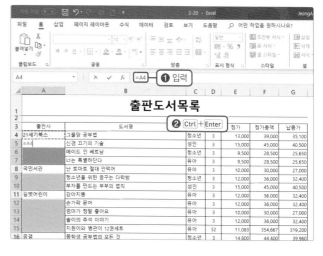

POINT
Ctrl + Enter 는 채우기 핸들과 같은 역할을 하며 연속적이지 않는 비연속적인 영역에 빠르게 입력하고자 할 때 사용합니다.

04 수식을 없애고 값만 복사하기 위해 [A4]셀을 클릭하고 Ctrl + Shift + ↓ 를 눌러 [A4:A174]를 선택합니다.
Ctrl + C 를 누르고 Ctrl + V 를 누릅니다.
[붙여넣기 옵션(📋)]-[값(123)]을 클릭합니다.

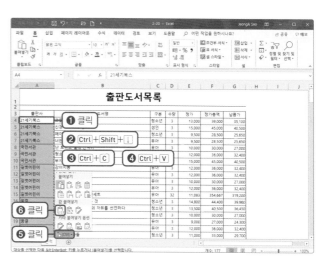

POINT
붙여넣고 Ctrl 을 누르면 옵션이 펼쳐지며 값 붙여넣기의 단축키인 V 를 눌러 빠르게 실행할 수 있습니다.

05 [A5]셀을 클릭하고 수식 입력줄을 확인하면 수식은 없어지고 결과 값만 남은 것을 확인할 수 있습니다.

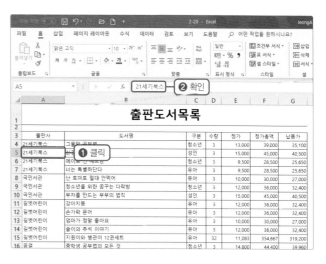

POINT
Ctrl + ` (ESC 아래 키)를 눌러 수식을 펼쳐서 볼 수 있습니다.

인쇄하지 않고 화면에서 시트 두 개 비교하기

여러 개의 시트를 비교 분석할 때 굳이 인쇄하지 않아도 모니터에서 화면을 비교할 수 있습니다. 창 정렬 기능을 배우겠습니다.

Keyword 새 창, 화면에서 비교   **예제 파일** Part 2\2-21.xlsx

01 [보기] 탭-[창] 그룹-[새 창]을 클릭합니다.

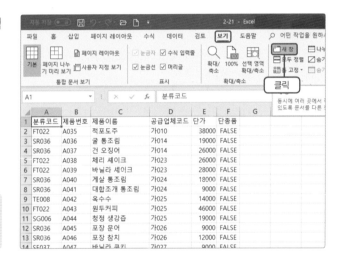

POINT
[새 창]을 클릭하면 현재 보던 창과 똑같은 창이 한 개 더 생기는데 파일명에 '2'가 부여됩니다.

02 [보기] 탭-[창] 그룹-[모두 정렬]을 클릭합니다. [창 정렬] 대화상자에서 '세로'를 선택하고 [확인] 버튼을 클릭합니다.

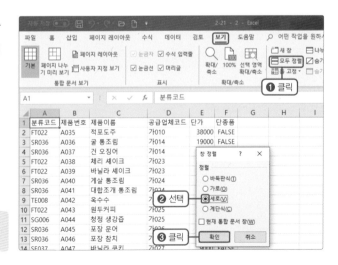

POINT
현재 열린 모든 엑셀 창이 정렬됩니다.

03 한 개의 창만 눌러 [비교] 시트를 클릭합니다. 파일은 하나지만 시트 두 개 내용을 한눈에 확인할 수 있습니다.

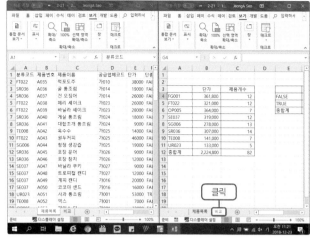

POINT
같은 문서이기 때문에 창 하나에서만 변경을 해도 다른 창(파일)에 적용됩니다.

04 창 두 개 중에 한 개를 닫으면 원래 상태로 창 한 개에만 나타납니다.

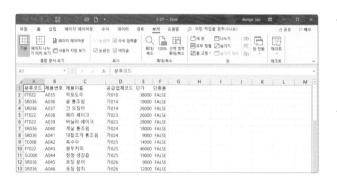

나란히 보기

[새 창]을 클릭했을 때 [나란히 보기]를 클릭하면 가로 창으로 펼쳐지며, [동시 스크롤]이 선택되어 있는 것이 기본입니다. 다시 [동시 스크롤]을 클릭하면 해제되어 따로 스크롤됩니다.

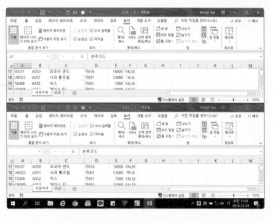

기본 & 입력

서식 & 표

활용 기능

차트 & 응용

필터링 & 분석

매크로

참조 & 자동 계산

함수

SECTION 22

열/행 숨기기 한 데이터 복사하기

열이나 행이 숨겨져 있는 데이터를 복사하여 붙여넣기 하면 숨겨진 열이나 행이 그대로 펼쳐져 복사됩니다. 그러므로 숨겨진 대로 화면에 보이는 셀만 다시 선택하여 복사하는 방법을 알아보겠습니다.

Keyword 화면에 보이는 셀만 복사, 이동 옵션 선택   **예제 파일** Part 2\2-22.xlsx

01 D열을 클릭하고 Ctrl을 누른 채 F열을 클릭합니다. 마우스 오른쪽 버튼을 클릭하고 [숨기기]를 실행합니다.

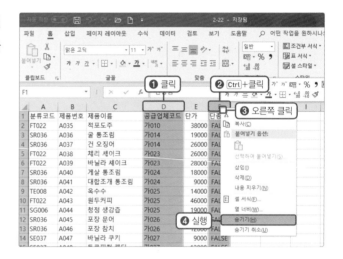

02 9~13행을 선택하고 마우스 오른쪽 버튼을 클릭한 다음 [숨기기]를 실행합니다.

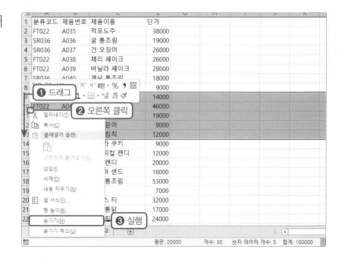

03 임의의 셀을 클릭하고 Ctrl+A를 누릅니다. [홈] 탭-[편집] 그룹-[찾기 및 선택]-[이동 옵션]을 클릭합니다.

[이동 옵션] 대화상자에서 '화면에 보이는 셀만'을 선택하고 [확인] 버튼을 클릭합니다.

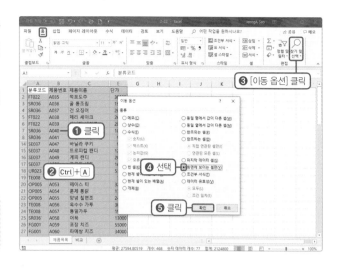

POINT

화면에 보이는 셀만 선택하지 않으면 숨기기 한 행과 열이 같이 복사됩니다.

04 화면에 보이는 셀만 선택되었으니 Ctrl+C를 누릅니다.

[새 시트] 아이콘(⊕)을 클릭합니다.

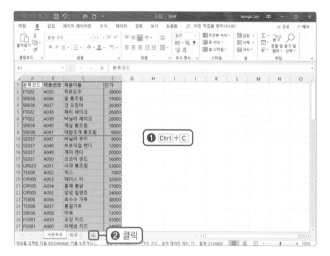

05 Ctrl+V를 누릅니다. 숨겨진 행과 열을 제외한 데이터만 복사되었습니다.

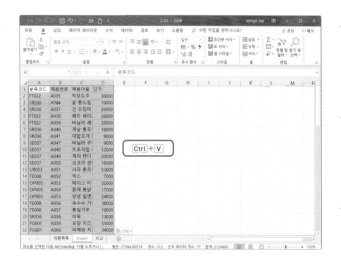

원하는 데이터 서식 변경하기

여러 가지 조건에 의한 데이터만 서식을 변경하는 기능을 조건부 서식이라 합니다. 조건부 서식 종류 중 [셀 강조 규칙]과 [상위/하위 규칙]에 대하여 알아보겠습니다.

Keyword 셀 강조 규칙, 상위 하위 규칙 **예제 파일** Part 2\2-23.xlsx

01 분류코드 중 F로 시작하는 데이터에 서식을 변경하기 위해 [A2]셀을 선택하고 Ctrl + Shift + ↓를 눌러 [A2:A83]을 선택합니다. [홈] 탭-[스타일] 그룹-[조건부 서식]-[셀 강조 규칙]-[텍스트 포함]을 선택합니다.

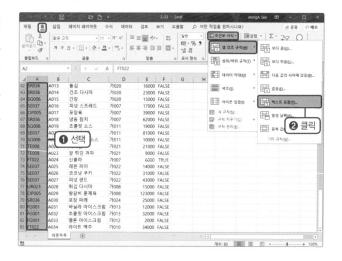

02 [텍스트 포함] 대화상자에서 다음 텍스트를 포함하는 셀의 서식 지정을 'f'로 지정하고 [확인] 버튼을 클릭합니다.

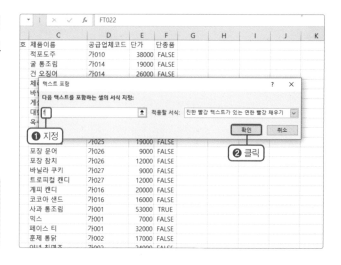

POINT
대소문자를 구분하지 않기 때문에 소문자 'f'로 입력 가능합니다. 'F'로 시작하는 'FT022, FG001'의 데이터 서식이 변경되었습니다.

03 단가의 상위 30% 데이터만 서식을 변경하기 위해 [E2:E83]을 선택하고 [홈]탭-[스타일] 그룹-[조건부 서식]-[상위/하위 규칙]-[상위 10%]를 클릭합니다.

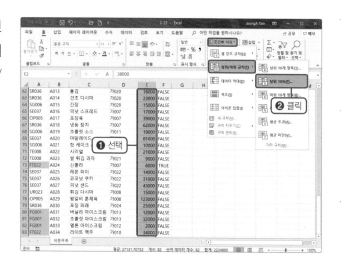

04 [상위 10%] 대화상자에서 다음 상위 순위에 속하는 셀의 서식 지정을 '30%', 적용할 서식을 '사용자 지정 서식'으로 지정합니다.

[셀 서식] 대화상자의 [글꼴] 탭에서 글꼴 스타일을 '굵은 기울임꼴', 색을 '빨강'으로 지정하고 [확인] 버튼을 클릭합니다.

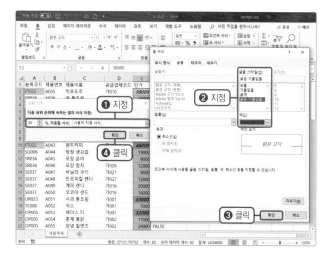

05 분류코드가 'F'로 시작하는 데이터와 단가가 상위 '30%'인 경우의 데이터의 서식이 변경된 것을 확인할 수 있습니다.

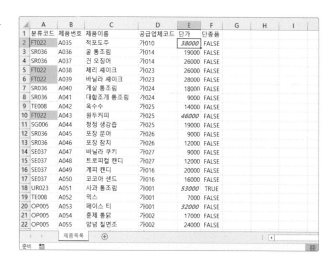

기본 & 입력

서식 & 표

활용 기능

차트 & 응용

필터링 & 분석

매크로

참조 & 자동 계산

함수

SECTION

24

조건부 서식으로 데이터 막대 만들기

데이터 막대는 데이터 값에 따라서 막대의 길이를 나타내는 기능입니다. 데이터를 셀에 시각적으로 표현하는 방법을 알아보도록 하겠습니다.

Keyword 데이터 막대, 조건부 서식 편집　　　　**예제 파일** Part 2\2-24.xlsx

01 [C4:C11]을 선택하고 [홈] 탭-[스타일] 그룹-[조건부 서식]-[데이터 막대]-[녹색 데이터 막대]를 클릭합니다.

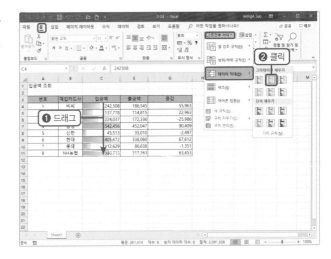

02 [E4:E11]을 선택하고 [스타일] 그룹-[조건부 서식]-[데이터 막대]-[파랑 데이터 막대]를 클릭합니다.

POINT
증가한 경우 오른쪽에 배치되고, 감소한 경우 왼쪽에 배치됩니다.

03 조건부 서식을 편집하기 위해 [스타일] 그룹-[조건부 서식]-[규칙 관리]를 클릭합니다.

[조건부 서식 규칙 관리자] 대화상자에서 [규칙 편집] 버튼을 클릭합니다.

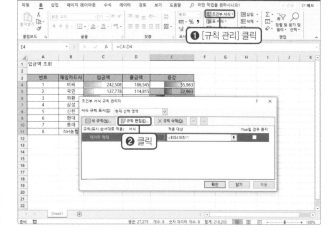

POINT

적용된 데이터 막대를 더블클릭해도 편집 가능합니다.

04 [서식 규칙 편집] 대화상자의 규칙 설명 편집에서 [음수 값 및 축] 버튼을 클릭합니다.

증감이 표시된 범위의 셀 중간부터 양수와 음수가 표시되도록 하기 위해 [음수 값 및 축 설정] 대화상자의 축 설정 항목에서 '셀 중간점'을 선택합니다.

[확인] 버튼을 클릭하여 모든 대화상자를 닫습니다.

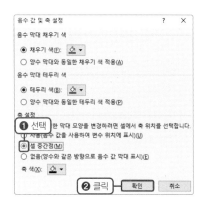

05 셀의 중간으로 중심 축이 변경된 것을 확인할 수 있습니다.

번호	매입카드사	입금액	출금액	증감
1	비씨	242,508	186,545	55,963
2	국민	137,778	114,815	22,963
3	외환	224,037	250,023	-25,986
4	삼성	542,456	452,047	90,409
5	신한	45,513	58,101	-12,588
6	현대	405,672	338,060	67,612
7	롯데	112,629	156,253	-43,624
8	NH농협	380,715	317,263	63,453

기본 & 입력

서식 & 표

활용 기능

차트 & 응용

필터링 & 분석

매크로

참조 & 자동 계산

함수

조건부 서식으로
아이콘 집합 색조 설정하기

조건부 서식의 색조는 셀 값의 최소값에서 최대값으로, 두 가지 색조에서 세 가지 색조가 적용됩니다. 색조는 숫자 값이나 백분율로 변경 가능합니다. 또한 아이콘 집합은 세 가지에서 다섯 가지로 변경할 수 있는데 기본값은 백분율로 되어 있으며, 숫자 값으로 지정 가능합니다.

Keyword 아이콘 집합, 색조   **예제 파일** Part 2\2-25.xlsx

01 색조를 적용하기 위해 [G4:G11]을 선택하고 [홈] 탭-[스타일] 그룹-[조건부 서식]-[색조]-[녹색 - 흰색 색조]를 클릭합니다. 아이콘을 적용하기 위해 [C4:C11]을 선택하고, Ctrl 을 누른 채로 [E4:E11]을 추가 선택합니다.

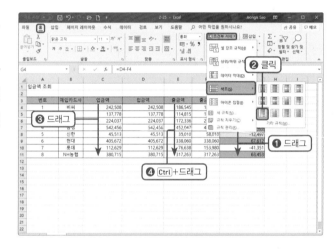

02 [스타일] 그룹-[조건부 서식]-[아이콘 집합]-[삼각형 3개]를 클릭합니다.

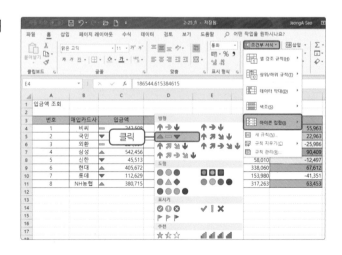

03 조건부 서식을 편집하기 위해 [스타일] 그룹-[조건부 서식]-[규칙 관리]를 클릭합니다.

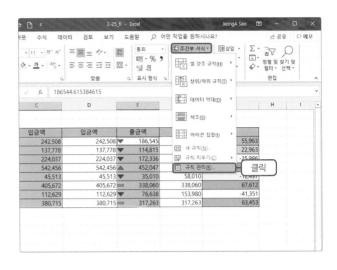

04 표시된 [조건부 서식 규칙 관리자] 대화상자에서 [규칙 편집] 버튼을 클릭합니다. [서식 규칙 편집] 대화상자에서 '아이콘만 표시'에 체크 표시하고 [확인] 버튼을 클릭하여 모든 대화상자를 닫습니다.

05 아이콘에 맞추어 열 너비를 조정합니다. [맞춤] 그룹-[가운데 맞춤(≡)]을 클릭합니다.

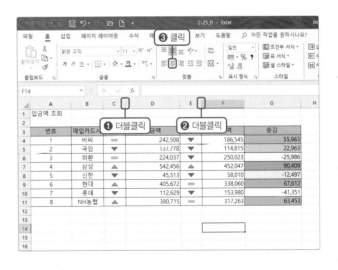

기본 & 입력

서식 & 표

활용 기능

차트 & 응용

필터링 & 분석

매크로

참조 & 자동 계산

함수

다양한 조건으로
필터링하기

데이터에 따라 '숫자 필터', '날짜 필터', '텍스트 필터', '색 기준 필터'가 있습니다. 필터링된 기능으로 추출한 데이터를 복사, 삭제 등 편집이 가능하기 때문에 실질적으로 업무에서 많이 사용하는 기능 중 하나입니다.

Keyword 숫자 필터, 날짜 필터, 텍스트 필터   **예제 파일** Part 2 \ 2-26.xlsx

01 [A2]셀을 클릭하고 [데이터] 탭-[정렬 및 필터] 그룹-[필터]를 클릭합니다. 2행에 필터 아이콘이 표시됩니다.

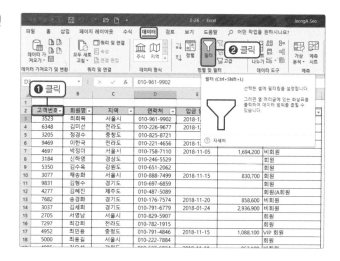

02 [지역] 필터 아이콘을 클릭하고 [텍스트 필터]-[끝 문자]를 클릭합니다.

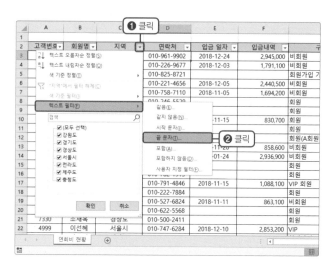

03 [사용자 지정 자동 필터] 대화상자가 표시되면 찾을 조건에서 끝 문자를 '도'로 지정하고 [확인] 버튼을 클릭합니다.

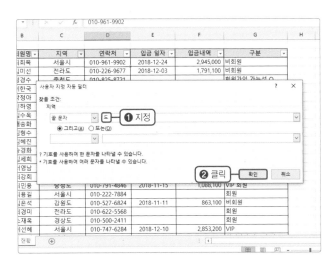

04 [회원명] 필터 아이콘을 클릭하고 검색 창에 '김'을 입력하면 '김'이 포함된 데이터만 체크되는 것을 확인할 수 있습니다. [확인] 버튼을 클릭합니다.

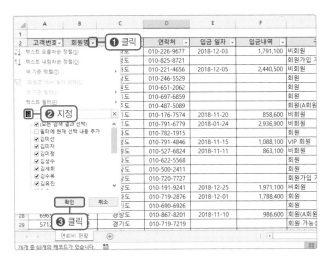

05 [지역]이 '도'로 끝나며, [회원명]이 '김'으로 시작하는 필터링 결과를 확인할 수 있습니다.

	A	B	C	D	E	F	
2	고객번호	회원명	지역	연락처	입금 일자	입금내역	
4	6348	김미선	전라도	010-226-9677	2018-12-03	1,791,100	비회원
9	5350	김수옥	강원도	010-651-2062			회원
11	9831	김형수	경기도	010-697-6859			회원
12	4277	김혜진	제주도	010-487-5089			회원(A회원
14	3037	김세희	경기도	010-791-6779	2018-01-24	2,036,900	비회원
19	4095	김온석	강원도	010-527-6824	2018-11-11	863,100	비회원
24	9646	김일희	경상도	010-191-9241	2018-12-25	1,971,100	비회원
27	2433	김태화	경기도	010-690-6926			회원
29	5712	김지연	경기도	010-719-7219			회원 가능
30	8744	김현아	충청도				회원가입 기
34	7234	김성수	경기도	010-222-9247	2018-11-15	2,928,800	회원(A회원
35	5049	김미정	경상도	010-674-4821	2018-11-20	1,912,600	비회원
37	4191	김미자	전라도	010-827-7076	2018-11-15	871,200	회원가입 학
38	7922	김이종	제주도	010-520-8987			회원가입 학
41	8560	김은숙	전라도	010-574-7472	2018-12-10	2,790,200	VIP회원
44	5651	김미정	충청도	010-970-5266	2018-11-15	3,502,800	회원
46	2837	김현아	경상도	010-126-5727	2018-12-10	2,457,300	회원(VIP)
49	8468	김유진	경상도	010-714-9702	2018-11-15	814,500	회원
54	9245	김태훈	제주도	010-792-6215	2018-12-11	836,100	회원
66	6714	김유진	강원도	010-877-1742	2018-12-13	881,100	비회원

76개 중 20개의 레코드가 있습니다.

POINT
자동 필터 아이콘에 삼각형만 표시(▾)되면 조건이 적용되지 않은 필드이고, 깔때기 모양(⊤)이 있으면 조건이 지정되어 있다는 의미입니다.

기본 & 입력

서식 & 표

활용 기능

차트 & 응용

필터링 & 분석

매크로

참조 & 자동 계산

함수

06 [지역] 필터 아이콘을 클릭하고 ["지역"에서 필터 해제]를 클릭합니다.

07 [입금 일자] 필터 아이콘을 클릭하고 '[모두 선택]'을 선택하여 전체를 해제한 다음 '12월'만 클릭합니다.

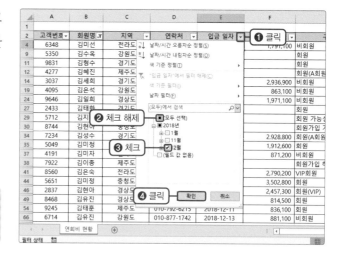

POINT
필드가 날짜인 경우 일, 주, 월, 분기, 연 등의 값으로 검색할 수 있습니다.

08 두 가지 이상의 조건을 한꺼번에 제거하려면 [정렬 및 필터] 그룹-[지우기]를 클릭합니다.

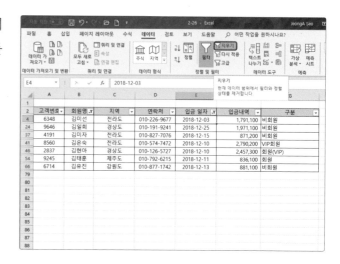

조건부 서식 결과로
자동 필터링하기

앞에서 다루었던 필터링뿐 아니라 '색 기준 필터'에 대해서 좀 더 알아보겠습니다. 서식이 변경된 데이터가 있으면 '색 기준 필터'가 활성화됩니다. 또한 상위 30%에 포함된 데이터를 필터링해 보겠습니다.

Keyword 자동 필터, 색 기준 필터 　　　　　　　　**예제 파일** Part 2\2-27.xlsx

01 [입금내역] 필터 아이콘을 클릭하고 [숫자 필터]-[상위 10]을 클릭합니다.

POINT
서식이 적용된 셀이 없는 경우 '색 기준 필터'가 활성화되지 않습니다.

02 [상위 10 자동 필터] 대화상자에서 표시를 '상위', '30', '%'로 지정합니다. [확인] 버튼을 클릭합니다.

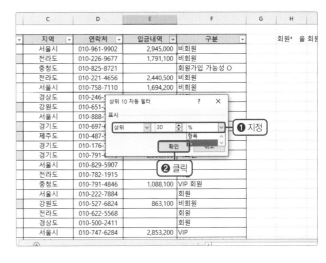

03 [회원명]의 필터 아이콘을 클릭하고 [색 기준 필터]에서 글꼴 색 기준 필터의 색을 클릭합니다.

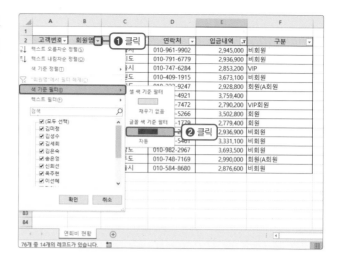

04 두 가지 기준으로 필터링된 결과를 확인할 수 있습니다.

05 두 가지 이상의 조건을 한꺼번에 제거하려면 [데이터] 탭-[정렬 및 필터] 그룹-[지우기]를 클릭합니다.

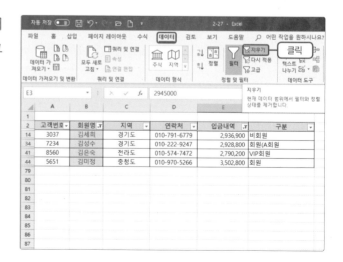

대량의 데이터 빠르게 통합하기

데이터 통합은 참조 영역으로 추가한 첫 행과 왼쪽 열을 기준으로 합계, 개수, 평균, 최대값, 최소값, 곱, 수치 개수 등을 요약하고 집계할 수 있습니다. 엑셀의 통합은 원본 데이터에서 시작하지 않고 결과를 입력해야 하는 셀을 클릭한 다음 시작하거나 범위를 지정한 다음 시작합니다.

Keyword 통합   **예제 파일** Part 2 \ 2-28.xlsx

01 구분에 따른 수량, 정가, 납품가의 합계를 구하기 위해, [L3:O7]을 선택합니다. [데이터] 탭-[데이터 도구] 그룹-[통합(品□)]을 클릭합니다.

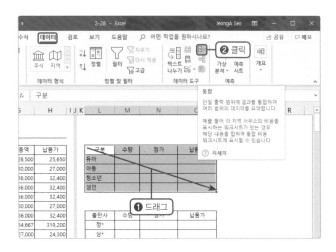

02 [통합] 대화상자에서 함수를 '합계', 참조를 '[B3:H234]'로 지정합니다. [추가] 버튼을 클릭하여 모든 참조 영역에 추가하고, 사용할 레이블에서 '첫 행', '왼쪽 열'에 체크 표시하여 선택합니다.
[확인] 버튼을 클릭합니다.

POINT
사용할 레이블에 첫 행을 선택한 것과 모든 참조 영역에 추가한 범위의 첫 행을 비교하여 이름이 같은 데이터를 기준으로 합계가 구해집니다.

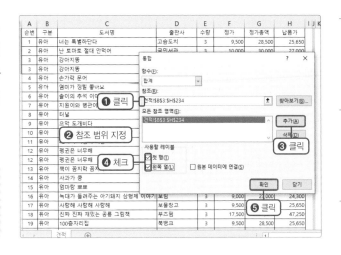

03 전체 데이터 중 일부분만 통합하기 위해 [L10:O15]를 선택합니다. [데이터 도구] 그룹-[통합(𝄂)]을 클릭합니다.

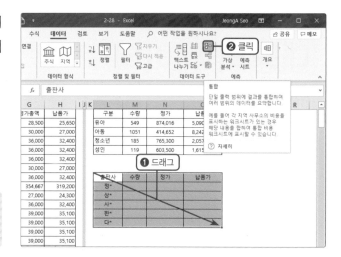

04 기존의 모든 참조 영역 내용을 [삭제] 버튼을 클릭하여 삭제합니다. 함수에서 '합계'를 '평균'으로 변경하고, 참조에서 '[D3:H234]'를 선택합니다. [추가] 버튼을 클릭합니다. 사용할 레이블에서 '첫 행', '왼쪽 열'에 체크 표시하여 선택하고 [확인] 버튼을 클릭합니다.

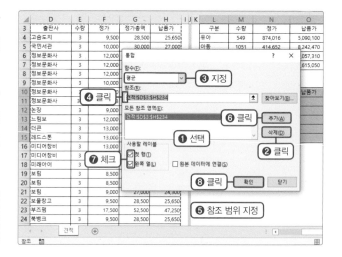

05 출판사별 수량, 정가, 납품가가 평균으로 통합된 것을 확인할 수 있습니다. 백 단위 쉼표를 넣어 줍니다.

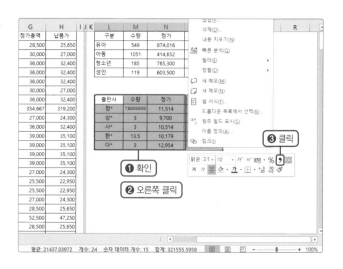

여러 시트에 있는
데이터 통합하기

1사분기에서 4사분기까지 다른 시트에 있는 데이터의 합계를 구하려 합니다. 원본 데이터와 결과 데이터가 다른 시트에 있으면 [원본 데이터에 연결]을 클릭하여 연결할 수 있습니다. 통합의 기능은 결과를 입력해야 하는 시트의 셀을 클릭하고 시작합니다.

Keyword 시트별 통합, 원본 데이터에 연결   **예제 파일** Part 2 \ 2-29.xlsx

01 면적에 대한 통합을 하기 위해 [통합] 시트를 선택하고 [A3]셀을 클릭합니다. [데이터] 탭-[데이터 도구] 그룹-[통합 (品)]을 클릭합니다.

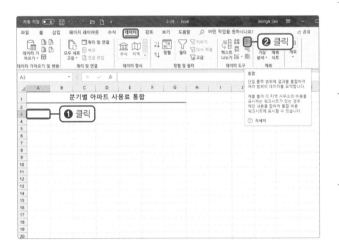

02 [통합] 대화상자에서 함수를 '합계', 참조에서 [1사분기] 시트를 클릭하고 [B3:H33]을 선택합니다. [추가] 버튼을 클릭합니다. 참조를 지웁니다.

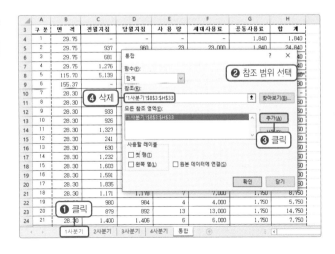

03 참조에서 [2사분기] 시트를 클릭하고 [B3:H28]을 선택한 다음 [추가] 버튼을 클릭합니다. 같은 방법으로 [3사분기] 시트의 [B3:H30], [4사분기] 시트의 [B3:H23]을 각각 추가합니다.

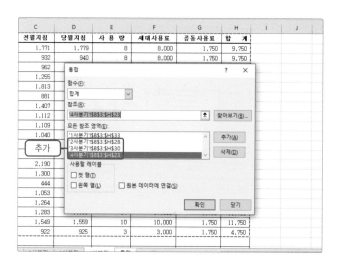

04 [통합] 대화상자의 사용할 레이블에서 '첫 행', '왼쪽 열', '원본 데이터에 연결'에 체크 표시합니다. [확인] 버튼을 클릭합니다.

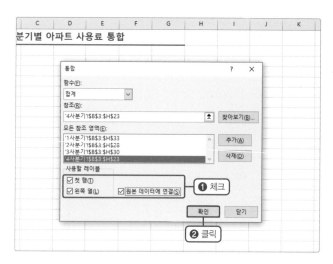

05 열 너비를 조절하고 [A3]셀에 '면적'을 입력합니다. B열 머리를 마우스 오른쪽 버튼으로 클릭하고 **[삭제]**를 실행합니다.

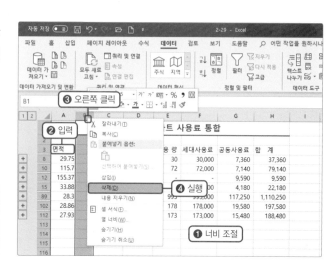

부분합하기

부분합은 말 그대로 그룹을 기준으로 부분적으로 합을 하는 기능입니다. 그룹별로 합계, 평균, 개수 등을 자동으로 계산합니다. 부분합을 하기 위해서는 먼저 그룹화할 항목으로 정렬되어 있어야 합니다.

Keyword 부분합, 정렬하고 시작   **예제 파일** Part 2 \ 2-30.xlsx

01 먼저 부분합에서 그룹화할 기준으로 정렬합니다. [A3]셀을 클릭하고 [데이터] 탭-[정렬 및 필터] 그룹-[정렬]을 클릭합니다.

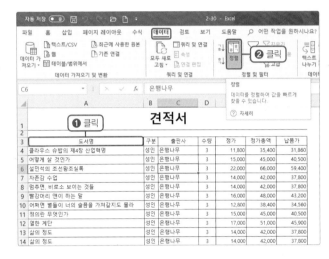

02 [정렬] 대화상자에서 첫 번째 기준인 정렬 기준을 '구분'으로 지정합니다. [기준 추가] 버튼을 클릭합니다. 다음 기준을 '출판사'로 지정합니다.
[확인] 버튼을 클릭합니다.

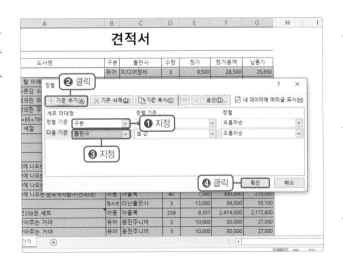

03 첫 번째 부분합을 하기 위해 [개요] 그룹-[부분합]을 클릭합니다.

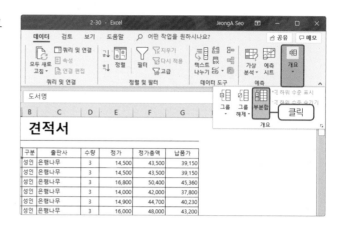

04 [부분합] 대화상자에서 그룹화할 항목을 '구분', 사용할 함수를 '합계'로 지정합니다. 부분합 계산 항목에서 '수량', '정가', '정가총액', '납품가'에 체크 표시합니다. [확인] 버튼을 클릭합니다.

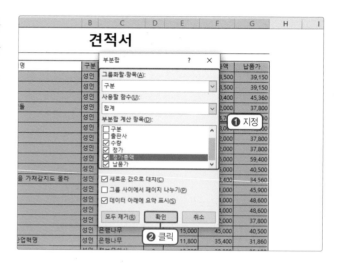

05 다시 한 번 [부분합]을 실행합니다. [부분합] 대화상자가 표시되면 그룹화할 항목을 '출판사', 사용할 함수를 '합계', 부분합 계산 항목에서 '수량', '정가', '정가총액', '납품가'에 체크 표시합니다.

'새로운 값으로 대치'를 클릭하여 체크 해제하고 [확인] 버튼을 클릭합니다.

POINT
'새로운 값으로 대치'의 체크 표시를 해제하지 않으면 '구분'으로 합계한 결과 값이 없어지고 새롭게 부분합이 적용됩니다. 부분합을 삭제하기 위해서는 [모두 제거] 버튼을 클릭합니다.

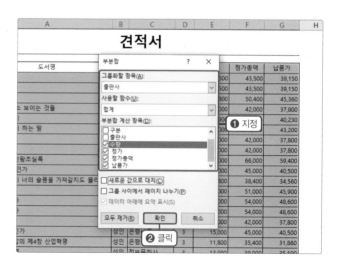

부분합의 요약 복사하기

부분합을 적용하면 화면 왼쪽에 그룹 보기 방식이 적용되는데 한 가지 그룹으로 부분합을 적용하면 기본 세 가지 보기 방식을 제공합니다. 보기 방식을 변경하여 결과값을 복사할 때 범위를 선택하면, 숨겨진 데이터까지 함께 선택되기 때문에 화면에 보이는 부분만 선택해서 복사해 보겠습니다.

Keyword 화면에 보이는 셀만 복사, 부분합 복사　　　　**예제 파일** Part 2\2-31.xlsx

01 화면 왼쪽의 그룹화된 보기 방식에서 [3]을 클릭하고 [B3:G254]를 선택합니다.

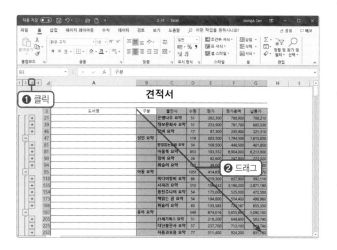

02 화면에 보이는 데이터만 다시 선택하기 위해 [홈] 탭-[편집] 그룹-[찾기 및 선택]-[이동 옵션]을 클릭합니다.

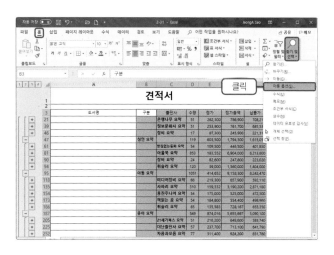

03 [이동 옵션] 대화상자에서 '화면에 보이는 셀만'을 선택하고 [확인] 버튼을 클릭합니다.

Ctrl + C 를 눌러 복사합니다.

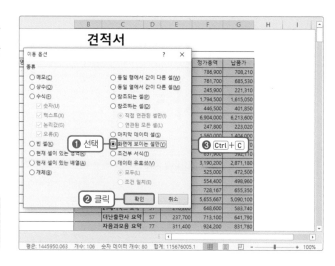

04 [새 시트] 아이콘(⊕)을 클릭하고 Ctrl + V 를 눌러 붙여넣습니다.

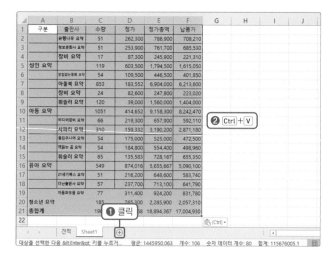

쌩초보 Level Up

그룹 변경하기

부분합을 적용했을 때 화면 왼쪽에서 그룹화가 됩니다. 윤곽 기호는 그룹별 수준을 변경할 수 있는데 [1]은 전체 총합계, [2]는 첫 번째 부분합을 적용한 [구분]에 대한 소계, [3]은 두 번째 부분합을 적용한 [출판사]에 대한 소계, [4]는 전체 데이터를 표시합니다.

• + : 확장 아이콘을 클릭하면 숨겨진 하위 수준을 볼 수 있습니다.

• − : 축소 아이콘을 클릭하면 보이는 하위 수준을 숨깁니다.

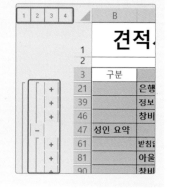

데이터베이스를
관리하기 위한 규칙 이해하기

32

엑셀의 정렬, 필터, 부분합, 피벗 테이블 등 기능을 제대로 사용하려면 표를 만들기 위한 규칙을 알아야 합니다. 필드(열)와 레코드(행)를 기준으로 데이터베이스가 기본 구성되며, 필드명인 표의 첫 행을 기준으로 기능을 활용할 수 있습니다.

Keyword 데이터베이스, 필드, 레코드 　　　　　**예제 파일** Part 2\2-32.xlsx

01 데이터베이스를 활용하려면 병합되지 않아야 하고, 하나의 필드(열)에는 한 가지의 정보가 입력되어야 합니다. 그리고 하나의 표에 빈 행이나 빈 열을 갖고 있지 않아야 합니다. 제목은 한 줄로 입력되어야 합니다. 데이터베이스는 기본적으로 필드명과 필드(열), 레코드(행)를 기준으로 구성됩니다.

	A	B	C	D	E	F
1				입금액 조회		
2						
3	번호	매입카드사	입금액	비율	출금액	비율
4	1	비씨	242,508	12%	186,545	11%
5	2	국민	137,778	7%	114,815	7%
6	3	외환	224,037	11%	172,336	10%
7	4	삼성	542,456	26%	452,047	
8	5	신한	45,513	2%	35,010	
9	6	현대	405,672	19%	338,060	20%
10	7	롯데	112,629	5%	86,638	5%
11	8	NH농협	380,715	18%	317,263	19%
12		합계	2,091,308	100%	1,702,713	100%
13						

필드명 / 레코드 / 필드

POINT
• 필드명 : 필드를 구분할 수 있는 이름, 첫 행을 의미합니다.
• 필드 : 한 개의 성질을 갖고 있으며 열을 의미합니다.
• 레코드 : 행 각각을 의미합니다.

02 하나의 표는 빈 행이나 빈 열이 없어야 합니다. 빈 행이나 열을 기준으로 그 앞까지만 범위로 인식되기 때문입니다.

	A	B	C	D	E	F	
1				입금액 조회			
2							
3	번호	매입카드사	입금액		비율	출금액	비
4	1	비씨	242,508		12%	186,545	
5	2	국민	137,778		7%	114,815	
6	3	외환	224,037		11%	172,336	
7							
8	4	삼성	542,456		26%	452,047	
9	5	신한	45,513		2%	35,010	
10	6	현대	405,672		19%	338,060	
11	7	롯데	112,629		5%	86,638	
12	8	NH농협	380,715		18%	317,263	
13		합계	2,091,308		100%	1,702,713	
14							

03 필드명은 한 줄로 입력되어 있어야 하며, 병합되어 있지 않아야 합니다.

번호	매입카드사	입금		출금	
		금액	비율	금액	비율
1	비씨	242,508	12%	186,545	11%
2	국민	137,778	7%	114,815	7%
3	외환	224,037	11%	172,336	10%
4	삼성	542,456	26%	452,047	27%
5	신한	45,513	2%	35,010	2%
6	현대	405,672	19%	338,060	20%
7	롯데	112,629	5%	86,638	5%
8	NH농협	380,715	18%	317,263	19%
합계		2,091,308	100%	1,702,713	100%

04 병합된 셀이 없어야 합니다. 병합된 셀에 정렬 기능을 수행하면 '이 작업을 수행하려면 모든 셀의 크기가 동일해야 합니다'라는 메시지가 표시되며, 필터나 피벗 테이블을 수행하면 병합된 셀의 첫 셀을 제외하고 '비어 있음' 항목으로 인식됩니다.

번호	매입카드사	입금	출금
		비율	비율
1	비씨	242,508	186,545
		12%	11%
3	국민	137,778	114,815
		7%	7%
5	외환	224,037	172,336
		11%	10%
7	삼성	542,456	452,047
		26%	27%
9	신한	45,513	35,010
		2%	2%
11	현대	405,672	338,060
		19%	20%
13	롯데	112,629	86,638
		5%	5%
15	NH농협	380,715	317,263
		18%	19%
합계		2,091,308	1,702,713

05 한 셀에는 하나의 정보만 입력되어야 합니다. 하나의 필드에 두 개 이상의 정보가 입력되어 있다면 필터, 피벗 테이블 등 데이터 메뉴들을 그룹화할 수 없습니다.

추천 피벗 테이블, 피벗 차트 만들기

피벗 테이블은 대량의 데이터를 간단하게 요약하는 표를 말합니다. [추천 피벗 테이블]은 엑셀 2013부터 제공되는 기능이며, 데이터에 가장 적합한 피벗 테이블을 추천하여 빠르게 만들 수 있습니다.

Keyword 추천 피벗 테이블, 피벗 차트   **예제 파일** Part 2\2-33.xlsx

01 [A3]셀을 클릭하고 [삽입] 탭-[표] 그룹-[추천 피벗 테이블]을 클릭합니다.

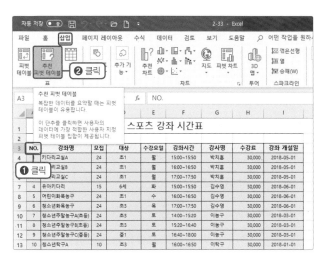

POINT
추천 피벗 테이블은 엑셀 2013부터 사용할 수 있습니다. Ctrl+A를 누르면 화면 오른쪽 아랫부분에 [빠른 분석] 아이콘(📊)이 표시되며 [테이블] 탭에서 선택할 수 있습니다. 빠른 분석 단축키는 Ctrl+Q입니다.

02 [권장 피벗 테이블] 대화상자에서 [합계 : 모집, 개수 : 강좌명(대상 기준)]을 선택하고 [확인] 버튼을 클릭합니다.

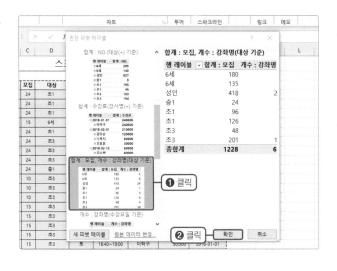

03 새로운 시트가 삽입된 다음 피벗 테이블이 만들어집니다. 피벗 차트를 만들기 위해 [피벗 테이블 도구]-[분석] 탭-[도구] 그룹-[피벗 차트]를 클릭합니다.

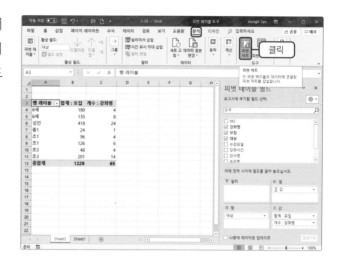

04 [차트 삽입] 대화상자에서 [혼합] 범주를 클릭하고 '개수 : 강좌명'의 보조 축에 체크 표시합니다. [확인] 버튼을 클릭합니다.

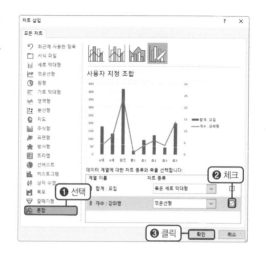

05 피벗 테이블과 피벗 차트가 완성된 것을 확인할 수 있습니다.

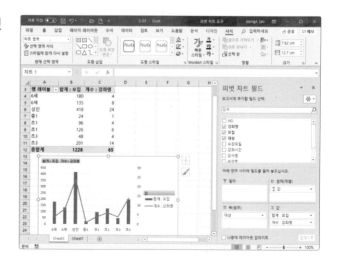

크로스탭
피벗 테이블 만들기

피벗 테이블은 대량의 데이터를 분석하여 요약하는 기능으로, 정렬, 필터, 부분합, 통합 등 기능을 합쳐 놓은 것과 같다고 볼 수 있습니다. 행, 열, 값에 필드명을 이동해 넣으면 요약 및 분석할 수 있습니다.

Keyword 대량의 데이터 요약, 크로스탭　　　　　　　**예제 파일** Part 2 \ 2-34.xlsx

01 [A3]셀을 클릭하고 [삽입] 탭–[표] 그룹–[피벗 테이블]을 클릭합니다.

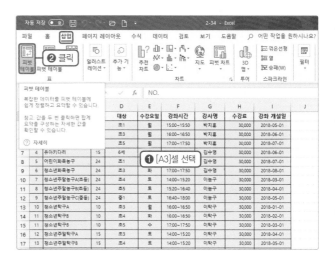

02 [피벗 테이블 만들기] 대화상자에서 '표 또는 범위 선택'의 표/범위에 자동으로 선택된 [A3:I68] 셀 범위를 그대로 사용하고 '새 워크시트' 위치 그대로 [확인] 버튼을 클릭합니다.

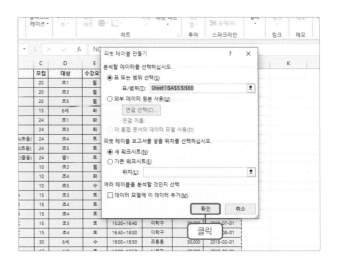

03 시트가 추가되고 피벗 테이블 작업 영역이 표시됩니다. [피벗 테이블 필드] 작업 창에서 '수강요일' 필드를 [열] 영역, '대상' 필드를 [행] 영역, '수강료' 필드를 [값] 영역으로 드래그합니다.

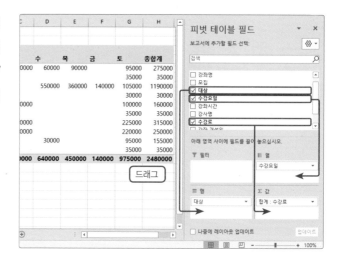

04 계산된 [D5]셀을 마우스 오른쪽 버튼으로 클릭합니다. **[값 요약 기준]-[개수]**를 실행합니다.

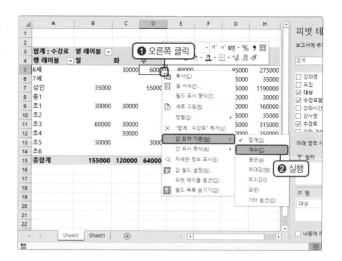

05 [피벗 테이블 도구]-[디자인] 탭-[레이아웃] 그룹-[총합계]-[열의 총합계만 설정]을 클릭합니다.

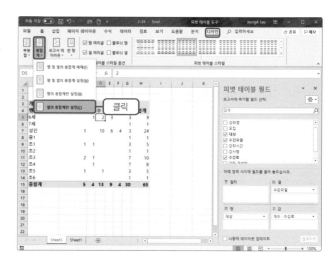

POINT
피벗 테이블 영역 안의 셀이 선택되어야 [피벗 테이블 도구] 탭과 [피벗 테이블 필드] 작업 창이 표시됩니다.

06 [피벗 테이블 스타일] 그룹에서 [자세히] 아이콘(⏷)을 클릭하고 [진한 녹색, 피벗 스타일 어둡게 7]을 클릭합니다.

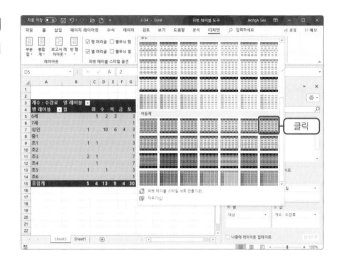

기초 & 입력

서식 & 표

활용 기능

차트 & 응용

필터링 & 분석

매크로

참조 & 자동 계산

함수

쌩초보 Level Up

피벗 테이블 지우기

피벗 테이블을 지우는 방법은 두 가지로 나눌 수 있습니다. 필드만 제거하는 방법과 피벗 테이블 영역을 모두 제거하는 방법을 알아보겠습니다.

① [피벗 테이블 도구]–[분석] 탭–[동작] 그룹–[지우기]–[모두 지우기]를 클릭합니다. 피벗 테이블 영역만 남고 필드명은 초기화됩니다.

② 피벗 테이블 영역을 모두 제거하려면 피벗 테이블을 선택하고 [홈] 탭–[편집] 그룹–[지우기]–[모두 지우기]를 클릭합니다. 피벗 테이블이 모두 제거된 것을 확인할 수 있습니다.

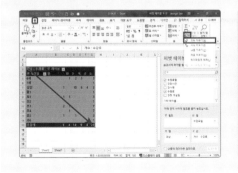
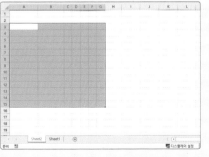

숫자 데이터 그룹 지정하여 피벗 테이블 만들기

값 영역에 똑같은 필드명을 여러 번 적용하여 개수, 합계, 평균을 구해 봅니다. 숫자 데이티인 경우 다시 한번 그룹으로 지정할 수 있습니다. 숫자 데이터 그룹을 지정하는 방법을 알아보겠습니다.

Keyword 그룹   **예제 파일** Part 2 \ 2-35.xlsx

01 [A3]셀을 클릭하고, [삽입] 탭-[표] 그룹-[피벗 테이블]을 클릭합니다. [피벗 테이블 만들기] 대화상자에서 [확인] 버튼을 클릭합니다.

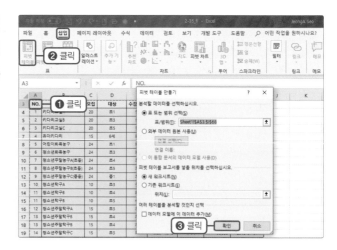

02 [Sheet2]가 추가되고 피벗 테이블 작업 영역이 표시됩니다.

[피벗 테이블 필드] 작업 창에서 '수강요일' 필드를 [행] 영역으로 드래그하고, '수강료' 필드를 [값] 영역으로 세 번 드래그합니다.

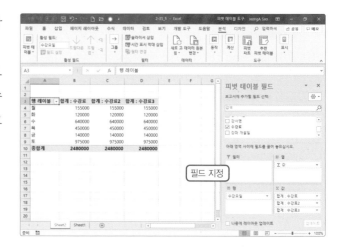

03 피벗 테이블 영역의 첫 번째 수강료 셀을 마우스 오른쪽 버튼으로 클릭하고 [값 요약 기준]-[개수]를 실행합니다.

세 번째 수강료 셀에서 같은 방법으로 [평균]을 실행합니다.

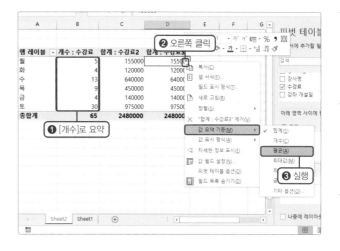

04 [B4:D10]을 선택하고 마우스 오른쪽 버튼을 클릭한 다음 [쉼표 스타일(,)]을 클릭합니다.

POINT
쉼표 스타일을 적용하면 소수점 이하의 자릿수가 여러 가지 형태여도 한꺼번에 정리됩니다.

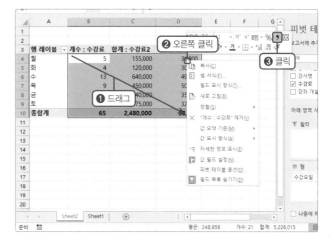

05 [피벗 테이블 필드] 설정 창에서 [행] 영역의 '수강요일'을 왼쪽 셀 영역으로 드래그하여 삭제합니다.

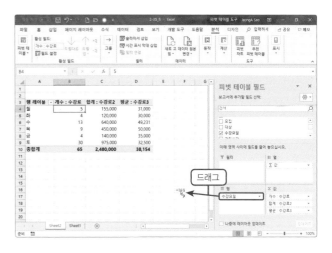

06 [피벗 테이블 필드] 작업 창에서 '모집' 필드를 [행] 영역으로 드래그하고, [A4]셀을 클릭합니다. 마우스 오른쪽 버튼을 클릭하고 **[그룹]**을 실행합니다.

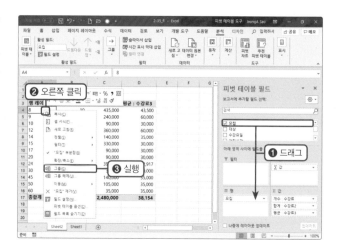

07 [그룹화] 대화상자에서 시작을 '1'로 설정하고 [확인] 버튼을 클릭합니다.

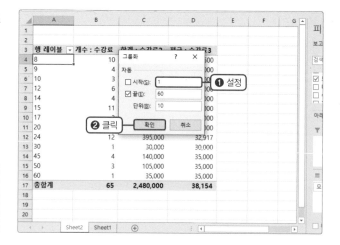

POINT
[모집] 필드가 숫자이기 때문에 데이터의 최소값과 최대값이 [그룹화] 대화상자에 표시되며 값 각각을 상황에 따라 편집할 수 있습니다.

08 1부터 10단계로 그룹화된 것을 확인할 수 있습니다.

날짜 데이터 그룹 지정하여
피벗 테이블 만들기

날짜 데이터는 주로 일별로 표현되기 때문에 이를 그룹화하면 '일, 월, 분기, 연' 단위로 할 수 있습니다. 엑셀 2013 이상에서는 자동으로 그룹화되는 부분도 있지만 상황에 따라 원하는 그룹으로만 표현할 수 있어야 하기 때문에 수동으로 그룹화하는 방법도 알아보겠습니다.

Keyword 날짜 그룹 지정, 그룹(월, 분기, 연)   **예제 파일** Part 2 \ 2-36.xlsx

---

01 [A3] 셀을 클릭하고 [삽입] 탭-[표] 그룹-[피벗 테이블]을 클릭합니다. [피벗 테이블 만들기] 대화상자에서 [확인] 버튼을 클릭합니다.

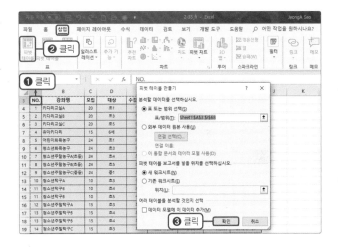

02 [Sheet2]가 추가되고 피벗 테이블 작업 영역이 표시됩니다. [피벗 테이블 필드] 작업 창에서 '강좌 개설일' 필드를 [행], '수강료' 필드를 [값]으로 드래그합니다.

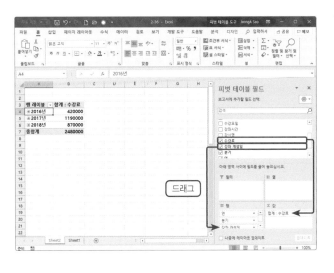

03 연도가 표시된 [A4]셀을 마우스 오른쪽 버튼으로 클릭하고 [**그룹**]을 실행합니다.

04 '분기', '연'을 다시 클릭하여 선택을 해제하고 [확인] 버튼을 클릭합니다.

05 [A7]셀을 마우스 오른쪽 버튼으로 클릭하고 [**그룹**]을 실행합니다.

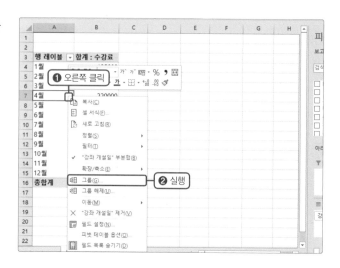

06 '월'을 클릭하여 선택을 해제하고, '분기', '연'을 클릭하여 선택한 다음 [확인] 버튼을 클릭합니다.

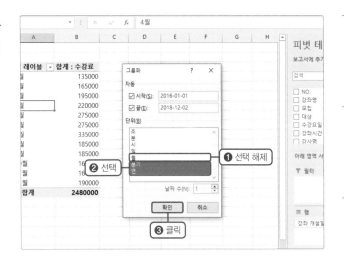

07 [행] 영역에 있는 '강좌 개설일' 필드를 [열] 영역으로 드래그하여 이동합니다.

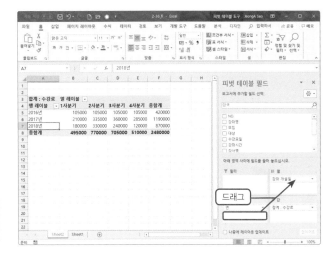

POINT
월, 분기, 연으로 구분되기 때문에 원하는 위치로 드래그하여 다양한 표를 만들 수 있습니다.

08 [B5:F8]을 선택하고 마우스 오른쪽 버튼을 클릭한 다음 미니바에서 [쉼표 스타일(,)]을 클릭합니다.

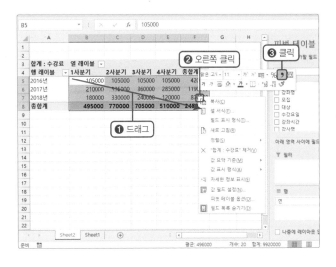

피벗 테이블 그룹 해제하고 필드 필터링하기

그룹을 지정했다면 반대로 지정된 그룹을 해제해 보겠습니다. 또한 현재 보고 있는 테이블을 다른 필드의 조건으로 필터를 해서 결과를 확인할 수 있습니다.

Keyword 그룹 해제, 필드 필터 　　　　**예제 파일** Part 2\2-37.xlsx

01 한꺼번에 그룹을 해제하기 위해 [A4] 셀을 마우스 오른쪽 버튼으로 클릭한 다음 **[그룹 해제]**를 실행합니다.

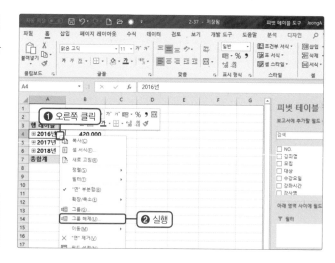

POINT
피벗 테이블의 + 상태는 그룹이 숨겨진 상태이고, − 상태는 펼쳐져서 보이는 상태입니다.

02 다시 [A4]셀을 마우스 오른쪽 버튼으로 클릭하고 **[그룹]**을 실행합니다. [그룹화] 대화상자에서 '분기', '연'을 클릭하여 선택한 다음 [확인] 버튼을 클릭합니다.

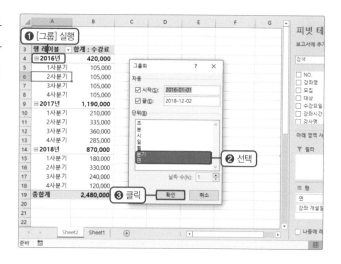

03 [피벗 테이블 필드] 설정 창에서 '수강요일' 필드를 [필터] 영역으로 드래그합니다.

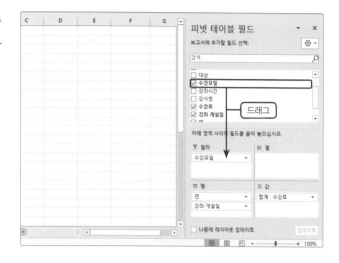

04 [B1]셀에서 필터 아이콘(▼)을 클릭합니다. '여러 항목 선택'에 체크 표시하고 '모두'의 체크 표시를 해제합니다.
'수'에 체크 표시하고 [확인] 버튼을 클릭합니다. 수요일에 관한 결과를 확인할 수 있습니다.

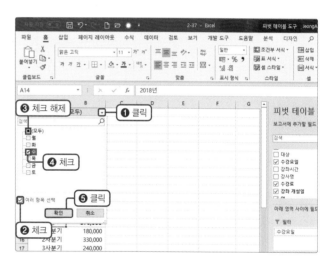

쌩초보 Level Up

일주일 단위로 그룹화하기

일주일 단위로 그룹화하려면 [그룹화] 대화상자에서 '일'을 선택하고 날짜 수를 '7'로 설정합니다.

슬라이서와 시간 표시 막대 사용하기

슬라이서를 사용하면 현재 보고 있는 피벗 테이블 결과 외에 여러 가지 다른 조건으로 필터링을 할 수 있는 장점이 있으며, 시간 표시 막대는 연, 분기, 월, 일별 흐름을 한눈에 파악할 수 있습니다. 슬라이서는 엑셀 2010부터 사용 가능하며, 시간 표시 막대는 엑셀 2013부터 사용할 수 있습니다.

Keyword 슬라이서, 시간 표시 막대   **예제 파일** Part 2 \ 2-38.xlsx

01 [Sheet2]에서 피벗 테이블 작업 영역을 클릭합니다. [피벗 테이블 필드] 설정 창에서 '모집' 필드를 [행] 영역, '수강료' 필드를 [값] 영역으로 이동합니다.

02 [A4]셀을 마우스 오른쪽 버튼으로 클릭한 다음 **[그룹]**을 실행합니다. [그룹화] 대화상자에서 시작을 '1'로 설정하고 [확인] 버튼을 클릭합니다.

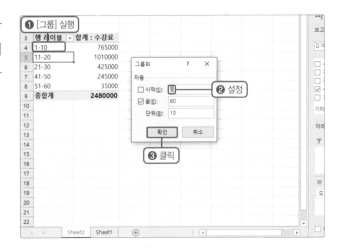

03 [피벗 테이블 도구]-[분석] 탭-[필터] 그룹-[슬라이서 삽입]을 클릭합니다. [슬라이서 삽입] 대화상자에서 '대상', '수강 요일', '강사명'에 체크 표시하고 [확인] 버튼을 클릭합니다.

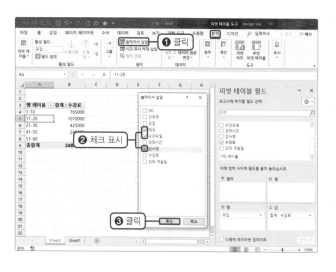

04 피벗 테이블 영역인 [A4]셀을 클릭합니다. [필터] 그룹-[시간 표시 막대 삽입]을 클릭합니다. [시간 표시 막대 삽입] 대화상자에서 '강좌 개설일'을 클릭하고 [확인] 버튼을 클릭합니다.

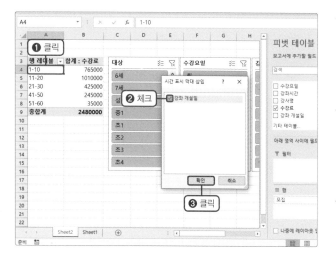

05 강사명 슬라이서에서 [강미미]를 클릭하면 대상 슬라이서에서 [성인]이 활성화되며, 수강요일 슬라이서는 [수]와 [금]이 활성화되는 것을 볼 수 있습니다. 강사명 슬라이서에서 [필터 지우기] 아이콘( )을 클릭합니다.

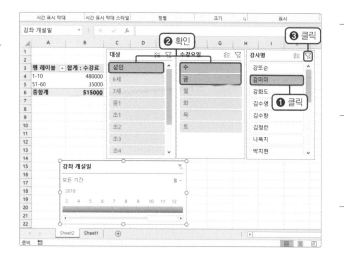

기본 & 입력

서식 & 표

활용 기능

차트 & 응용

필터링 & 분석

매크로

참조 & 자동 계산

함수

06 수강요일 슬라이서에서 [월]을 클릭하고 Ctrl 을 누른 상태에서 [수]를 클릭합니다. 대상 슬라이서에서 [성인]을 클릭합니다.

POINT
슬라이서 창에서 [다중 선택] 아이콘(☰)을 클릭하고 개체를 선택할 수 있습니다.

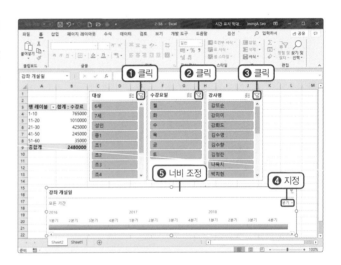

07 모든 슬라이서에서 필터 해제를 클릭합니다. [강좌 개설일] 창에서 모든 기간의 '월'을 '분기'로 변경합니다. 창 너비를 늘립니다.

08 [강좌 개설일] 창에서 2017년 4분기부터 2018년 1분기까지 드래그하여 선택합니다.

POINT
시간 표시 막대에서 막대의 끝을 드래그하여 조절해도 됩니다. 선택한 시간을 없애려면 [필터 지우기] 아이콘(▽)을 클릭합니다.

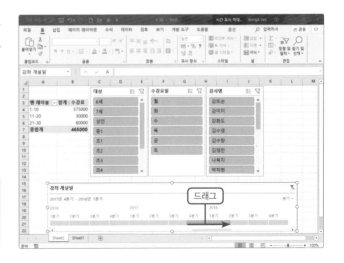

피벗 테이블에서 수식 사용하기

피벗 테이블에서는 원본 데이터를 참조로 수식을 추가 사용할 수 있습니다. 피벗 테이블 필드에서 제공되는 필드명을 이용하여 계산하는 방법을 알아보겠습니다.

Keyword 피벗 테이블 수식, 레이블 입력   **예제 파일** Part 2 \ 2-39.xlsx

01 [삽입] 탭-[표] 그룹-[피벗 테이블]을 클릭하여 새 시트에 피벗 테이블을 만들고 [피벗 테이블 필드] 설정 창에서 '수강요일' 필드를 [행] 영역, '수강료'와 '모집' 필드를 [값] 영역으로 드래그합니다.

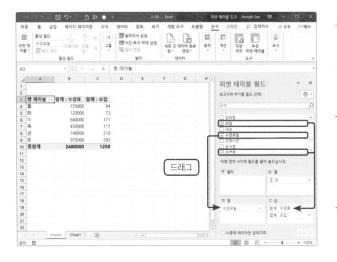

02 [피벗 테이블 도구]-[분석] 탭-[계산] 그룹-[필드, 항목 및 집합]-[계산 필드]를 클릭합니다.

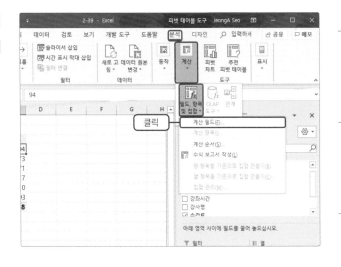

03 [계산 필드 삽입] 대화상자에서 이름을 '총합계', 수식에 커서를 두고 필드에서 '수강료'를 더블클릭합니다.

'*'를 입력하고 필드에서 '모집'을 더블클릭한 다음 [확인] 버튼을 클릭합니다.

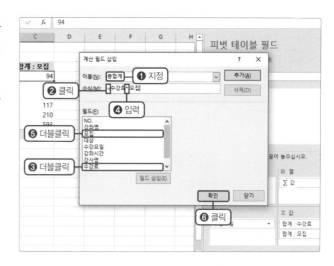

04 [B3:D3]에 '수강금액', '모집인원', '합계'를 각각 입력합니다. [피벗 테이블 도구]-[분석] 탭-[표시] 그룹-[필드 머리글] 선택을 해제합니다.

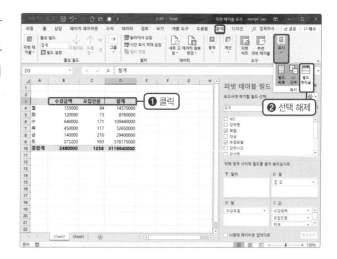

05 [B4:D10]을 드래그하여 선택하고 마우스 오른쪽 버튼을 클릭한 다음 미니바에서 [쉼표 스타일(,)]을 클릭합니다.

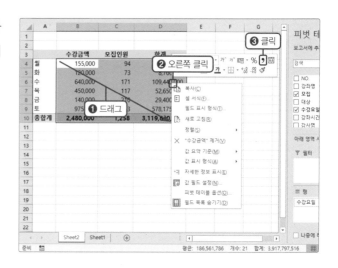

기본 & 입력

서식 & 표

활용 기능

차트 & 응용

필터링 & 분석

매크로

참조 & 자동 계산

함수

쌩초보 Level Up

원본 데이터를 변경하고 새로 고침하기

▶ 예제 파일 : Part 2\2-S_4.xlsx

피벗 테이블은 많은 데이터를 간단하게 요약하는 기능으로 테이블이 만들어지면 원본 데이터와의 연결이 끊기도록 되어 있습니다. 만약 원본 데이터가 피벗 테이블을 만든 다음 편집되었다면 수동으로 새로 고침해야 합니다.

① 원본 데이터가 변경되었다면 [피벗 테이블 도구]-[분석] 탭-[데이터] 그룹-[새로 고침]을 클릭합니다.

② 계속 사용해야 하는 데이터이면서 자주 원본 데이터가 변경된다면 옵션에서 설정할 수 있습니다. [피벗 테이블 도구]-[분석] 탭-[피벗 테이블] 그룹-[옵션]을 클릭합니다.

③ [피벗 테이블 옵션] 대화상자에서 [데이터] 탭을 선택하고 '파일을 열 때 데이터 새로 고침'에 체크 표시한 다음 [확인] 버튼을 클릭합니다.

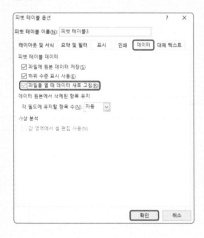

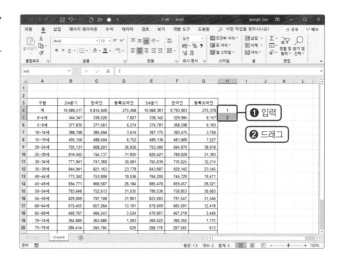

빈 행
삽입하기

엑셀 데이터 행 사이사이에 빈 행을 삽입해야 하는 경우가 있습니다. 데이터가 많을 경우 행을 하나씩 추가하기는
너무 번거로울 것입니다. 이럴 때 정렬을 이용하면 간단하게 행 사이에 빈 행을 삽입할 수 있습니다.

Keyword 빈 행 삽입　　　　　　　　　**예제 파일** Part 2\2-40.xlsx

01 [H4]셀에 '1'을 입력하고, [H5]셀에 '2'
를 입력합니다. 입력한 [H4:H5]를 드래그
하여 선택합니다.

02 범위를 지정한 채로 채우기 핸들을 더
블클릭하여 데이터 끝까지 채웁니다.

03 `Ctrl`+`C`를 눌러 복사하고 [H26]셀을 클릭한 다음 `Ctrl`+`V`를 눌러 붙입니다.

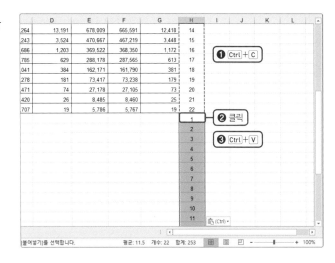

04 H열의 임의의 셀을 클릭하고 [홈] 탭-[편집] 그룹-[정렬 및 필터]-[숫자 오름차순 정렬]을 클릭합니다.

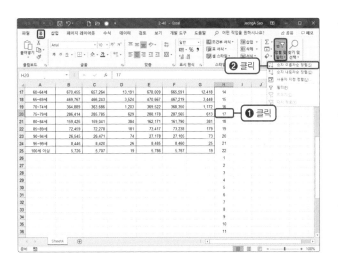

05 격 행으로 빈 행이 삽입된 것을 확인할 수 있습니다.
H열 데이터는 삭제해 줍니다.

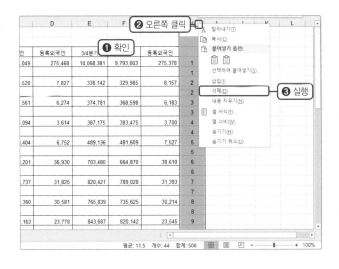

기본 & 입력

서식 & 표

활용 기능

차트 & 응용

필터링 & 분석

매크로

참조 & 자동 계산

함수

셀에 있는 공백 문자 없애고 맞춤 적용하기

엑셀은 공백도 문자로 인식하기 때문에 공백이 있으면 데이터 메뉴들을 정확하게 요약할 수 없습니다. 공백 문자를 빠르게 제거하고 균등 분할하는 방법을 알아보겠습니다.

Keyword 공백 문자 없애기, 균등 분할 맞추기   **예제 파일** Part 2\2-41.xlsx

01 공백 문자를 없애기 위해 [홈] 탭-[편집] 그룹-[찾기 및 선택]-[바꾸기]를 클릭합니다.

[찾기 및 바꾸기] 대화상자에서 찾을 내용에 공백(띄어쓰기 한 칸)을 입력합니다. [모두 바꾸기] 버튼을 클릭합니다.

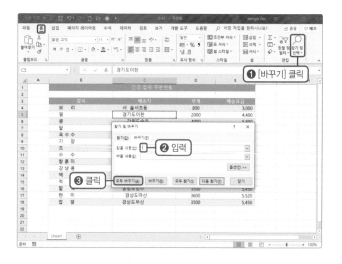

POINT
찾아 바꾸기 단축키는 Ctrl + H입니다.

02 [모두 바꾸기]를 클릭하면 89개의 항목이 바뀌었다는 메시지를 확인할 수 있습니다.

[확인] 버튼을 클릭하고 [찾기 및 바꾸기] 대화상자에서 [닫기] 버튼을 클릭합니다.

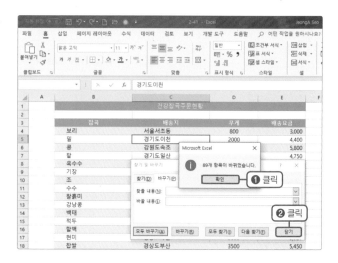

03 [B3:C18]을 드래그하여 선택하고 [홈]
탭–[맞춤] 그룹에서 설정 아이콘(⌐)을 클
릭합니다.

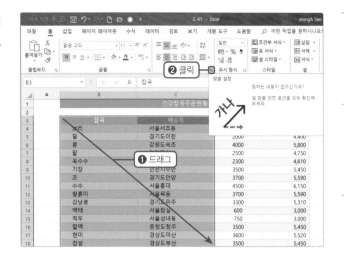

04 [셀 서식] 대화상자에서 가로를 '균등
분할(들여쓰기)', 들여쓰기를 '1'로 지정합
니다. [확인] 버튼을 클릭합니다.

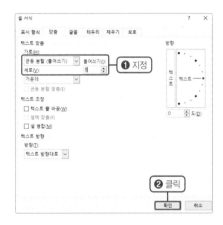

05 한 칸씩 띄어 쓰기되어서 균등 분할된
것을 확인할 수 있습니다.

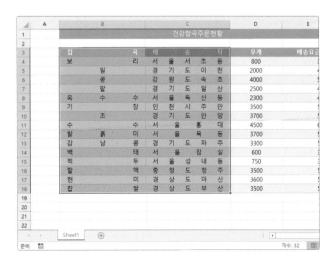

기본 & 입력

서식 & 표

활용 기능

차트 & 응용

필터링 & 분석

매크로

참조 & 자동 계산

함수

고급 필터로 OR 조건 필터링하기

고급 필터는 자동 필터로 하지 못하는 OR 개념으로 필터링할 수 있으며, 수식을 사용하여 필터링하는 것도 가능합니다. 고급 필터 사용 방법을 알아보겠습니다.

Keyword OR 개념 필터, 고급 필터 　　　**예제 파일** Part 2\2-42.xlsx

01 [OR_1] 시트의 [B8]셀을 선택하고 [데이터] 탭-[정렬 및 필터] 그룹-[고급]을 클릭합니다.

[고급 필터] 대화상자에서 결과를 '다른 장소에 복사', 목록 범위를 '[2017년] 시트의 [A3:J95]', 조건 범위를 '[B2:C4]', 복사 위치를 '[B8]'로 지정하고 [확인] 버튼을 클릭합니다.

POINT
결과를 다른 시트에 복사해야 한다면 결과를 입력해야 하는 시트에서 고급 필터를 시작합니다.

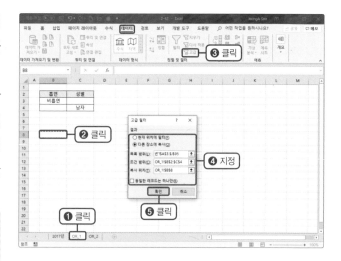

02 흡연 여부가 '비흡연'이거나 성별이 '남자'인 경우 필터링되어 복사됩니다.

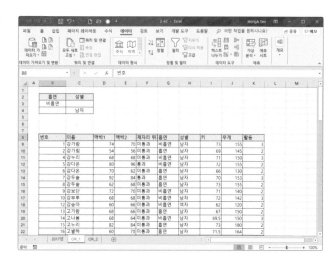

03 [OR_2] 시트의 [B7]셀을 클릭하고 [정렬 및 필터] 그룹-[고급]을 클릭합니다. [고급 필터] 대화상자에서 결과를 '다른 장소에 복사', 목록 범위를 '[2017년] 시트의 [A3:J95]', 조건 범위를 '[B2:D4]', 복사 위치를 '[B7]'로 지정하고 [확인] 버튼을 클릭합니다.

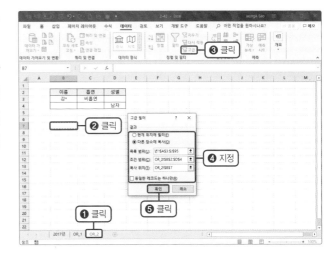

04 이름이 '강'으로 시작하고 흡연 여부는 '비흡연'이거나 성별이 '남자'인 경우가 필터링되어 복사되었습니다.

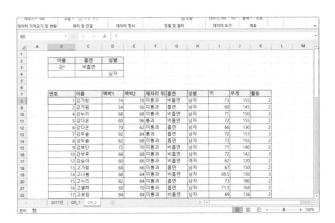

쌩초보 Level Up

고급 필터 조건을 만들 때 규칙 알아보기

엑셀의 고급 필터는 조건이 셀에 미리 입력되어 있어야 한다는 점이 중요합니다. 따라서 조건을 입력해야 하는 규칙을 지켜야 그에 맞는 결과를 확인할 수 있습니다. 규칙을 만드는 조건을 배우겠습니다. 조건을 작성할 필드명을 원본 데이터와 동일하게 입력해야 합니다.

① AND 조건 : 여러 개의 조건을 동시에 입력합니다. 흡연 여부가 '비흡연'이고, 성별이 '남자'인 경우 필터링합니다.

흡연	성별
비흡연	남자

② OR 조건 : 조건 값을 다른 행에 작성합니다. 흡연 여부가 '비흡연'이거나, 성별이 '남자'인 경우 필터링합니다.

흡연	성별
비흡연	
	남자

목표값 찾기

S E C T I O N

43

엑셀의 목표값 찾기 기능은 분석 도구에 있는 기능으로 특정한 값을 찾을 때 유용하게 쓰입니다. 원하는 목표값을 구하기 위해서 특정한 항목의 값이 얼마가 되어야 하는지를 찾는 기능이라 할 수 있습니다.

Keyword 목표값 찾기, 분석   **예제 파일** Part 2\2-43.xlsx

01 [제품목록] 시트에서 [L14]셀을 클릭하고 [데이터] 탭-[예측] 그룹-[가상 분석]-[목표값 찾기]를 클릭합니다.

[목표값 찾기] 대화상자의 수식 셀을 '[L14]', 찾는 값을 '100', 값을 바꿀 셀을 '[J6]'으로 지정하고 [확인] 버튼을 클릭합니다.

POINT
수식 셀에는 반드시 상수가 아닌 계산식으로 구성되어 있어야 합니다. 반대로 값을 바꿀 셀은 수식이 아닌 상수가 입력되어 있어야 합니다.

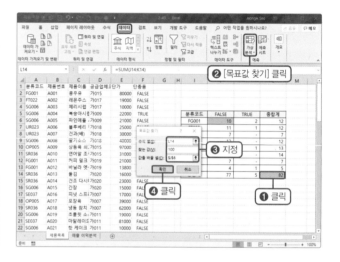

02 목표값 찾기에서 확인된 결과 값을 [목표값 찾기 상태] 대화상자에서 확인할 수 있는데, 총합계가 100이 되기 위해 FG001이면서 FALSE인 경우가 10에서 28개로 변경되었습니다.

현재 상태를 유지하지 않고 참고만 하려면 [취소] 버튼을 클릭합니다.

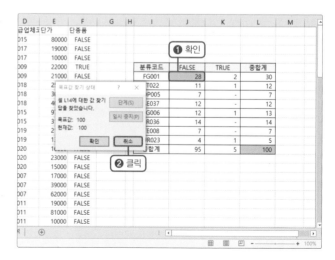

03 [매출 이익분석] 시트에서 [E7]셀을 클릭하고 [예측] 그룹-[가상 분석]-[목표값 찾기]를 클릭합니다.

[목표값 찾기] 대화상자에서 수식 셀을 '[E7]', 찾는 값을 '3000000', 값을 바꿀 셀을 '[C5]'로 지정하고 [확인] 버튼을 클릭합니다.

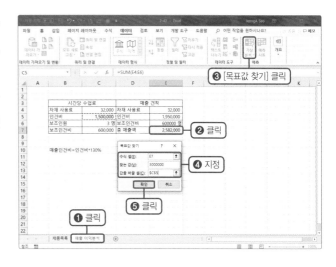

04 [목표값 찾기 상태] 대화상자에서 목표값이 3백만 원이 되려면 인건비가 1,821,538원이 되는 결과값으로 변경하기 위해 [확인] 버튼을 클릭합니다.

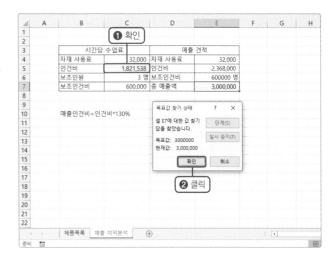

쌩초보 Level Up

목표값 찾기 옵션 살펴보기

① 수식 셀 : 목표값 셀 위치를 선택합니다. 이 셀은 반드시 상수가 아닌 계산식으로 구성되어야만 합니다. 예를 들어 수식으로 '=C4/B4'와 같은 식이 들어 있어야 합니다. 만약 이 셀에 특정 상수 값(숫자나 문자)이 들어 있을 경우에는 목표값 찾기를 진행할 수 없습니다.

② 찾는 값 : 수식 셀의 값이 얼마가 될 것인지를 찾는 값입니다. 이 항목은 셀 위치를 입력할 수 없으며, 상수를 입력해야 합니다. 예를 들어 100%와 같이 입력하면 됩니다.

③ 값을 바꿀 셀 : 목표값을 구하기 위해서 어느 셀을 변경할 것인지 셀 위치를 입력해 줍니다. 이 셀 또한 수식 셀처럼 반드시 셀 위치를 선택해 주어야 하며, 반드시 계산식이 아닌 상수(빈 공백 또는 숫자)가 입력되어 있어야 합니다.

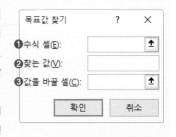

기본 & 입력

서식 & 표

활용 기능

차트 & 응용

필터링 & 분석

매크로

참조 & 자동 계산

함수

PART 2 _ 야근을 없애는 활용 예제 50가지 **231**

시나리오 분석하기

SECTION

44

시나리오 분석은 테이블에서 가상으로 수식이 참조하고 있는 셀의 값을 변화시켜 테이블의 결과를 예측하는 기능입니다. 예제를 통해 분석하는 방법을 알아보겠습니다.

Keyword 시나리오 분석, 시나리오 요약　　　**예제 파일** Part 2\2-44.xlsx

01 시나리오 요약을 하기 위해 [H4]셀을 클릭하고 [데이터] 탭-[예측] 그룹-[가상 분석]-[시나리오 관리자]를 클릭합니다.

02 [시나리오 관리자] 대화상자에서 [추가] 버튼을 클릭합니다.

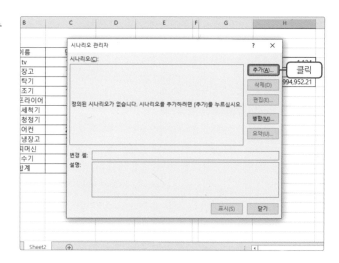

03 [시나리오 추가] 대화상자에서 시나리오 이름을 '환산가격 감소'로 지정합니다. [확인] 버튼을 클릭합니다.

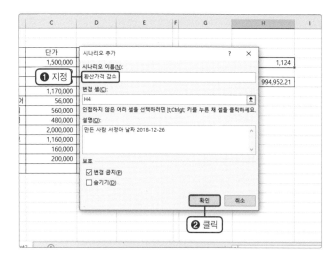

04 [시나리오 값] 대화상자에 '1000'을 입력하고 [확인] 버튼을 클릭합니다.

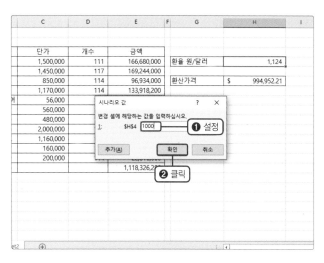

05 [시나리오 관리자] 대화상자에서 [추가] 버튼을 클릭합니다. [시나리오 추가] 대화상자에서 시나리오 이름을 '환산가격 증가'로 지정합니다. [확인] 버튼을 클릭합니다.

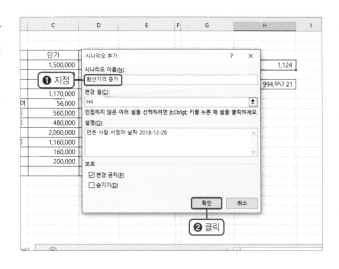

06 [시나리오 값] 대화상자에서 변경 셀에 해당하는 값을 '1200'으로 설정하고 [확인] 버튼을 클릭합니다.

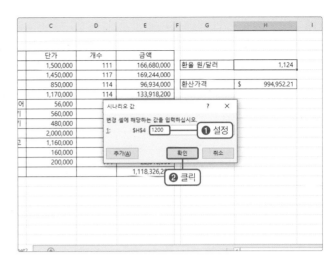

07 [시나리오 관리자] 대화상자에서 [요약] 버튼을 클릭합니다.
[시나리오 요약] 대화상자에서 보고서 종류를 '시나리오 요약', 결과를 '[H6]'으로 지정합니다. [확인] 버튼을 클릭합니다.

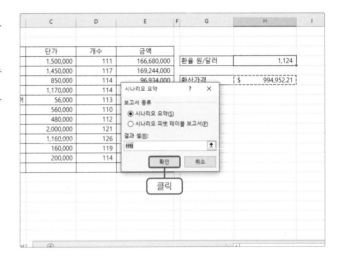

08 새로운 시나리오 요약 시트가 만들어집니다.

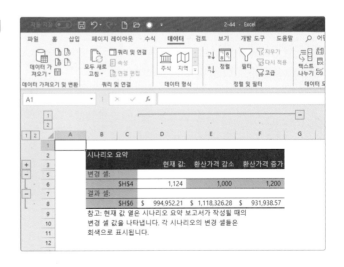

단일, 이중 데이터 표 사용하기

엑셀의 데이터 표는 한 개 이상의 수식에서 여러 값을 바꾼 결과를 보여주는 셀의 범위를 의미합니다. 여기에는 변수가 하나인 단일 변수 표와 두 개인 이중 변수 표가 있습니다. 기준(변수)이 달라질 때마다 결과 값이 변경되는 것으로 비교할 수 있는 기능입니다. 단일 변수, 이중 변수 데이터 표를 이용해 보겠습니다.

Keyword 가상 분석, 데이터 표   **예제 파일** Part 2\2-45.xlsx

기본 & 입력

서식 & 표

활용 기능

차트 & 응용

필터링 & 분석

매크로

참조 & 자동 계산

함수

01 연이율에 대한 월상환액을 알아보기 위해 [B7:H8]을 선택하고, [데이터] 탭-[예측] 그룹-[가상 분석]-[데이터 표]를 클릭합니다.

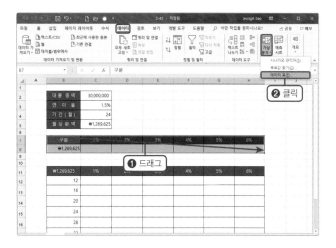

02 [데이터 테이블] 대화상자에서 행 입력 셀을 변수인 이자율이 나와 있는 '[C3]'으로 지정합니다. [확인] 버튼을 클릭합니다.

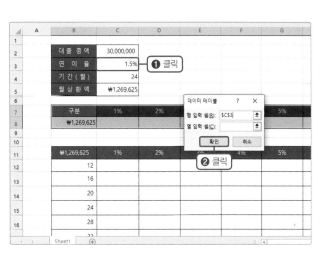

=-PMT(C3/12,C4,C2)
(=-PMT(연이율 1.5%/12개월, 갚아야 할 기간, 총 대출금액))

POINT
[B8]셀에 수식이 적용되어야 합니다.

03 연이율에 따른 월 상환액의 결과값을 확인할 수 있습니다.

이중 데이터 표를 만들기 위해서 [B11:H18]을 선택하고 [데이터] 탭-[예측] 그룹-[가상 분석]-[데이터 표]를 클릭합니다.

```
=-PMT(C3/12,C4,C2)
```

POINT
크로스탭이 시작되는 [B11]셀에는 반드시 수식을 적용합니다.

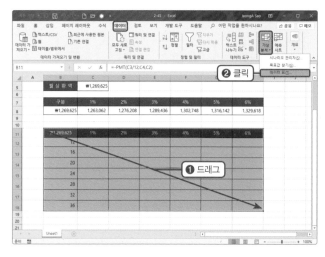

04 [데이터 테이블] 대화상자에서 행 입력 셀을 '[C3]', 열 입력 셀을 '[C4]'로 지정하고 [확인] 버튼을 클릭합니다.

POINT
결과가 적용되어야 할 표의 행에 갚아야 할 개월이 있기 때문에 [C4]셀로 지정하고, 같은 표의 열에 연이율이 있기 때문에 [C3]셀로 지정했습니다.

05 갚아야 할 개월 수, 연이율의 변화에 따른 월 상환액 결과를 확인할 수 있습니다.

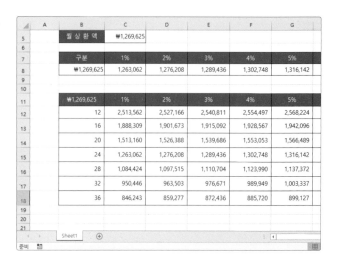

월 상환액	₩1,269,625				
구분	1%	2%	3%	4%	5%
₩1,269,625	1,263,062	1,276,208	1,289,436	1,302,748	1,316,142
₩1,269,625	1%	2%	3%	4%	5%
12	2,513,562	2,527,166	2,540,811	2,554,497	2,568,224
16	1,888,309	1,901,673	1,915,092	1,928,567	1,942,096
20	1,513,160	1,526,388	1,539,686	1,553,053	1,566,489
24	1,263,062	1,276,208	1,289,436	1,302,748	1,316,142
28	1,084,424	1,097,515	1,110,704	1,123,990	1,137,372
32	950,446	963,503	976,671	989,949	1,003,337
36	846,243	859,277	872,436	885,720	899,127

매크로 개발 도구
생성 및 준비하기

SECTION
46

매크로를 기록하고 실행하려면 [개발 도구] 탭을 추가해야 합니다. 엑셀을 일반적으로 쓸 경우 개발 도구가 필요하지 않기 때문에 [개발 도구] 탭은 기본 탭이 아니며, 추가 생성 메뉴로 표시할 수 있습니다. [개발 도구] 탭을 추가해 보겠습니다.

Keyword 개발 도구

---

01 [개발 도구] 탭을 표시하기 위해 [파일] 탭-[옵션]을 클릭합니다.

02 [Excel 옵션] 대화상자에서 [리본 사용자 지정]의 범주를 클릭합니다. 오른쪽 리본 메뉴 사용자 지정에서 '개발 도구'에 체크 표시하고 [확인] 버튼을 클릭합니다.

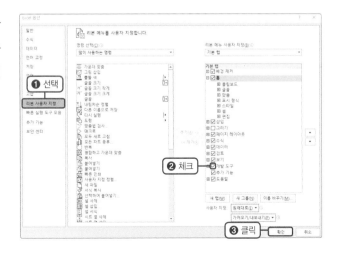

03 [개발 도구] 탭이 추가된 것을 확인할
수 있습니다.

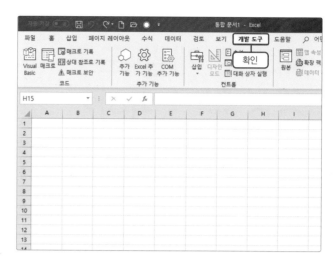

쌩초보 **Level Up**

[개발 도구] 탭-[코드] 그룹 알아보기

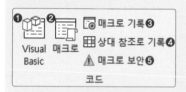

① Visual Basic : 매크로를 작성하면 VBA 코드로 작성되는 곳이며, Visual Basic 편집기를 표시해서 보거나 편집할 수 있습니다.

② 매크로 : 현재 열려 있는 문서에 매크로가 기록된 목록을 대화상자로 볼 수 있습니다.

③ 매크로 기록 : [매크로 기록] 대화상자가 표시되며 기록이 시작됩니다.

④ 상대 참조로 기록 : [상대 참조로 기록]을 누르지 않은 기본 상태에서는 절대 참조로 기록되며, 이 항목을 눌렀을 때는 선택한 셀 위치에서 상대적으로 움직이는 상대 참조로 매크로가 기록됩니다.

⑤ 매크로 보안 : 매크로가 포함된 문서를 열 때 보안 레벨을 설정할 수 있습니다. 기본적으로 '모든 매크로 제외(알림 표시)'가 선택되어 있습니다.

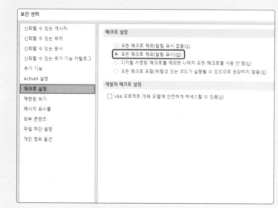

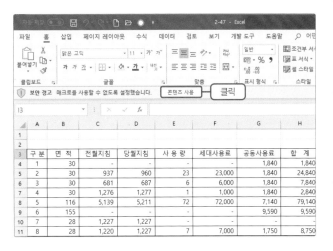

매크로 포함 문서
저장하고 열기

매크로를 기록한 통합 문서는 반드시 '매크로 포함 통합 문서'로 저장해야 합니다. 일반적으로 저장하는 파일인 엑셀 통합 문서로 저장하면 매크로는 제외되어 저장됩니다. 또한 매크로 포함된 통합 문서를 열 때는 [보안 경고창]을 허용해야 매크로를 실행할 수 있습니다.

Keyword 매크로 사용 통합 문서　　　　　**예제 파일** Part 2\2-47.xlsm

01 [보안 경고]가 표시된다면 매크로를 실행하기 위해 [콘텐츠 사용] 버튼을 클릭합니다.

POINT

처음 매크로가 포함된 엑셀 파일을 열 때는 [보안 경고]가 표시되지만, 저장한 다음 같은 파일을 다시 열 때는 [보안 경고]가 표시되지 않습니다. 그 이유는 엑셀 2010 이상부터 '신뢰할 수 있는 문서 기능'이 추가되었기 때문입니다.

02 매크로가 포함된 파일이 실행되었습니다.

03 [5월] 시트를 클릭하고 [서식변환] 버튼을 클릭합니다. 테두리와 쉼표 스타일 적용으로 매크로가 실행되는지 확인할 수 있습니다.

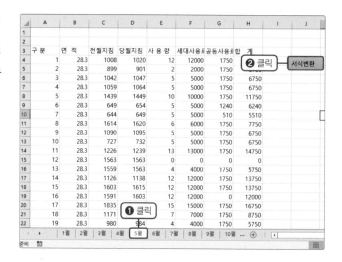

04 매크로를 포함하여 저장하기 위해 [파일] 탭-[다른 이름으로 저장]을 클릭합니다. 원하는 위치를 클릭하고 파일 이름을 입력합니다.

'Excel 매크로 사용 통합 문서 (*.xlsm)'를 선택하고 [저장] 버튼을 클릭합니다.

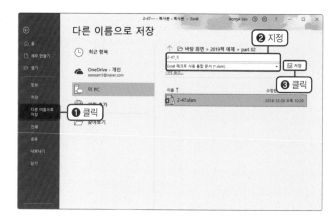

쌩초보 Level Up

[보안 경고]에서 [콘텐츠 사용]을 허용하지 않았을 경우

매크로가 포함된 파일의 경고 메시지를 허용하지 않은 상태에서 매크로를 실행하면 실행할 수 없다는 메시지가 나타납니다. 반드시 [콘텐츠 사용] 버튼을 클릭해야 매크로를 실행할 수 있습니다.

매크로가 적용된 통합 문서를 일반적인 통합 문서로 저장할 경우

매크로를 기록하고 일반적인 '엑셀 통합 문서'로 저장하면 그림과 같은 경고 대화상자를 확인할 수 있습니다. 경고 대화상자에서 매크로를 포함해서 저장하려면 [아니요] 버튼을 클릭하여 형식을 변경하여 저장할 수 있고, 매크로를 포함하지 않고 저장하려면 [예] 버튼을 클릭합니다.

상대 참조와 절대 참조 차이점 알아보기

[개발 도구] 탭-[코드] 그룹-[상대 참조로 기록]을 선택한 상태로 매크로를 기록하면 매크로를 실행할 때 현재 커서가 있는 위치에서 상대적으로 위치를 변경하면서 실행하는 매크로를 기록하며, [상대 참조로 기록]을 클릭하지 않은 상태에서는 절대 참조로 매크로가 기록됩니다.

Keyword 매크로 기록, 상대 참조, 절대 참조   **완성 파일** Part 2\2-48_fi.xlsm

01 일련번호 숫자 1부터 10까지를 [A1: A10]까지 매 시트마다 입력해야 합니다. [A1]셀을 클릭하고 [개발 도구] 탭-[코드] 그룹-[매크로 기록]을 클릭합니다.

POINT
[매크로 기록(📠)]은 화면 아랫부분 상태 표시줄에도 있습니다.

02 [매크로 기록] 대화상자에서 매크로 이름을 '절대참조', 바로 가기 키를 'Ctrl+q'로 지정하고 [확인] 버튼을 클릭합니다.

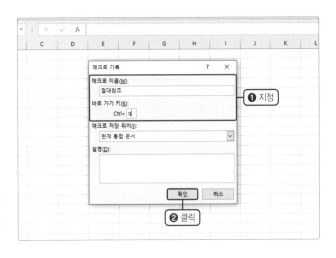

POINT
매크로 이름은 공백(띄어쓰기)를 인식하지 못합니다. 바로 가기 키에 'q'만 입력했는데 Ctrl+Shift+Q로 변경되면 Caps Lock 이 켜져 있기 때문입니다.

03 [A1]셀에 숫자 '1'을 입력하고 Ctrl 을 누른 채로 드래그하여 10까지 번호를 입력합니다. [A1]셀을 다시 클릭하고 [개발 도구] 탭-[코드] 그룹-[기록 중지]를 클릭합니다.

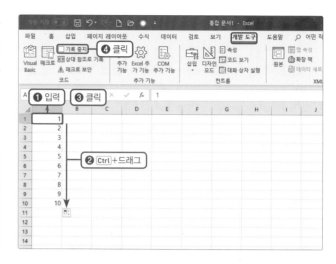

> **POINT**
> 기록해야 하는 모든 동작을 마쳤는데 [기록 중지]를 클릭하지 않은 상태로 다시 시작하는 경우가 있습니다. 이러한 경우 무한 루프가 발생하여 프로그램이 중단될 수 있습니다. 매크로로 기록을 모두 마쳤다면 반드시 기록을 중지해야 합니다.

04 [새 시트] 아이콘(⊕)을 클릭하고 매크로 기록 단축키인 Ctrl+Q 를 누릅니다. 매 시트 [A1:A10]까지 범위에 1부터 10까지 번호가 입력됩니다.

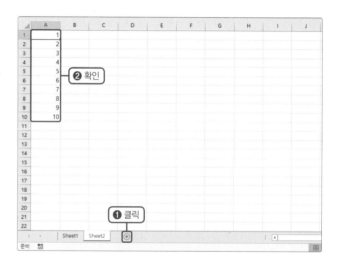

05 현재 선택된 셀을 기준으로 숫자 1부터 10까지를 입력해야 합니다. [C3]셀을 클릭하고 [개발 도구] 탭-[코드] 그룹에서 [상대 참조로 기록]과 [매크로 기록]을 클릭합니다.

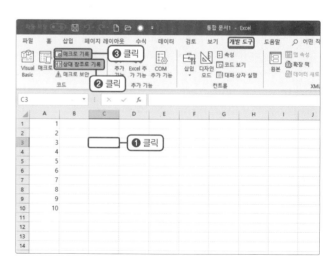

06 [매크로 기록] 대화상자에서 매크로 이름을 '상대참조', 바로 가기 키를 'Ctrl+w'로 지정합니다. [확인] 버튼을 클릭합니다.

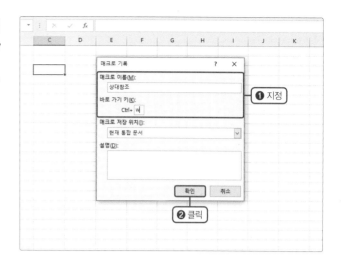

07 [C3]셀에 숫자 '1'을 입력하고 Ctrl 을 누른 채로 아래로 드래그하여 '10'까지 번호를 입력합니다.
[C3]셀을 다시 클릭하고 [개발 도구] 탭-[코드] 그룹-[기록 중지]를 클릭합니다.

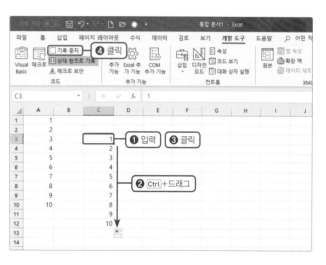

08 비어 있는 임의의 셀을 클릭하고 Ctrl +W 를 누르면 1부터 10까지 번호가 입력됩니다.

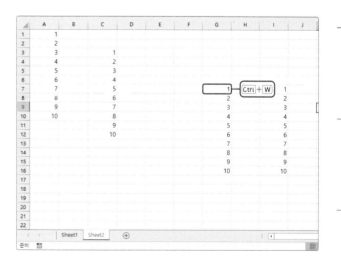

기본 & 입력

서식 & 표

활용 기능

차트 & 응용

필터링 & 분석

매크로

참조 & 자동 계산

함수

절대 참조로
매크로 기록하기

1월부터 12월까지의 시트에 '합계' 텍스트, 합계, 쉼표, 테두리를 추가해야 합니다. 1월에서 매크로를 기록하고 12월까지 적용할 수 있는 매크로를 기록해 보겠습니다.

Keyword 절대 참조, 매크로 기록　　　　　　**예제 파일** Part 2 \ 2-49.xlsx

01 매 시트마다 [H3]셀을 클릭하고 시작해야 하기 때문에 임의의 다른 셀([A1])을 클릭합니다. [개발 도구] 탭-[코드] 그룹-[매크로 기록]을 클릭합니다.

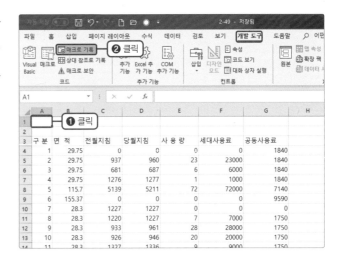

02 [매크로 기록] 대화상자에서 매크로 이름을 '시트편집', 바로 가기 키를 'Ctrl+q'로 지정하고 [확인] 버튼을 클릭합니다.

03 [H3]셀을 클릭하고 '합계'를 입력합니다. [H4]셀에 '=SUM(B4:G4)'를 입력하고 수식을 데이터 끝인 [H33]셀까지 복사합니다.

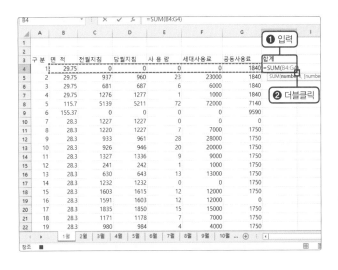

04 [B4:H33]을 선택하고 [홈] 탭-[표시 형식] 그룹-[쉼표 스타일(,)]을 클릭합니다.

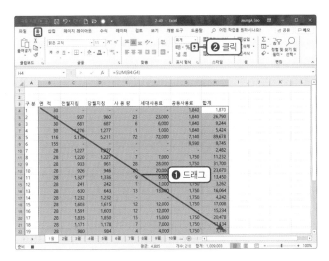

05 [A3:H3]을 선택하고 Ctrl을 누른 채로 [A4:H33]을 선택합니다.
[글꼴] 그룹-[테두리▼]를 클릭하고 [모든 테두리]와 [굵은 바깥쪽 테두리]를 선택합니다.

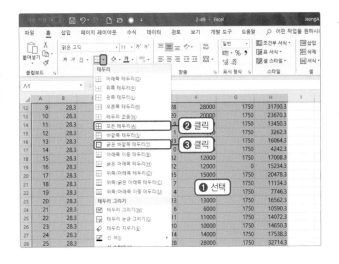

기본 & 입력

서식 & 표

활용 기능

차트 & 응용

필터링 & 분석

매크로

참조 & 자동 계산

함수

06 [I3]셀을 클릭하고 [개발 도구] 탭-[코드] 그룹-[기록 중지]를 클릭합니다.

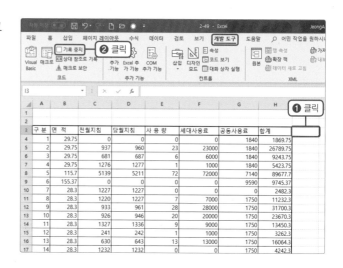

07 [2월] 시트를 클릭하고 Ctrl+Q를 누르면 기록된 매크로가 실행되는 것을 확인할 수 있습니다.

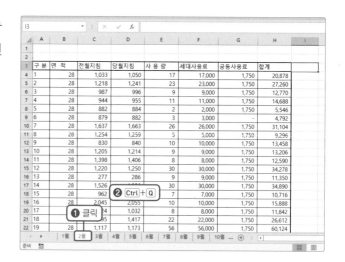

08 매크로 포함 통합 문서로 저장하기 위해 [파일] 탭-[다른 이름으로 저장]을 클릭합니다.
저장 경로를 지정합니다. 파일 이름을 지정하고 'Excel 매크로 사용 통합 문서'를 선택한 다음 [저장] 버튼을 클릭합니다.

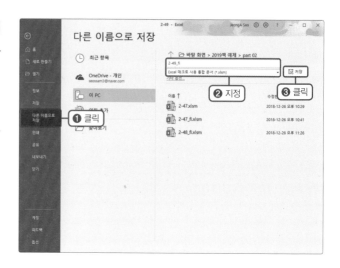

S E C T I O N

50

기본 & 입력

서식 & 표

활용 기능

차트 & 응용

필터링 & 분석

매크로

참조 & 자동 계산

함수

상대 참조로
매크로 기록하기

수행해야 하는 셀의 위치가 유동적으로 변경되어야 한다면 상대 참조로 기록해야 합니다. 상대 참조로 기록하기 위해서는 [상대 참조로 기록]-[매크로 기록]을 실행합니다. 실습을 통해서 기록하는 과정을 배우겠습니다.

Keyword 매크로 기록, 상대 참조로 기록   **예제 파일** Part 2 \ 2-50.xlsx

01 처음 옮겨야 할 셀을 클릭하기 위해 [E4]셀을 클릭합니다. [개발 도구] 탭-[코드] 그룹-[상대 참조로 기록]을 클릭하고 [매크로 기록]을 클릭합니다.

[매크로 기록] 대화상자에서 매크로 이름을 '셀이동', 바로 가기 키를 'Ctrl+w'로 지정한 다음 [확인] 버튼을 클릭합니다.

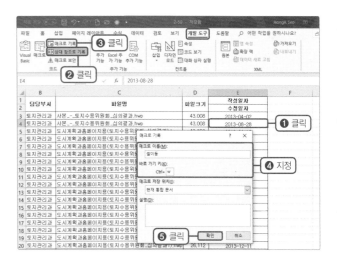

02 선택되어 있던 [E4]의 테두리를 드래그하여 [F3]셀로 이동합니다.

03 4행을 마우스 오른쪽 버튼을 클릭하고 [삭제]를 실행합니다.

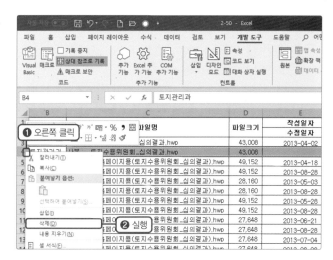

04 다음 이동해야 하는 셀인 [E5]셀을 클릭하고 [개발 도구] 탭-[코드] 그룹-[기록 중지]를 클릭합니다.

Ctrl + W 를 눌러 기록했던 기능이 수행되는 것을 확인할 수 있습니다.

간단하게 매크로를 수정하기 위해 [개발 도구] 탭-[코드] 그룹-[Visual Basic]을 클릭합니다.

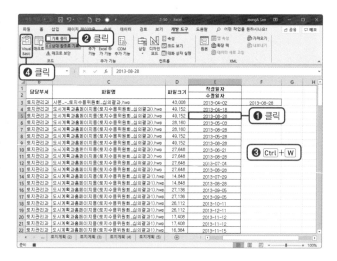

05 [모듈]-[Mudule1]을 표시하고 그림과 같이 기록된 매크로를 수정합니다.

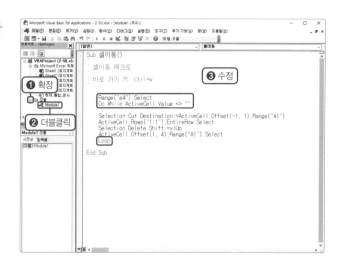

```
Sub 셀이동()                                                            ①
' 셀이동 매크로                                                          ②
' 바로 가기 키: Ctrl+w                                                   ③

    Range("E4").Select                                                 ③
    Do While ActiveCell.Value <> ""                                    ④

    Selection.Cut Destination:=ActiveCell.Offset(-1, 1).Range("A1")   ⑤
    ActiveCell.Rows("1:1").EntireRow.Select                            ⑥
    Selection.Delete Shift:=xlUp                                       ⑦
    ActiveCell.Offset(1, 4).Range("A1").Select                        ⑧
    Loop                                                               ⑨

End Sub                                                                 ⑩
```

① 매크로를 시작합니다.
② 작은따옴표(')가 문장 앞에 있으면 주석문으로 인식되며 초록색으로 표시됩니다. 프로그램 실행문에 영향을 미치지 않습니다.
③ 첫 번째 이동할 셀인 [E4]셀을 선택합니다.
④ 반복문을 시작합니다. 선택한 셀이 빈 셀이 아닐 때까지 기록된 부분이 반복됩니다.
⑤ 선택한 셀을 이동합니다. ActiveCell에서 −1행, 1열 이동한 셀을 가상의 [A1]셀로 설정합니다.
⑥ 현재 셀의 행 전체를 선택합니다.
⑦ 선택된 행을 삭제합니다.
⑧ 다음에 이동할 셀을 선택하는 동작으로 현재 셀에서부터 행 방향으로 한 칸 증가하고, 열 방향으로 네 칸 이동한 셀을 선택합니다.
⑨ 반복문을 종료합니다. Do와 Loop는 반복문의 시작과 끝을 의미합니다.
⑩ 매크로를 종료합니다.

06 [토지계획(2)] 새 시트를 선택하고 단축키를 누릅니다.

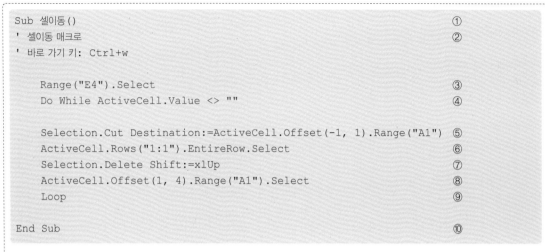

INTEGRITY

INNOVATION

COMMITMENT

CREATIVITY

PASSION

GOALS

CONNECTION

GROWTH

3

복잡한 계산을
쉽게 하는
함수 예제 50가지

엑셀의 꽃이라 부를 수 있는 함수는 가장 핵심적인 기능이지만 배울 때 가장 많은 시간이 소요되는 기능이기도 합니다. 엑셀의 함수란 반복적이고 복잡한 일련의 계산 과정을 미리 정해진 수식에 의해 연산되도록 만든 하나의 약속이라 할 수 있습니다.

참조 셀, 방향에 따라 상대적으로 이동하는 상대 참조 사용하기

S E C T I O N

01

임의의 셀을 클릭하고 수식을 복사하여 이동했을 때 참조 값들도 상대적으로 이동하는 것을 상대 참조라고 합니다. 즉 [A1]셀을 클릭하고 수식을 아래쪽 방향으로 복사하면 [A2], [A3], [A4], ……로 이동합니다. [A1]셀을 클릭하고 수식을 오른쪽 방향으로 복사하면 [B1], [C1], [D1], ……로 이동합니다.

Keyword 상대 참조, 상대적 이동　　　　**예제 파일** Part 3 \ 3-1.xlsx

---

01 실입고수량에서 판매수량을 뺀 재고를 구하기 위해 [F3]셀을 클릭합니다. '='은 입력하고 'D3'은 셀을 클릭하여 입력합니다. 같은 방법으로 '−'는 입력하고 'E3'은 클릭하여 수식을 입력한 다음 Enter 를 누릅니다.

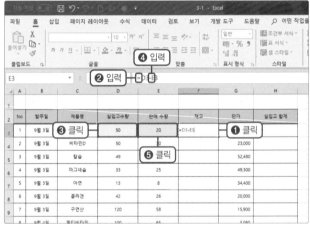

=D3−E3
(=실입고수량−판매수량)

02 [F3]셀의 채우기 핸들을 더블클릭합니다. [F19]셀까지 수식이 복사되어 재고수가 입력됩니다.

03 [F3]셀의 서식도 함께 복사되어 셀 테두리가 변경됩니다. [자동 채우기 옵션(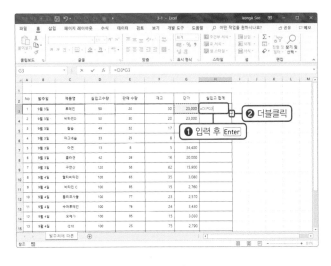)]을 클릭하고 **[서식 없이 채우기]**를 실행합니다.

POINT
엑셀에는 수식과 서식이 있는데 계산하는 것을 제외하고는 모든 것을 서식이라 합니다. [서식 없이 채우기]는 서식을 제외한 나머지 수식을 복사하는 것입니다.

04 [H3]셀을 클릭하고 '=D3*G3'을 입력합니다. Enter를 누릅니다. [H3]셀의 채우기 핸들에 마우스를 위치한 상태에서 더블클릭합니다.
[H19]셀까지 수식이 복사되어 재고의 개수가 입력됩니다.

=D3*G3
(=실입고수량*단가)

05 같은 방법으로 [H3]셀의 서식도 함께 복사되어 셀 테두리가 변경됩니다. [자동 채우기 옵션(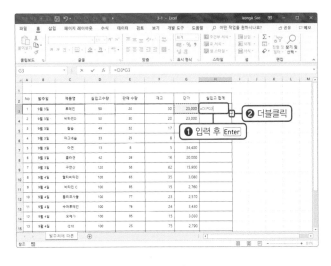)]을 클릭하고 **[서식 없이 채우기]**를 실행합니다.

06 [수식] 탭-[수식 분석] 그룹-[수식 표시]를 클릭합니다.

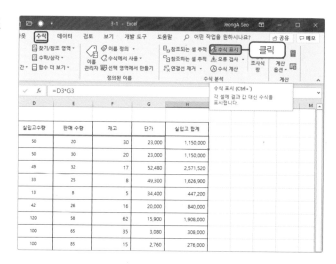

07 수식이 펼쳐져서 보이며, [D3]셀을 클릭하고 수식을 아래쪽으로 복사했을 때 [D4], [D5], [D6], ……으로 이동되면서 복사가 된 것을 확인할 수 있습니다.

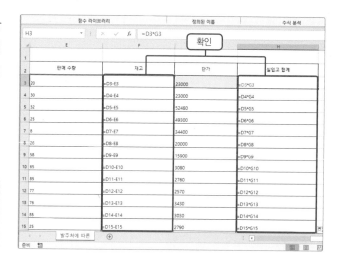

POINT
다시 [수식 분석] 그룹-[수식 표시]를 클릭하면 수식이 감추어져서 표시되며 단축키는 Ctrl+`(ESC 아래 키)입니다.

쌩초보 Level Up

방향키로 수식 선택하기

수식을 입력할 때 수식이 길어져서 왼쪽 셀을 마우스로 클릭할 수 없는 상태가 있습니다. 이때 현재 편집 중인 셀에서 위치한 방향에 따라 방향키(→, ←, ↑, ↓)를 이용하면 쉽게 선택할 수 있습니다.

방향키를 눌렀을 때 커서 위치가 움직인다면 F2를 눌러 변경할 수 있습니다. 커서 이동과 셀 참조를 변경 호환하는 단축키는 F2입니다.

참조된 셀이 움직이지 않는 절대 참조 사용하기

임의의 셀을 클릭하고 수식을 복사하여 이동했을 때 참조된 값이 절대 이동하지 않는 것을 절대 참조라고 합니다.
즉 [A1]셀을 클릭하고 수식을 아래쪽, 오른쪽 방향으로 복사해도 계속 [A1]셀을 유지하는 것을 말합니다.

Keyword 셀 참조, 절대 참조　　　　　　　**예제 파일** Part 3 \ 3-2.xlsx

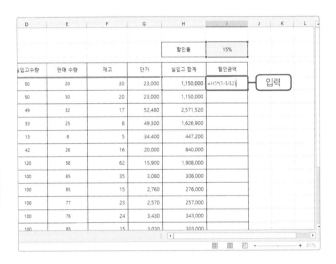

01 할인율에 따른 금액을 구하기 위해서
[I5]셀을 클릭합니다. '=H5*(1−I2)'를 입력
하고 F4를 한 번 눌러 [I2] 셀을 절대값으
로 만듭니다. '$I$2'로 변경됩니다. ')'를 입
력하고 Enter를 누릅니다.

```
=H5*(1−$I$2)
(=실입고 합계*(100%−할인율))
```

POINT
100%와 환산한 숫자 1은 같은 의미입니다.

02 [I2]셀의 채우기 핸들을 더블클릭합니
다. [I3]셀의 서식도 함께 복사되어 셀 테두
리가 변경됩니다. [자동 채우기 옵션(田)]-
[서식 없이 채우기]를 클릭합니다.

POINT
절대값을 지정할 때 $ 기호를 직접 입력할 수도 있지
만 F4를 눌러 참조 유형을 빠르게 변경할 수 있습니
다. 상대 참조를 기준으로 F4를 눌러 절대 참조, 혼합
참조 순서로 바꿉니다.

03 [수식] 탭-[수식 분석] 그룹-[수식 표시]를 클릭합니다.

수식이 펼쳐져서 보이며, [I2]셀 수식을 아래쪽 방향으로 복사했을 때 [I2]셀에 절대값을 지정했기 때문에 셀 참조 값이 절대 움직이지 않는 것을 확인할 수 있습니다.

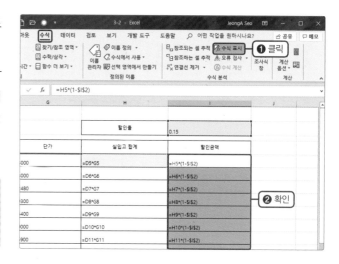

POINT

다시 [수식 분석] 그룹-[수식 표시]를 클릭하면 수식이 감추어져서 표시되며 단축키는 Ctrl + ' (ESC 아래 키)입니다.

쌩초보 Level Up

절대 참조하지 않았을 때 수식 오류 알아보기

절대 참조를 적용해야 하지만 상대 참조로 적용했을 때 오류입니다. 그러니 수식을 사용했을 때 고정해야 하는 셀 참조값은 F4를 이용하여 절대 참조를 해 줍니다.

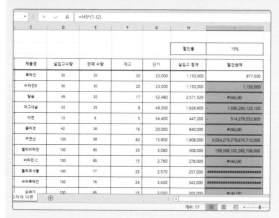
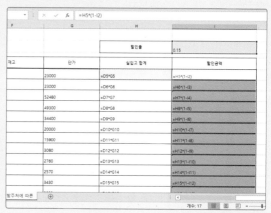

행 고정/열 고정 혼합 참조 사용하기

임의의 셀을 클릭하고 수식을 복사하여 이동했을 때 참조된 값이 행만 고정하고 열은 이동하거나, 열은 고정하고 행만 이동하는 경우를 혼합 참조라 합니다. 즉 'A$1' 행 고정일 때 수식을 아래로 복사해도 1행은 고정되며, '$A1' 열 고정일 때 오른쪽 방향으로 복사해도 계속 A열은 고정됩니다.

Keyword 셀 참조, 행 고정, 열 고정　　　　　**예제 파일** Part 3\3-3.xlsx

01 혼합 참조로 인상률을 구하기 위해 [C5] 셀을 클릭하고 '=B5'를 입력합니다. `F4`를 세 번 눌러 열 고정합니다. '=$B5'로 변경됩니다.

POINT
`F4`를 사용하는 대신 '$'를 직접 입력해도 되지만 기능 키를 누르는 것을 습관화하는 것이 훨씬 편리합니다.

02 '*C4'를 입력하고 `F4`를 두 번 눌러 행을 고정합니다. '*C$4'로 변경됩니다. `Enter`를 눌러 수식을 완성합니다.

=$B5*C$4
(=기본 요금(열 고정)*인상률(행 고정))

03 [C5]셀을 클릭하고 채우기 핸들을 [F5]셀까지 드래그합니다. [C5:F5]를 선택한 채 채우기 핸들을 더블클릭합니다. [C5:F11]에 수식이 채워집니다.

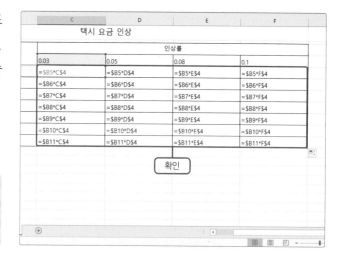

POINT
더블클릭은 Ctrl + A 를 눌렀을 때 하나의 표로 인식하는 세로 형태만 복사가 됩니다. 가로 형태는 더블클릭이 적용되지 않으니 드래그해야 합니다.

04 [수식] 탭-[수식 분석] 그룹-[수식 표시]를 클릭합니다. 수식이 펼쳐져 보이며, B열과 4행이 고정된 것을 확인할 수 있습니다.

POINT
다시 [수식] 탭-[수식 분석] 그룹-[수식 표시]를 클릭하면 수식이 감춰져서 표시됩니다. 단축키는 Ctrl + `(ESC) 아래 키)입니다.

쌩초보 Level Up

기능 키 F4 사용하기

기능 키 F4 를 이용한 참조 형식을 변경함에 따라서 수식에 영향을 미칩니다.

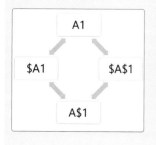

참조	형식	F4 기능키
A1	상대 참조	
$A$1	절대 참조	1번
A$1	행 고정(혼합 참조)	2번
$A1	열 고정(혼합 참조)	3번

(기능 키를 누를 때마다 변경)

시트 이동하며
수식 이용하기

수식을 사용할 때 현재 통합 문서의 다른 시트를 참조하여 계산하고자 할 때는 '시트명!셀 주소'로 참조 수식을 만듭니다. 다른 통합 문서의 셀을 참조할 때는 파일명을 '=[파일명] 시트명!셀 주소'로 참조 수식이 만들어집니다.

Keyword 시트 참조, 파일 참조　　　　　　　**예제 파일** Part 3\3-4.xlsx

01 잡곡 수량을 가져오기 위해 [배송지 집계] 시트의 [C4]셀에 '='을 입력합니다.

02 [잡곡] 시트를 클릭하고 [E4]셀을 클릭합니다. **Enter**를 누르면 [잡곡] 시트 수량 데이터가 똑같이 표시됩니다.

POINT
시트명이나 파일명에 숫자로 시작하거나 공백이 포함된 경우 작은 따옴표(') 안에 시트명(='1잡곡'!E4) 또는 파일명(=[3-1.xlsx]발주처'!$G$3)과 같이 표시됩니다.

03 같은 방법으로 [배송지 집계] 시트의 [D4]셀에 '='을 입력합니다. [과일] 시트를 클릭하고 [E4]셀을 클릭합니다. Enter를 누릅니다.

04 [C4:D4]를 선택하고 채우기 핸들에 마우스 포인터를 위치한 상태로 더블클릭합니다. [자동 채우기 옵션(📋)]−[서식 없이 채우기]를 클릭합니다.

05 [배송지 집계] 시트 금액 합계를 구하기 위해 [배송지 집계] 시트의 [E4]셀에 '='을 입력합니다.

06 [잡곡] 시트를 클릭하고 [F4]셀을 클릭합니다. '+'를 입력합니다.

07 [과일] 시트에서 [F4]셀을 클릭하고 Enter를 누릅니다. [E4]셀의 채우기 핸들을 더블클릭합니다. [자동 채우기 옵션(🖍)]−[서식 없이 채우기]를 클릭합니다.

이름 정의하고 수식 사용하기

S E C T I O N

05

수식에서 절대 참조를 사용할 때 기능키를 이용하거나 직접 입력하여 '$'를 표시한다는 것을 배웠습니다. 그것과 같은 역할을 하는 이름 정의 방법을 알아보겠습니다. 이름을 정의하는 이유는 시트를 이동해야 하거나 수식이 길어지는 불편함을 해결하기 위함입니다.

Keyword 이름 정의, 절대 참조   **예제 파일** Part 3 \ 3-5.xlsx

---

01 잡곡 시트의 수량 이름 정의하기 위해 [잡곡] 시트를 선택하고, [E4:E18]을 선택합니다. [이름 상자]에 '잡곡수량'을 입력하고 Enter를 누릅니다.

POINT
이름을 정의할 때는 첫 글자는 문자(가,나,다,……. A,B,C, ……) 등으로 시작하며, 공백이나 특수문자는 사용할 수 없습니다. 하지만 언더바(_)는 사용할 수 있습니다.

02 같은 방법으로 [과일] 시트를 선택하고 [E4:E18]을 선택합니다. [이름 상자]에 '과일수량'을 입력하고 Enter를 누릅니다.

03 [배송지 집계] 시트를 클릭하고 [C4] 셀에 '='을 입력합니다. '=잡곡수량+과일수량'을 입력합니다.

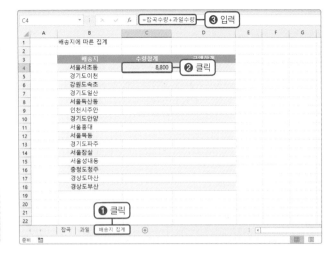

POINT
[수식] 탭-[정의된 이름] 그룹-[수식에서 사용]에서 정의된 이름을 클릭해도 됩니다.

04 수식을 복사하기 위해 [C4]셀을 클릭하고 채우기 핸들을 더블클릭합니다. [자동 채우기 옵션(📋)]-[서식 없이 채우기]를 클릭합니다.

쌩초보 Level Up

이름 정의 자세히 알아보기

- **이름 정의 수식과 일반적인 수식**

① 일반 수식 : =A3*B3*(1-$B$1)

② 이름 정의 수식 : =A3*B3*(1-할인율)

- **이름을 정의하는 방법 세 가지 알아보기**

① 범위를 지정하고 [이름 상자]에 이름을 입력한 다음 Enter 누르기

② 제목과 함께 범위를 지정하고 [수식] 탭-[정의된 이름] 그룹-[선택 영역에서 만들기] 클릭

③ [수식] 탭-[정의된 이름] 그룹-[이름 정의]를 이용하여 범위를 지정하거나 수식을 사용해서 만들기

[수식] 탭-[정의된 이름] 그룹-[수식에서 사용]을 클릭하면 정의된 이름을 확인하거나 수식에 입력할 수 있습니다.

함수 구조 및
연산자 사용하기

수식은 등호(=)를 입력하고 시작됩니다. 직접 입력하거나 셀을 참조할 수 있고, 함수를 사용하여 계산할 수 있습니다. 본격적인 함수를 들어가기 전 기본적인 구조를 알고 우선순위를 파악할 수 있습니다.

Keyword 수식 구조, 함수 구조, 연산자

1. 수식의 기본 구조

엑셀은 등호(=)를 입력하면 수식으로 인식됩니다. 등호를 먼저 입력하지 않으면 문자 처리됩니다.

$$= \underset{\text{❶❷❸}}{A3 * B3} + \underset{\text{❹}}{SUM(C3{:}F3)} - \underset{\text{❺}}{10}$$

❶ **등호:** 수식의 시작을 의미합니다.

❷ **참조되어 있는 셀:** 지정하고 있는 셀에 입력된 숫자로 계산할 수 있습니다.

❸ **연산자:** 더하기, 빼기, 곱하기, 나누기 같은 기본적인 수학 연산을 수행합니다.

❹ **함수:** 복잡한 계산을 규칙을 이행했을 때 쉽게 하는 것을 의미합니다.

❺ **상수:** 직접 입력한 숫자 또는 문자를 말합니다. 문자, 날짜, 시간은 따옴표(" ")로 묶어서 입력합니다.

2. 산술 연산자

더하기, 빼기 등 기본적인 수학 연산을 수행합니다.

연산자	+	–	*	/	%	^
기능	더하기	빼기	곱하기	나누기	백분율	제곱

3. 비교 연산자

두 개의 값을 비교하여 계산하며, 계산된 결과에 따라 TRUE, FALSE 값을 반환합니다.

연산자	=	〈〉	〉	〉=	〈	〈=
기능	같다	같지 않다	크다	크거나 같다	작다	작거나 같다

4. 문자 연결 연산자

개체와 개체를 연결해서 하나로 작성합니다.

연산자	&
기능	연결

5. 연산자 우선순위

우선순위를 바꾸려면 괄호( )를 사용하여 먼저 계산할 수 있습니다.

우선순위	구분	연산자
1	산술 연산자	−
2		%
3		^
4		*, /
5		+, −
6	연결 연산자	&
7	비교 연산자	=, 〈〉, 〉, 〉=, 〈, 〈=

쌩초보 Level Up

동시 입력하기

▶ 예제 파일 : Part 3\3-S_1.xlsx

수식이 연결되어 있지 않을 경우 채우기 핸들로 수식을 복사할 수 없습니다. 그때 사용할 수 있는 방법이 [Ctrl]+[Enter]를 누르는 것입니다. 또한 두 번 이상 수식을 복사해야 하는 경우에도 사용할 수 있습니다.

① [C5:K13]을 선택하고 '=$B5*C$4'를 입력합니다.　　② 수식을 완성하고 [Ctrl]+[Enter]를 누릅니다.

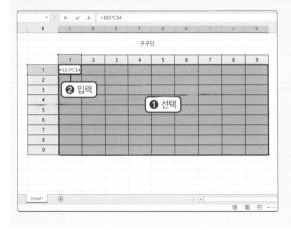

SECTION 07

자동 합계 구하기

집단에 대한 소계에서 소계와 합계를 새로운 시트에 집계해야 한다면 어떻게 하는 게 가장 빠르고 정확한지 배워 보겠습니다.

Keyword 자동 합계, 이동 옵션, 빈 셀　　　　　**예제 파일** Part 3\3-7.xlsx

01 학력에 따른 소계를 구하기 위해 [F26
:K106]을 선택합니다.

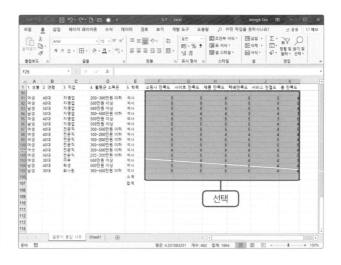

POINT
합계를 빼고 소계까지만 선택합니다. 소계와 합계를
각각 Ctrl을 누른 상태로 선택해야 합니다. 합계와 소
계를 같이 선택한 상태로 [이동 옵션]에서 '빈 셀'을 선
택하면 연결된 범위이기 때문에 한번에 드래그한 것
같이 선택됩니다.

02 [홈] 탭-[편집] 그룹-[찾기 및 선택]
-[이동 옵션]을 클릭합니다.

03 [이동 옵션] 대화상자에서 '빈 셀'을 선택하고 [확인] 버튼을 클릭합니다.

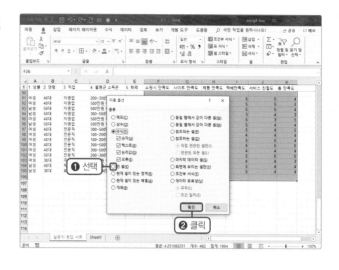

04 소계까지 빈 셀이 선택되면 Ctrl을 누른 상태에서 [F107:K107]을 추가 선택합니다.

POINT
자동 합계에 있는 함수는 편집 중인 셀의 앞쪽과 위쪽의 숫자 상수 모두를 계산하는 특징이 있습니다.

05 [홈] 탭-[편집] 그룹-[합계(Σ)]를 클릭합니다.

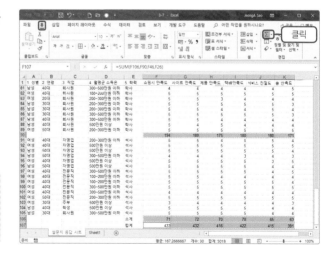

POINT
소계 각각의 첫 번째 데이터에 빈 셀이 있는 경우라면 합계해야 할 범위와 소계 범위를 같이 지정하여 합계를 구해야 합니다.

기본 & 입력

서식 & 표

활용 기능

차트 & 응용

필터링 & 분석

매크로

참조 & 자동 계산

함수

수식만 연결하여 붙여넣기

SECTION

08

데이터를 복사하는 방법은 여러 가지 있습니다. 그중에서도 연결하여 붙여넣기는 원본 데이터가 편집되면 연결된 데이터도 바로 수정됩니다.

Keyword 연결하여 붙여넣기, 수식 선택   **예제 파일** Part 3\3-8.xlsx

01 [설문지 응답 시트]를 선택하고 복사하기 위한 범위를 선택하기 위해 [홈] 탭-[편집] 그룹-[찾기 및 선택]-[수식]을 클릭합니다.

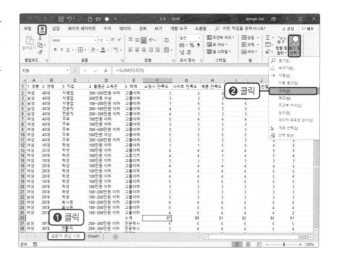

02 수식이 적용된 셀을 모두 선택되었습니다. [Ctrl]+[C]를 눌러 복사합니다. [Sheet1]을 표시합니다.

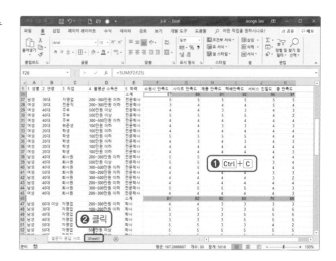

03 [C4]셀을 마우스 오른쪽 버튼으로 클릭한 다음 [연결하여 붙여넣기(📋)]를 클릭합니다.

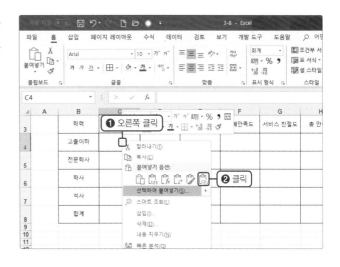

04 수식 입력줄에 '='설문지 응답 시트'!F26'가 입력되는 것을 확인할 수 있습니다. [설문지 응답 시트] 각각의 소계와 연결되어 있습니다.

POINT
연결되어 있기 때문에 [설문지 응답 시트]의 소계가 변경되면 [Sheet1] 값도 자동으로 변경됩니다.

기본 & 입력 서식 & 표 활용 기능 차트 & 응용 필터링 & 분석 매크로 참조 & 자동 계산 함수

표 서식에서 계산하고 요약 행 추가하기

표 서식을 적용했을 때는 수식이 구조적 참조 방식을 사용합니다. 기존의 수식을 사용하던 방식이 아니라 열 머리글을 이용해서 사용하기 때문에 표 안에 데이터가 수정, 추가, 삭제되어도 자동으로 셀 참조가 조정되어 매우 유용합니다.

Keyword 표 서식, 구조적 참조, 요약 행   **예제 파일** Part 3 \ 3-9.xlsx

01 계산을 하기 위해 [F4]셀을 클릭하고 '='을 입력합니다. [D4]셀을 클릭하고 '*'를 입력한 다음 [E4]셀을 클릭합니다.

= [@단가] * [@수량]

POINT
[@열 머리글]은 셀을 의미하기도 하지만 열을 의미하기도 합니다. 그렇기 때문에 클릭만 하더라도 열 전체가 한꺼번에 계산됩니다.

02 Enter 를 누르면 열 전체의 수식이 모두 적용됩니다.

03 열을 추가하기 위해 [G3]셀을 클릭하고 '부가가치세'를 입력합니다.

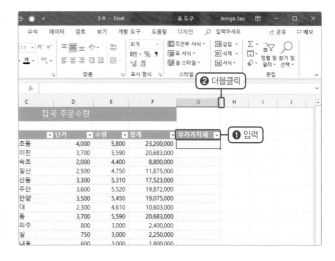

POINT
열 서식이 자동으로 복사됩니다.

04 [G4]셀을 클릭하고 '=[@합계]*10%'을 입력한 다음 Enter를 누릅니다.

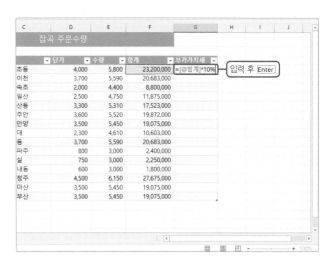

05 [표 도구]-[디자인] 탭-[표 스타일 옵션] 그룹에서 '요약 행'에 체크 표시합니다.

기본 & 입력

서식 & 표

활용 기능

차트 & 응용

필터링 & 분석

매크로

참조 & 자동 계산

함수

06 [G19]셀 채우기 핸들을 [D19]셀까지 드래그합니다.

07 요약 행이 있더라도 표의 데이터를 행을 추가하기 위해 [G18]셀을 클릭하고 Tab 을 누릅니다.

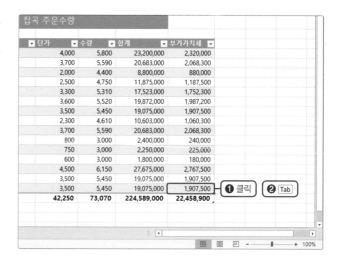

08 데이터의 마지막 셀에서 Tab 을 누른 만큼 행이 추가된 것을 확인할 수 있습니다.

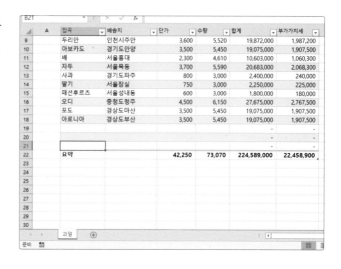

기본 & 입력

서식 & 표

활용 기능

차트 & 응용

필터링 & 분석

매크로

참조 & 자동 계산

함수

큰 값, 작은 값 구하기
– LARGE/SMALL

10

MAX 함수는 최대값, MIN 함수는 최소값, LARGE 함수는 몇 번째로 큰 값, SMALL 함수는 몇 번째로 작은 값을 구할 때 쓰입니다. 즉, 상위 등수와 하위 등수를 구할 수 있는 LARGE, SMALL 함수를 알아보겠습니다.

Keyword LARGE, SMALL   **예제 파일** Part 3 \ 3-10.xlsx

함수 익히기	LARGE, SMALL
함수 형식	=LARGE(array, k) =LARGE(범위, 몇 번째) =SMALL(array, k) =SMALL(범위, 몇 번째)
인수	• **array** : 비교할 숫자 데이터가 입력된 셀 범위입니다. • **k** : 몇 번째로 큰 값 또는 작은 값을 계산할지 숫자로 번호를 입력하거나 셀 값을 지정합니다.

01 상위 점수를 구하기 위해 [J4]셀을 클릭하고 [수식] 탭-[함수 라이브러리] 그룹-[함수 더 보기]-[통계]-[LARGE]를 클릭합니다.

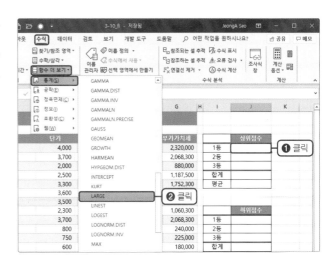

02 [함수 인수] 대화상자에서 Array 인수에 '[F4:F18]'의 범위를 선택하고 F4 기능키를 눌러 절대 참조로 변경합니다. K 인수에서 [I4]셀을 클릭하고 [확인] 버튼을 클릭합니다.

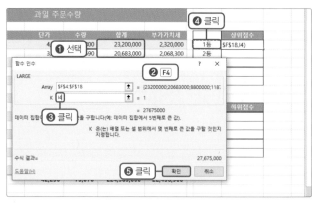

=LARGE($F$4:$F$18,I4)

POINT
다음 칸으로 이동하기 위해서는 Tab 을 누릅니다.

03 [J5:J6]까지 수식을 복사하고 [자동 채우기 옵션(📋)]-[서식 없이 채우기]를 클릭합니다.

04 같은 방법으로 [J12]셀을 클릭하고 [함수 라이브러리] 그룹-[함수 더 보기]-[통계]-[SMALL]을 클릭합니다.

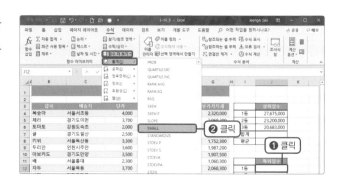

05 [함수 인수] 대화상자에서 Array를 '$F$4:$F$18', K를 'I12'로 지정합니다. [확인]을 클릭하고, [J13:J14]까지 수식을 복사합니다.
[자동 채우기 옵션(📋)]-[서식 없이 채우기]를 클릭합니다.

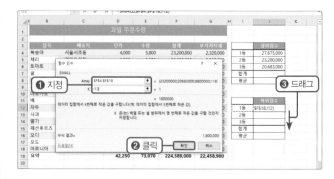

=SMALL($F$4:$F$18,I12)

기본 & 입력

서식 & 표

활용 기능

차트 & 응용

필터링 & 분석

매크로

참조 & 자동 계산

함수

SECTION

11

합계, 평균 구하기
- 자동 합계

함수에는 여러 가지 방법이 있지만 자동 함수에 있는 함수를 실행할 때는 방법을 조금 다르게 하는 것이 효율적입니다. 합계와 나머지 자동 함수를 나눌 수 있고, 계산해야 하는 범위 바로 옆에 위치한 값을 구하느냐 아님 그 사이 다른 값이 존재하느냐에 따라 나눌 수 있습니다.

Keyword 자동 함수, 자동 합계, 자동 평균   **예제 파일** Part 3\3-11.xlsx

01 합계를 구하기 위해 [J7] 셀과 [J15]셀을 Ctrl을 누른 채로 클릭합니다. [수식]탭-[함수 라이브러리] 그룹-[자동 합계]를 클릭합니다.

POINT
자동 합계에 있는 함수는 편집 중인 셀의 위쪽 숫자 상수 모두를 계산하는 특징이 있습니다.

02 [J8]셀을 클릭하고 [함수 라이브러리] 그룹-[자동 합계▼]-[평균]을 클릭합니다.

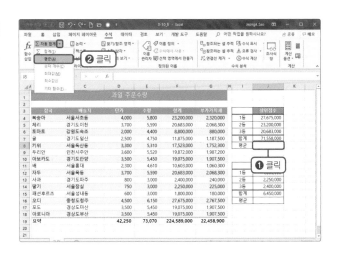

03 지정된 범위가 잘못되었기 때문에 [J4: J6]을 다시 선택하고 Enter를 누릅니다.

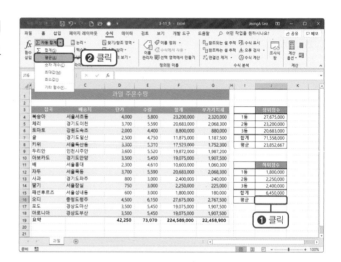

```
=AVERAGE(J4:J6)
```

POINT
자동 함수는 편집 중인 셀의 근처는 모두 계산을 하지만 평균의 범위에 합계가 적용되면 안 되기 때문에 다시 드래그하여 범위를 지정합니다.

04 같은 방법으로 평균을 구하기 위해 [J16]셀을 클릭하고 [함수 라이브러리] 그룹-[자동 합계▼]-[평균]을 클릭합니다.

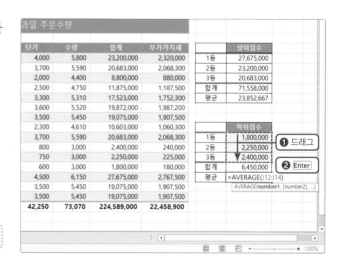

05 [J14:J16]을 다시 드래그하고 Enter를 누릅니다.

과일 주문수량							
단가	수량	합계	부가가치세			상위점수	
4,000	5,800	23,200,000	2,320,000		1등	27,675,000	
3,700	5,590	20,683,000	2,068,300		2등	23,200,000	
2,000	4,400	8,800,000	880,000		3등	20,683,000	
2,500	4,750	11,875,000	1,187,500		합계	71,558,000	
3,300	5,310	17,523,000	1,752,300		평균	23,852,667	
3,600	5,520	19,872,000	1,987,200				
3,500	5,450	19,075,000	1,907,500				
2,300	4,610	10,603,000	1,060,300			하위점수	
3,700	5,590	20,683,000	2,068,300		1등	1,800,000	① 드래그
800	3,000	2,400,000	240,000		2등	2,250,000	
750	3,000	2,250,000	225,000		3등	2,400,000	② Enter
600	3,000	1,800,000	180,000		합계	6,450,000	
4,500	6,150	27,675,000	2,767,500		평균	=AVERAGE(J12:J14)	
3,500	5,450	19,075,000	1,907,500			AVERAGE(number1, [number2], ...)	
3,500	5,450	19,075,000	1,907,500				
42,250	73,070	224,589,000	22,458,900				

```
=AVERAGE(J14:J16)
```

중간값, 최빈값 구하기
– MEDIAN/MODE.SNGL

MEDIAN은 최대값과 최소값처럼 중간값을 구하는 함수로 데이터 범위의 중간에 놓인 값을 말합니다. 구해야 할 값이 짝수일 경우 중간 두 개 값의 평균을 구합니다. 즉 2, 4, 6, 9의 중간값은 4와 6의 평균값인 5가 됩니다. 그리고 MODE.SNGL(MODE) 함수는 최빈값이라 하며 가장 많이 표시된 빈도수를 말합니다.

Keyword 중간값 함수, MEDIAN, 최빈값 함수, MODE   **예제 파일** Part 3 \ 3–12.xlsx

함수 익히기	MEDIAN, MODE.SNGL(MODE)
함수 형식	=MEDIAN(number1, [number2], ……) =MEDIAN(범위1, 범위2, ……) =MODE.SNGL(number1, [number2], ……) =MODE.SNGL(범위1, 범위2, ……)
인수	• number : 숫자 데이터가 입력된 셀 또는 범위입니다. (함수 설명에 [ ]가 있으면 생략 가능한 인수입니다.)

01 중간값을 구하기 위해 [I6]셀을 클릭하고 '=M'을 입력합니다. 'M'으로 시작하는 함수들이 나열됩니다. 나열되는 함수 중에 'MEDIAN'을 더블클릭합니다.

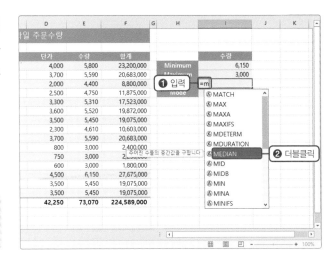

POINT
나열된 함수를 시작할 때는 더블클릭하거나 Tab을 누릅니다.

02 [E4:E18]을 선택하고 Enter를 누릅니다.

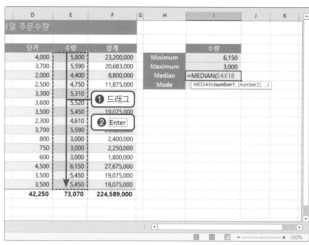

```
=MEDIAN(E4:E18)
```

POINT
한 개의 괄호만 사용했을 경우에는 닫는 괄호( ))를 입력하지 않고 Enter를 누르면 자동으로 괄호가 닫히고 결과를 확인할 수 있습니다.

03 최빈값을 구하기 위해 '=MO'를 입력합니다. 'M'만 입력하면 MODE 함수가 한눈에 보이지 않기 때문에 두 개의 글자를 입력한 것입니다.
'MODE.SNGL'을 선택합니다.

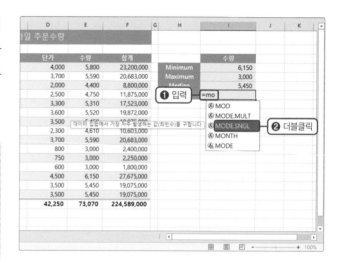

POINT
빈도가 높은 값을 구하는 것인데, 하나의 값만 구하려면 'MODE.SNGL(single)', 여러 개의 값을 구하려면 'MODE.MULT'를 선택합니다.
엑셀 2007까지는 MODE 함수였고, 엑셀 2010부터 MODE 함수 기능이 나눠지면서, MODE.SNGL 함수로 기존 MODE 함수와 동일한 기능을 사용할 수 있습니다.

04 함수가 시작되면 [E4:E18]을 선택하고 Enter를 누릅니다.

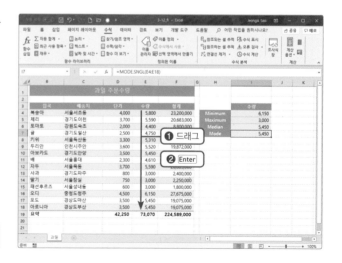

```
=MODE.SNGL(E4:E18)
```

기초 & 입력

서식 & 표

활용 기능

차트 & 응용

필터링 & 분석

매크로

참조 & 자동 계산

함수

정수 만들기
– INT/TRUNC

소수를 정수로 만드는 함수로 INT 함수와 TRUNC 함수가 있습니다. 소수점 이하를 버리고 정수로 만든다는 점은 같지만, 정수로 만드는 방식에는 차이가 있습니다. INT 함수는 소수점 이하를 버리는 것이 목적이고, TRUNC 함수는 자릿수를 지정할 수 있습니다.

Keyword INT 함수, TRUNC 함수, 자릿수 버림 　　　**예제 파일** Part 3\3-13.xlsx

---

함수 익히기 INT, TRUNC

함수 형식	=INT(number) =INT(수식이나 수) =TRUNC(number, num_digits) =TRUNC(수식이나 수, 자릿수)
인수	• number : 숫자, 입력될 셀 주소, 수식을 입력할 수 있습니다. • num_digits : 인수를 생략하면 0을 입력한 것과 같고, 자릿수를 지정합니다.

---

01 입력되어 있는 수를 변환하기 위해 [B4]셀을 클릭하고, '=INT('를 입력하여 함수를 시작합니다. [A4]셀을 클릭하여 셀을 참조합니다.

```
=INT(A4)
```

POINT
셀을 참조할 때는 현재 편집 중인 셀의 왼쪽 셀을 선택하기 위해 왼쪽 방향키(←)를 누릅니다.

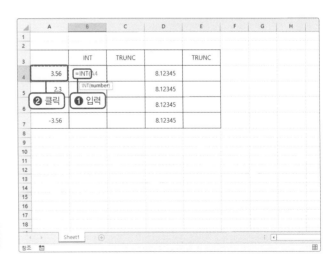

02 Enter를 눌러 수식을 완료하고 채우기 핸들을 더블클릭합니다.

POINT
INT 함수 결과는 2.3보다 작은 정수 2가 되고, −2.3보다 작은 정수 −3이 됩니다.

03 [C4]셀을 클릭하고, '=TR'을 입력합니다. [TRUNC]를 선택합니다.

POINT
마우스를 사용하면 더블클릭하고, 키보드를 사용하면 Tab을 누릅니다.

04 함수가 실행되면 [A4]셀을 클릭하여 수식을 완성합니다. 수식을 [C7]셀까지 복사합니다.

```
=TRUNC(A4)
```

POINT
[C4]셀에 있는 수를 소숫자리 없이 표현한 것으로, 생략한 것은 0을 쓴 것과 같습니다.

05 같은 방법으로 [E4]셀에 '=TRUNC (D4,1)'을 입력합니다.
D열에 있는 수를 소수 네 자리까지 표현하며 [E7]셀까지 채웁니다.

반올림, 올림, 내림하기
– ROUND/ROUNDUP/ROUNDDOWN

14

ROUND 계열 함수는 INT 함수와 다르게 정수 쪽에서도 반올림(ROUND), 올림(ROUNDUP), 내림(ROUNDDOWN) 할 수 있습니다. 그러기 위해서는 자릿값을 알아야 하는데 지금부터 배워 보겠습니다.

Keyword ROUND 함수, ROUNDUP 함수, ROUNDDOWN 함수 **예제 파일** Part 3\3-14.xlsx

함수 익히기	ROUND, ROUNDUP, ROUNDDOWN
함수 형식	=ROUND(number, num_digits) =ROUND(수식이나 수, 자릿수)
	=ROUNDUP(number, num_digits) =ROUNDUP(수식이나 수, 자릿수)
	=ROUNDDOWN(number, num_digits) =ROUNDDOWN((수식이나 수, 자릿수)
인수	• number : 숫자, 입력될 셀 주소, 수식을 입력할 수 있습니다. • num_digits : 자릿수를 지정합니다.

백의 자리	십의 자리	일의 자리	0의 자리	소수 첫째 자리	소수 둘째 자리
−3	−2	−1	0	1	2

01 평균수량을 십의 자리에서 반올림하기 위해 [G5]셀에 '=RO'를 입력합니다. ROUND 함수를 선택하고 Tab 을 눌러 함수를 표시합니다.

기본 & 입력

서식 & 표

활용 기능

차트 & 응용

필터링 & 분석

매크로

참조 & 자동 계산

함수

02 ROUND 함수 안에서 평균을 구하기 위해 다시 'AV'를 입력하여 AVERAGE 함수를 표시합니다.

03 평균에서 [D5:F5]을 선택하고 ')'를 입력합니다. 십의 자리에서 반올림하기 위해서 ' , −2)'를 입력합니다. Enter 를 누릅니다.

=ROUND(AVERAGE(D5:F5),−2)

POINT
AVERAGE 함수의 평균을 구하는 작업이 끝났으므로 함수의 끝을 알리는 괄호 ') '를 입력합니다.

04 [G5]셀을 클릭하고 채우기 핸들을 더블클릭합니다. 수식을 복사하고 [자동 채우기 옵션(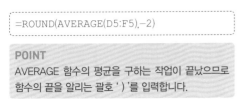)]-[서식 없이 채우기]를 클릭합니다.

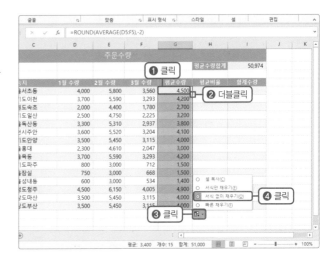

05 평균 비율을 소수 둘째 자리에서 내림하기 위해 '=RO'를 입력하고 ROUND DOWN 함수를 선택하여 실행합니다.

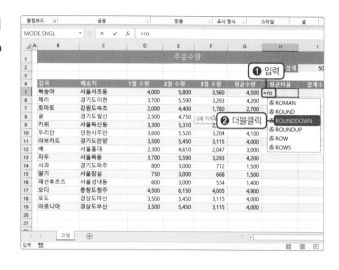

06 평균수량의 평균수량합계를 나누고, 소수 둘째 자리에서 내림합니다.

=ROUNDDOWN(G5/$I$2,2)

07 같은 방법으로 1월부터 3월까지의 수량의 합계를 백의 자리에서 올림합니다.

[H5:I5]을 선택하고 채우기 핸들을 더블클릭해서 수식을 복사합니다.

[자동 채우기 옵션(圖)]-[서식 없이 채우기]를 클릭합니다.

=ROUNDUP(SUM(D5:F5),-3)

번호 매기고 대응 값 곱해서 더하기 – ROW/SUMPRODUCT

ROW는 행의 번호를 알려주는 함수입니다. 그것을 이용해서 일련번호를 매길 수 있습니다. ROW 함수의 장점은 데이터가 삭제되거나 삽입되더라도 일련번호 변화 없이 행에 의해 번호가 매겨진다는 것입니다. SUMPRODUCT는 각각의 배열 또는 범위의 대응하는 값끼리 곱하고 다시 더해 주는 함수입니다.

Keyword ROW 함수, SUMPRODUCT 함수 **예제 파일** Part 3\3-15.xlsx

함수 익히기	ROW, SUMPRODUCT
함수 형식	=ROW(reference) =ROW(셀 또는 범위) =SUMPRODUCT(array1, [array2], ……) =SUMPRODUCT(범위1, [범위2], ……)
인수	• reference : 행 번호를 구하려는 셀 또는 범위를 나타냅니다. • array : 계산하려는 범위를 구합니다.

01 일련번호를 매기기 위해 [B14]셀에 '=ROW( )'를 입력합니다.

02 현재 14행에서 수식을 사용했기 때문에 ROW 함수의 결과값은 14입니다. 1로 변경하기 위해 '-13'을 입력합니다.

```
=ROW()-13
```

03 수식을 완성하면 [B14]셀에서 [B31]셀까지 드래그하여 수식을 복사합니다. 일련번호가 매겨졌습니다.

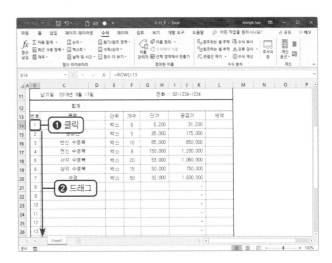

04 개수와 단가를 각각 곱하여, 값을 합계할 수 있는 함수를 시작합니다.
[D12]셀에서 '=SUMPRODUCT(' 함수를 시작하고 [F14 :F31], [G14:H31]을 각각 선택합니다. ')'를 입력하여 닫습니다.

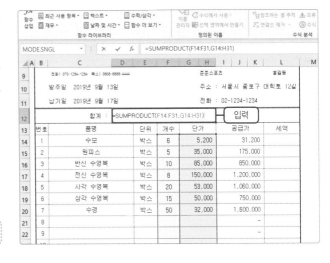

```
=SUMPRODUCT(F14:F31,G14:H31)
```

05 개수와 단가를 곱했으면 세액 10%가 추가되어야 하기 때문에 '*1.1'을 추가로 입력합니다.

```
=SUMPRODUCT(F14:F31,G14:H31)*1.1
```

06 표시 형식이 적용되어 있기 때문에 한 글로 된 결과를 확인할 수 있습니다.

무작위로 경품 추첨하기
– RAND/RANDBETWEEN

RAND 함수는 0과 1 사이의 난수를 표시합니다. RANDBETWEEN 함수는 지정한 두 개 값 사이의 난수를 표시합니다. 함수를 이용하여 경품을 추첨해 보겠습니다.

Keyword RAND, RANDBETWEEN, 경품 추첨   **예제 파일** Part 3\3-16.xlsx

함수 익히기	RAND, RANDBETWEEN
함수 형식	=RAND() 인수가 필요 없는 함수입니다.
	=RANDBETWEEN(bottom, top) =RANDBETWEEN(최소값, 최대값)
인수	• bottom : 난수를 표시할 수 있는 작은 값을 입력합니다. • top : 난수를 표시할 수 있는 큰 값을 입력합니다.

01 RAND 함수는 입력할 때마다 값이 변경되기 때문에 값을 지정해야 할 범위를 먼저 지정하고 입력해야 합니다. [E3:E78]을 선택합니다.

POINT
빈 셀을 선택해야 하기 때문에 [E3]셀을 클릭하고 Shift를 누른 채 [E78]셀을 클릭합니다.

02 '=RAND('를 입력하고 [Ctrl]+[Enter]를 누릅니다.

03 0보다 크고 1보다 작은 임의의 실수가 입력됩니다.

POINT
결과 값을 다시 수정할 때도 같은 범위를 지정하고 [Ctrl]+[Enter]를 누릅니다.

04 전체 인원수가 76명이기 때문에 1~3 등만 경품을 지급합니다. 1번부터 76번까지의 범위에서 임의의 정수를 뽑기 위해 [E3:E78]을 선택합니다.

05 '=RANDBETWEEN(1,76)'을 입력하고 Ctrl + Enter 를 누릅니다.

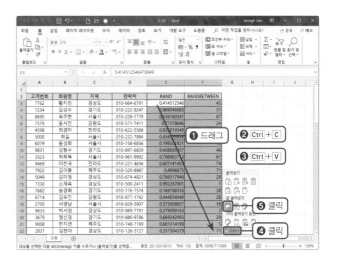

POINT

난수로 만들어진 수식은 셀 데이터나 그와 비슷한 F열을 입력해도 모두 다시 계산되어 다른 숫자로 새롭게 표시됩니다.

06 값이 계속 변경되기 때문에 고정하기 위해 [E3:F78]을 선택하고 Ctrl + C 를 눌러 복사합니다. Ctrl + V 를 눌러 붙여넣고 [붙여넣기 옵션( )]-[값( )]을 클릭합니다.

07 [F3]셀을 클릭하고 [홈] 탭-[편집] 그룹-[정렬 및 필터]-[숫자 오름차순 정렬]을 클릭합니다.

기본 & 입력

서식 & 표

활용 기능

차트 & 응용

필터링 & 분석

매크로

참조 & 자동 계산

함수

문자열 합치기
– CONCAT/CONCATENATE

CONCATENATE 함수는 문자열을 합치는 함수입니다. 엑셀 2019(오피스 365)에서 CONCAT 함수로 대치되었습니다. 사용 방법과 특징은 하위 버전 CONCATENATE 함수와 동일합니다. 예제에서는 CONCAT 함수를 사용하겠습니다.

Keyword CONCAT 함수, CONCATENATE 함수 　　　**예제 파일** Part 3\3-17.xlsx

---

함수 익히기 CONCAT, CONCATENATE

함수 형식	=CONCAT(text1, [text2], ……) =CONCAT(연결할 문자 또는 범위1, 연결할 문자 또는 범위2, ……)
	=CONCATENATE(text1, [text2], ……) =CONCATENATE(연결할 문자1, 연결할 문자2, ……)
인수	• text : 연결할 문자가 있는 셀 주소입니다. 　(최대 253개의 문자열을 연결할 수 있으며, CONCAT 함수는 범위 지정 가능)

01 텍스트를 합치기 위해 [F3]셀을 클릭하고, [수식] 탭-[함수 라이브러리] 그룹-[텍스트]-[CONCAT]를 클릭합니다.

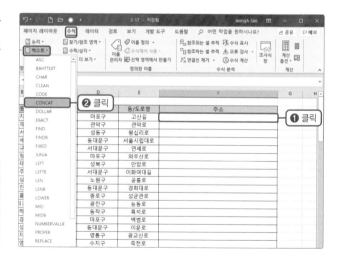

POINT
CONCATENATE 함수는 오피스 365 버전의 엑셀 2019 버전부터 없습니다. 텍스트를 연결하기 위해 사용하는 함수는 함수 마법사에서 시작하는 것이 편리합니다.

02 [함수 인수] 대화상자에서 Text1 인수를 [C3]셀로 지정하고, Text2 인수에 공백한 칸을 입력합니다.

Text3 인수를 [D3]셀로 지정하고, Text4 인수에 공백 한 칸을 입력합니다. Text5 인수를 [E3]셀로 지정합니다. [확인] 버튼을 클릭합니다.

=CONCAT(C3," ",D3," ",E3)

POINT
함수 마법사에서는 띄어쓰기만 입력하고 다음 칸으로 이동하면 자동으로 큰따옴표(" ")가 입력됩니다.

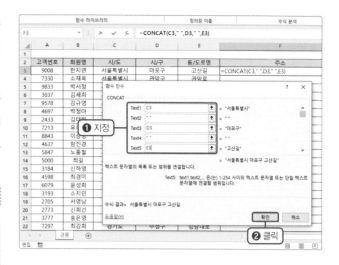

03 수식을 복사하고 결과를 확인합니다.

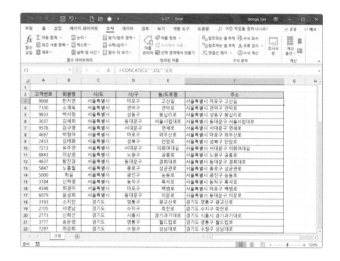

쌩초보 Level Up

범위 지정하여 수행하기

CONCAT 함수는 범위를 지정할 수 있기 때문에 [C3:E3]를 선택해도 됩니다.

기본 & 입력

서식 & 표

활용 기능

차트 & 응용

필터링 & 분석

매크로

참조 & 자동 계산

함수

길이 찾고, 대문자 구분하여 찾기 – LEN/FIND

LEN 함수는 글자 길이를 나타내는 함수이고, FIND 함수는 텍스트 안에서 특정 문자열을 찾을 수 있으며, 대소문자를 구분하여 찾을 수 있습니다.

Keyword LEN 함수, 글자 길이, FIND 함수, 대문자 찾기 **예제 파일** Part 3 \ 3-18.xlsx

함수 익히기	LEN, FIND
함수 형식	=LEN(text) =LEN(문자 개수를 구할 셀) =FIND(find_text, within_text, [start_num]) =FIND(찾을 문자, 찾을 문자가 있는 셀, 찾기 시작할 문자 위치)
인수	• find_text : 찾으려는 문자를 입력합니다. 문자는 큰따옴표(" ")를 사용합니다. • within_text : 찾으려는 문자가 있는 셀을 선택하거나 단어를 입력합니다. • [start_num] : 찾기 시작할 문자의 위치를 입력합니다. 생략하면 1로 지정됩니다.

01 도로명 글자 길이를 알기 위해서 [F3]셀을 클릭합니다. '=LEN('을 입력하고 도로명이 있는 [E3]셀을 클릭합니다. Enter를 눌러 수식을 완성합니다.

=LEN(E3)

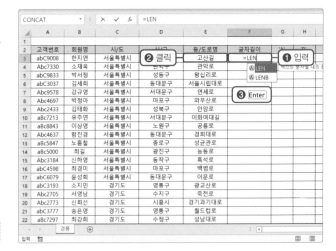

02 채우기 핸들을 이용하여 수식을 복사
합니다.

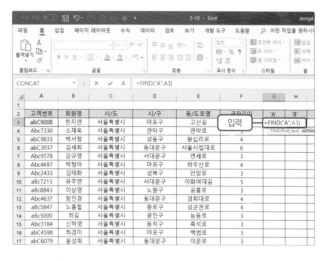

03 [G3]셀을 클릭하고 '=FIND('를 입력
니다.
찾을 문자열인 첫 번째 인수에 '"A"'를 입
력하고, 찾을 문자열이 있는 셀인 두 번째
인수에서는 [A3]셀을 클릭합니다. Enter 를
누르면 첫 번째 데이터에는 대문자 A가 없
기 때문에 오류가 표시됩니다.

```
=FIND("A", A3)
```

04 같은 방법으로 [H3]셀에 '=FIND("B",
A3)', [I3]셀에 '=FIND("C",A3)'을 입력합니
다. 수식을 복사하기 위해 [G3:I3]을 선택
하고 채우기 핸들을 이용하여 수식을 복
사합니다.

POINT
수식 오류를 없애기 위해서는 IFERROR 함수를 이용
할 수 있습니다.

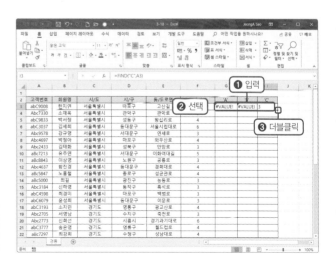

순위 매기기
– RANK.EQ/RANK.AVG

RANK 함수가 엑셀 2010부터 RANK.EQ 함수와 RANK.AVG 함수로 나뉘어졌습니다. RANK 함수는 엑셀 2019 함수 마법사에는 없지만 직접 입력하면 사용할 수 있습니다. RANK.EQ 함수와 RANK.AVG 함수는 둘 다 순위를 구하는 함수이지만 RANK.AVG 함수는 동점자일 때 평균 순위로 나타납니다.

Keyword RANK.EQ, RANK.AVG, RANK   **예제 파일** Part 3\3-19.xlsx

함수 익히기	RANK.EQ, RANK.AVG
함수 형식	=RANK.EQ(number, ref, [order]) =RANK.EQ(값, 범위, 옵션) =RANK.AVG(number, ref, [order] =RANK.AVG(값, 범위, 옵션)
인수	• number : 순위를 구하려는 숫자, 입력된 셀 값을 지정합니다. • ref : 순위를 구하기 위해 비교할 데이터 범위를 선택합니다. • [order] : 순위를 결정하는 옵션입니다. 생략하거나, 0을 입력하면 내림차순 1등으로 큰 값 순위를 구하고, 1을 입력하면 오름차순 10등으로 큰 값 순위를 구합니다.

01 순위를 구하기 위해 [H4]셀에 '=RANK. EQ('를 입력합니다.

02 number 인수 위치에서 [G4]셀을 클릭하고, ref 인수 위치에서 '$G$4:$G$38'를 절대 참조로 입력합니다. order 인수는 오름차순 순위를 구하기 때문에 생략하고 Enter 를 누릅니다.

```
=RANK.EQ(G4,$G$4:$G$38)
```

POINT
order에 '0'을 입력해도 똑같이 오름차순 순위를 구합니다.

D	E 파워포인트	F 워드	G 합계	H 순위	I 동점순위	J	K	L
95	89	❶ 클릭 89	273	=RANK.EQ(G4,$G$4:$G$38)	❷ 입력 후 Enter			
83	99	86	268	RANK.EQ(number, ref, [order])				
95	89	94	278					
96	79	85	260					
94	98	94	286					
93	95	85	273					
89	94	94	277					
82	93	94	269					
77	82	85	244					
85	91	89	265					
78	73	89	240					
77	81	95	253					
82	85	85	252					
79	86	65	230					
83	88	85	256					
86	99	95	280					
83	75	84	242					
94	77	86	257					
87	84	85	256					

03 같은 방법으로 동점 순위를 구해 보겠습니다. [I4]셀을 클릭하고 '=RANK.AVG('를 입력하여 함수를 시작합니다. number는 [G4]셀을 클릭하고, ref는 '$G$4:$G$38'을 절대 참조로 입력합니다. order는 오름차순 순위를 구하기 때문에 생략하고 Enter 를 누릅니다.

```
=RANK.AVG(G4,$G$4:$G$38)
```

D	E 파워포인트	F 워드	G 합계	H 순위	I 동점순위	J	K	L
95	89	89	273	7	=RANK.AVG(G4,$G$4:$G$38) 입력			
83	99	86	268		RANK.AVG(number, ref, [order])			
95	89	94	278					
96	79	85	260					
94	98	94	286					
93	95	85	273					
89	94	94	277					
82	93	94	269					
77	82	85	244					
85	91	89	265					
78	73	89	240					
77	81	95	253					
82	85	85	252					
79	86	65	230					
83	88	85	256					
86	99	95	280					
83	75	84	242					
94	77	86	257					
87	84	85	256					

04 수식을 복사하기 위해 [H4:I4]을 선택하고 채우기 핸들을 더블클릭합니다. 순위가 같을 때는 RANK.AVG 함수는 평균 순위를 표시합니다.

D	E 파워포인트	F 워드	G 합계	H 순위	I 동점순위	J	K	L
95	89	89	273	7	❶ 드래그			
83	99	86	268	13	13.5 ❷ 더블클릭			
95	89	94	278	4	4			
96	79	85	260	22	22			
94	90	94	286	1	1			
93	95	85	273	7	8			
89	94	94	277	5	5			
82	93	94	269	12	12			
77	82	85	244	31	31			
85	91	89	265	15	15.5			
78	73	89	240	33	33			
77	81	95	253	28	28			
82	85	85	252	29	29			
79	86	65	230	34	34			
83	88	85	256	25	26			
86	99	95	280	3	3			
83	75	84	242	32	32			
94	77	86	257	24	24			
87	84	85	256	25	26			

백분율 순위 구하기
– PERCENTRANK.INC

PERCENTRANK.INC 함수는 지정한 범위에 입력된 데이터를 0%부터 100%까지의 백분율로 나타내는 함수입니다. 백분율로 나타내야 하기 때문에 소수자릿수는 두 자리 이상 표시합니다.

Keyword PERCENTRANK.INC, 백분율 순위 　　　　**예제 파일** Part 3 \ 3-20.xlsx

함수 익히기	PERCENTRANK.INC
함수 형식	=PERCENTRANK.INC(array, x, [significance]) =PERCENTRANK.INC(범위, 값, 표시할 소수자릿수)
인수	• array : 백분율을 구하기 위해 비교할 데이터 범위를 선택합니다. • x : 순위를 구하려는 숫자, 입력된 셀 값을 지정합니다. • [significance] : 백분율 값의 나타내려는 소수자릿수를 지정합니다. 생략하면 세 번째 자릿수를 표시합니다.

01 백분율을 구하기 위해 [H4]셀을 클릭하고 PERCENTRANK.INC 함수를 시작합니다.

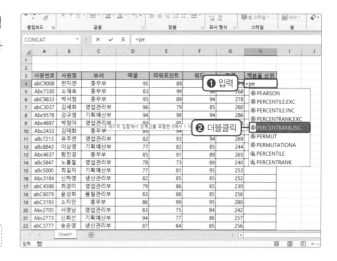

=PERCENTRANK.INC(

02 함수가 시작되면 array 위치에는 '$G$4:$G$38'을 입력하고 x에는 'G4', significance에는 '2'를 입력합니다. Enter 를 눌러 함수를 마칩니다.

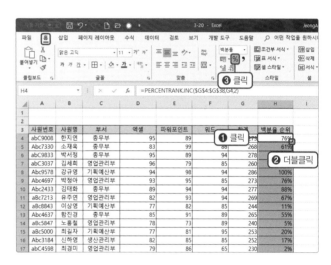

```
=PERCENTRANK.INC($G$4:$G$38,G4,2)
```

03 채우기 핸들을 이용하여 수식을 복사하고 [홈] 탭-[표시 형식] 그룹-[백분율 스타일(%)]을 클릭하여 적용합니다.

쌩초보 Level Up

PERCENTRANK.EXC 함수

PERCENTRANK.EXC 함수와 PERCENTRANK.INC 함수의 함수 사용 방법은 똑같지만, PERCENTRANK.INC 함수는 0%~100%까지의 순위를 나타내지만 PERCENTRANK.EXC 함수는 0과 100%를 제외한 사이 값으로 백분율 순위를 구합니다.

```
=PERCENTRANK.EXC($G$4:$G$38,G4,2)
```

기본 & 입력

서식 & 표

활용 기능

차트 & 응용

필터링 & 분석

매크로

참조 & 자동 계산

함수

개수 세기 – COUNT/COUNTA/COUNTBLANK

일정 범위 안에서 COUNT 함수는 숫자 개수를 구하고, COUNTA 함수는 숫자와 문자의 개수를 구할 수 있습니다. COUNTBLANK 함수는 빈 셀의 개수를 구할 수 있습니다.

Keyword COUNT 함수, COUNTA 함수, COUNTBLANK 함수   **예제 파일** Part 3\3-21.xlsx

---

함수 익히기	COUNT, COUNTA, COUNTBLANK 함수
함수 형식	=COUNT(value1, [value2], ……) =COUNTA(value1, [value2], ……) =COUNTBLANK(range) =COUNT(셀 범위1, [셀 범위2], ……) =COUNTA(셀 범위1, [셀 범위2], ……) =COUNTBLANK(셀 범위)
인수	• value : 개수를 구할 값이나 셀 범위를 지정합니다. • range : 빈 셀의 개수를 구할 셀 범위를 지정합니다.

01 출석일 수를 구하기 위해 [H4]셀을 클릭하고 COUNTA 함수를 입력합니다.

```
=COUNTA(
```

	A	B	C	D	E	F	G	H	I
1	출석부							입력	
2									
3	사원번호	사원명	부서	1일	2일	3일	기획안	출석일	
4	abC9008	한지연	총무부	O		O	95	=COUNTA(	
5	Abc7330	소재옥	총무부	O	O	O	83	COUNTA(value1, [val	
6	abC9833	박서정	총무부	O	O	O	95		
7	abC3037	김세희	영업관리부	O	O	O	96		
8	Abc9578	강규영	기획예산부		O	O			
9	Abc4697	박정아	영업관리부	O	O	O	93		
10	Abc2433	김태화	총무부	O	O	O	89		
11	aBc7213	유주연	영업관리부	O	O	O	82		
12	aBc8843	이상영	기획예산부		O				
13	Abc4637	함진경	총무부	O	O	O	85		
14	aBc5847	노홍철	영업관리부	O	O	O	78		
15	aBc5000	최길자	기획예산부	O	O	O	77		
16	Abc3184	신하영	생산관리부	O		O	82		
17	abC4598	최경미	영업관리부	O		O	79		
18	abC6079	윤성희	품질관리부	O		O	83		
19	abC3193	소지민	총무부	O					
20	Abc2705	서영남	영업관리부	O	O	O	83		
21	Abc2773	신희선	기획예산부	O	O	O	94		
22	abC3777	송은영	생산관리부	O	O		87		

02 함수가 시작되면 [D4:F4]를 선택하고 Enter 를 눌러 함수를 완성합니다. 채우기 핸들을 이용해서 수식을 복사합니다.

❶ 드래그 후 Enter ❷ 클릭 ❸ 더블클릭

```
=COUNTA(D4:F4)
```

03 기획안 제출 인원을 구하기 위해 [J4] 셀에 '=COUNT(G4:G38)'를 입력합니다. Enter 를 눌러 수식을 완성합니다.

입력 후 Enter
=COUNT(G4:G38)
COUNT(value1, [value2], …)

기획안 미제출인원

04 기획안 제출 인원을 구하기 위해 [J8] 셀에 '=COUNTBLANK(G4:G38)'을 입력합니다. Enter 를 눌러 수식을 완성합니다.

기획안 제출인원
28

기획안 미제출인원
입력 후 Enter
=COUNTBLANK(G4:G38)
COUNTBLANK(range)

조건에 만족하는 개수 구하기
– COUNTIF/COUNTIFS

S E C T I O N

22

COUNTIF 함수는 한 개의 조건을 만족하는 개수를 구할 때 사용하며, COUNTIFS 함수는 조건이 두 개 이상이어도 개수를 셀 수 있습니다. 함수 두 개를 모두 배우겠지만 평상시에는 COUNTIFS 함수만 사용하여도 무방합니다.

Keyword 조건에 맞는 개수 세기, COUNTIF 함수, COUNTIFS 함수   **예제 파일** Part 3 \ 3-22.xlsx

함수 익히기	COUNTIF, COUNTIFS
함수 형식	=COUNTIF(range, criteria) =COUNTIF(셀 범위, 조건) =COUNTIFS(criteria_range1, criteria1, [criteria_range2], [criteria2], ……) =COUNTIFS(셀 범위1, 조건1, 셀 범위2, 조건2, ……)
인수	• **range** : 조건과 비교해야 할 셀들의 범위를 선택합니다. • **criteria** : 개수를 구할 조건으로 셀 주소, 상수, 비교 연산자를 포함한 조건을 입력할 수 있습니다.

01 부서별 인원수를 구하기 위해 [H5]셀을 클릭합니다. COUNTIF 함수를 표시합니다.

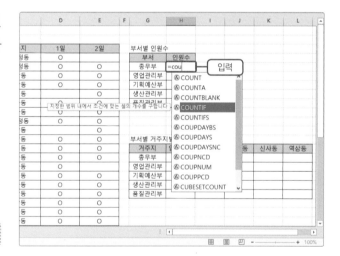

=COUNTIF(

02 함수가 시작되면 F4를 이용해 range 인수로 '$B$4:$B$38'를 입력하고, criteria 인수로 'G5'를 입력합니다. Enter를 눌러 함수 입력을 마칩니다.

```
=COUNTIF($B$4:$B$38,G5)
```

POINT
부서의 전체 범위에서 총무부와 같은 경우 개수를 구합니다. 왼쪽 방향키로 현재 편집 중인 셀의 왼쪽 셀을 선택합니다. 방향키를 눌렀을 때 커서가 움직인다면 F2를 눌러 변환한 다음 다시 방향키로 선택할 수 있습니다.

입력 후 Enter

B	C	D	E	F	G	H	I	J
부서	거주지	1일	2일		부서별 인원수			
무부	압구정동	O			부서	인원수		
무부	압구정동	O	O		총무부	=COUNTIF($B$4:$B$38,G5)		
무부	청담동		O		영업관리부	COUNTIF(range, criteria)		
관리부	청담동	O	O		기획예산부			
예산부	대치동		O		생산관리부			
관리부	신사동	O	O		품질관리부			
무부	신사동	O	O					
관리부	압구정동	O	O					
예산부	청담동		O					
무부	청담동	O	O		부서별 거주지별 인원수			
관리부	대치동	O	O			거주지	압구정동	청담동	대치동	신
예산부	신사동	O	O		총무부			
관리부	신사동	O			영업관리부			
관리부	대치동	O			기획예산부			
관리부	신사동	O			생산관리부			
무부	청담동	O	O		품질관리부			
예산부	대치동	O	O					
관리부	신사동	O	O					

03 채우기 핸들로 수식을 복사하여 인원수를 모두 구합니다.

	A	B	C	D	E	F	G	H	I
1	출석부								
2									
3	사원명	부서	거주지	1일	2일		부서별 인원수		
4	한지연	총무부	압구정동	O			부서	인원수	
5	소재욱	총무부	압구정동	O	O		총무부	12	
6	박서정	총무부	청담동	O	O		영	드래그	10
7	김세희	영업관리부	청담동	O	O		기		7
8	강규영	기획예산부	대치동		O		생산관리부		4
9	박정아	영업관리부	신사동	O	O		품질관리부		2
10	김태화	총무부	신사동	O	O				
11	유주연	영업관리부	압구정동	O	O				
12	이상영	기획예산부	청담동		O				
13	함진경	총무부	청담동	O	O		부서별 거주지별 인원수		
14	노홍철	영업관리부	대치동	O	O		거주지	압구정동	청담동
15	최길자	기획예산부	신사동	O	O		총무부		
16	신하영	생산관리부	신사동	O			영업관리부		
17	최경미	영업관리부	대치동	O			기획예산부		
18	윤성희	품질관리부	신사동	O			생산관리부		
19	소지민	총무부	청담동	O	O		품질관리부		
20	서영남	영업관리부	청담동	O	O				
21	신희선	기획예산부	대치동	O	O				
22	송은영	생산관리부	신사동	O	O				

준비 | 평균: 7 | 개수: 5 | 숫자 데이터 개수: 5 | 합계: 35

04 두 가지 조건인 부서, 거주지별 인원수를 구하기 위해서 [H14]셀을 클릭합니다. COUNTIFS 함수를 표시합니다.

1일	2일		부서별 인원수	
O			부서	인원수
O	O		총무부	12
O	O		영업관리부	10
O	O		기획예산부	7
	O		생산관리부	4
O	O		품질관리부	2
O	O			
O	O			
	O			
O	O		부서별 거주지별 인원수	
O	O		거주지	압구정동	청담동	대치동	신사동	역삼동
O	O		총무부	=COUNTIF				
O			영업	COUNTIF				
O				COUNTIFS				
O			생산관리부					
O	O		품질관리부					
O	O							

① 입력
범위 내에서 주어진 조건에 맞는 셀의 개수를 셉니다
② 더블클릭

```
=COUNTIFS(
```

05 함수가 시작되면 F4를 이용해 criteria_range1 인수에 '$B$4:$B$38'를 입력하고 criteria1 인수에 '$G15'를 입력합니다. 두 번째 조건인 criteria_range2 인수에 '$C$4:$C$38'를 입력하고 criteria2 인수에 'H$14'를 입력합니다. Enter를 눌러 함수 입력을 마칩니다.

```
=COUNTIFS($B$4:$B$38,$G15,$C$4:$C$38
,H$14)
```

POINT
부서 전체 범위 중 총무부와 같고, 거주지 전체 범위에서 압구정동과 같은 경우 개수를 구합니다.

06 [H15]셀 채우기 핸들을 [L15]셀까지 드래그하여 수식을 복사합니다. [H15:L15]이 선택된 상태로 채우기 핸들을 더블클릭하면 전체 데이터 수식이 복사됩니다.

POINT
부서는 [H15], [H16], [H17], …… 셀을 선택해야 하기 때문에 H열을 고정하고, 거주지는 [H14], [I14], [J14], ……를 선택해야 하기 때문에 14행을 고정합니다.

조건에 만족하는 합계 구하기 – SUMIF/SUMIFS

합계를 구하는데 조건이 있는 경우 IF나 IFS 함수를 추가하여 SUMIF, SUMIFS 함수를 사용합니다. 전체 합계가 아니라 합계를 구해야 하는데 조건이 하나인 경우는 SUMIF를 사용합니다. 조건이 하나이거나 두 개 이상인 경우에는 SUMIFS를 사용합니다.

Keyword SUMIF 함수, SUMIFS 함수, 조건에 만족하는 합계 　　**예제 파일** Part 3 \ 3-23.xlsx

함수 익히기	SUMIF, SUMIFS 함수
함수 형식	=SUMIF(range, criteria, [sum_range]) =SUMIF(조건 범위, 조건, 합을 구할 범위) =SUMIFS(sum_range, criteria_range1, criteria1, [criteria_range2], [criteria2], ……) =SUMIFS(합을 구할 범위, 조건 범위1, 조건1, 조건 범위2, 조건2, ……)
인수	• sum_range : 합을 구할 범위, SUMIF 함수는 조건 범위와 합을 구할 범위가 같으면 생략 가능합니다. • range : 조건과 비교해야 할 셀들의 범위를 선택합니다. • criteria : 개수를 구할 조건으로 셀 주소, 상수, 비교 연산자를 포함한 조건을 입력할 수 있습니다.

01 부서별 합계를 구하기 위해 [I5]셀에 SUMIF 함수를 표시합니다.

```
=SUMIF(
```

02 F4 를 이용해 range 인수에 '$B$4:$B$38', criteria 인수에 'H5', sum_range 인수에 '$F$4:$F$38'를 입력하고, Enter 를 눌러 함수 입력을 마칩니다.

```
=SUMIF($B$4:$B$38,H5,$F$4:$F$38)
```

POINT
부서의 전체 범위 중 총무부랑 같을 때 총무부의 합계 범위를 더합니다.

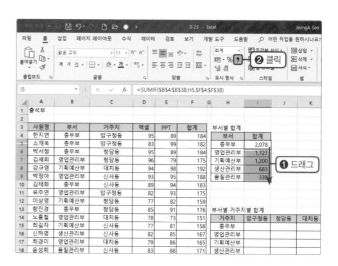

03 채우기 핸들로 수식을 복사하여 부서별 합계를 모두 구합니다.
합계한 금액이 세 자리가 넘기 때문에 [홈]탭-[표시 형식] 그룹-[쉼표 스타일( )]을 클릭하여 적용합니다.

04 부서, 거주지별 합계를 구하기 위해 [I15]셀을 클릭하고 SUMIFS 함수를 표시합니다.

```
=SUMIFS(
```

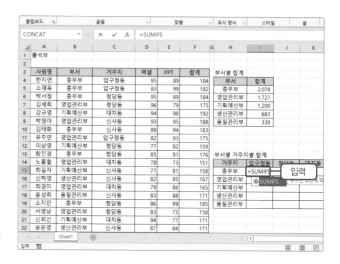

05 함수가 시작되면 F4를 이용해 sum_range 인수에 '$F$4:$F$38', criteria_range1 인수에 '$B$4:$B$38', criteria1 인수에 '$H15', criteria_range2 인수에 '$C$4:$C$38', criteria2 인수에 'I$14'를 입력합니다. Enter를 눌러 함수 입력을 마칩니다.

```
=SUMIFS($F$4:$F$38,$B$4:$B$38,$H15,$C$
4:$C$38,I$14)
```

POINT
계산 범위를 먼저 지정하고, 부서의 전체 범위 중 총무부랑 같고 거주지의 전체 범위 중 압구정동과 같으면 계산 범위 합계를 구합니다.

06 [I15]셀의 수식을 복사하기 위해 채우기 핸들을 [M15]셀까지 드래그합니다. 수식 복사한 [I15:M15]이 선택된 채로 채우기 핸들을 더블클릭하면 전체 데이터 수식이 복사됩니다.

POINT
부서는 [H15], [H16], [H17], …… 셀을 선택해야 하기 때문에 H열을 고정하고, 거주지는 [I14], [J14], [K14], …… 셀을 선택해야 하기 때문에 14행을 고정합니다.

함수 조건에 만족하는 평균 구하기
– AVERAGEIF/AVERAGEIFS

24

평균을 구하는데 조건이 있는 경우 IF나 IFS 함수를 추가하여 AVERAGEIF, AVERAGEIFS 함수를 사용합니다. 전체 평균이 아니라 평균을 구해야 하는데 조건이 하나인 경우는 AVERAGEIF를 사용합니다. 전체 평균이 아니라 평균을 구해야 하는데 조건이 하나이거나, 두 개 이상인 경우에는 AVERAGEIFS를 사용합니다.

Keyword AVERAGEIF, AVERAGEIFS, 조건에 만족하는 평균   **예제 파일** Part 3\3-24.xlsx

---

함수 익히기	AVERAGEIF, AVERAGEIFS
함수 형식	=AVERAGEIF(range, criteria, [sum_range]) =AVERAGEIF(조건 범위, 조건, 평균을 구할 범위) =AVERAGEIFS(sum_range, criteria_range1, criteria1, [criteria_range2], [criteria2], ……) =AVERAGEIFS(평균을 구할 범위, 조건 범위1, 조건1, 조건 범위2, 조건2, ……)
인수	• sum_range : 평균을 구할 범위, AVERAGEIF 함수는 조건 범위와 평균을 구할 범위가 같으면 생략 가능합니다. • range : 조건과 비교할 셀들의 범위를 선택합니다. • criteria : 개수를 구할 조건으로 셀 주소, 상수, 비교 연산자를 포함한 조건을 입력할 수 있습니다.

01 부서별 평균을 구하기 위해 [I5]셀에 AVERAGEIF 함수를 표시합니다.

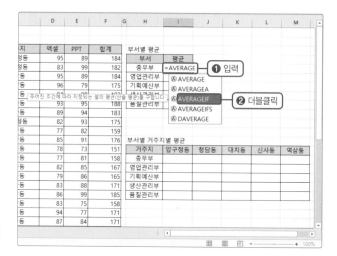

```
=AVERAGEIF(
```

02 F4를 이용해 range 인수에 '$B$4:$B$38', criteria 인수에 'H5', sum_range 인수에 '$F$4:$F$38'를 입력하고, Enter를 눌러 함수 입력을 마칩니다.

```
=AVERAGEIF($B$4:$B$38,H5,$F$4:$F$38)
```

POINT
부서의 전체 범위 중 총무부랑 같을 때 총무부 합계 범위 평균을 구합니다.

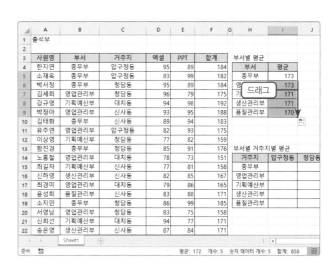

03 채우기 핸들로 수식을 복사하여 부서별 평균을 모두 구합니다.

04 부서, 거주지별 평균을 구하기 위해 [I15]셀에 AVERAGEIFS 함수를 표시합니다.

```
=AVERAGEIFS(
```

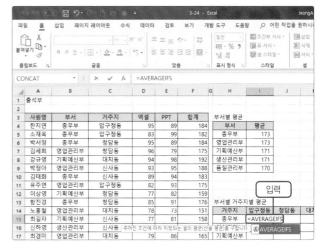

기본 & 입력

서식 & 표

활용 기능

차트 & 응용

필터링 & 분석

매크로

참조 & 자동 계산

함수

05 `F4`를 이용해 average_range 인수에 '$F$4:$F$38', criteria_range1 인수에 '$B$4:$B$38', criteria1 인수에 'H15', criteria_range2 인수에 '$C$4:$C$38', criteria2 인수에 'I$14'를 입력하고, `Enter`를 눌러 함수 입력을 마칩니다.

```
=AVERAGEIFS($F$4:$F$38,$B$4:$B$38,$H1
5,$C$4:$C$38,I$14)
```

POINT

계산 범위를 먼저 지정하고, 부서의 전체 범위 중 총무부랑 같고 거주지의 전체 범위 중 압구정동과 같으면 계산 범위 평균을 구합니다.

06 [I15]셀 채우기 핸들을 [M15]셀까지 드래그하여 복사합니다.

수식 복사한 [I15:M15]가 선택된 채로 채우기 핸들을 더블클릭하면 전체 데이터에 수식이 복사됩니다.

POINT

부서는 [H15], [H16], [H17], …… 셀을 선택해야 하기 때문에 H열을 고정하고, 거주지는 [I14], [J14], [K14], …… 셀을 선택해야 하기 때문에 14행을 고정합니다.

거주지	압구정동	청담동	대치동	신사동	역삼동
총무부	184	170	183	164	176.5
영업관리부	176	166.5	171	188	176
기획예산부	175.5	169	171	158	159
생산관리부	169	176	192	167	171
품질관리부	182	184	154	171	168

도수분포표(빈도수) 만들기
– FREQUENCY

FREQUENCY 함수는 이름에서 알 수 있듯이 선택한 범위 안에 특정 값의 발생 빈도를 계산해 주는 배열 함수입니다. 각 구간별로 그 범위 안에 있는 데이터가 몇 개가 있는지 알 수 있는 함수이며 배열 함수이기 때문에 범위를 선택하고 시작해서 Ctrl + Shift + Enter 를 눌러 끝내야 합니다.

Keyword FREQUENCY, 도수분포표, 빈도수 **예제 파일** Part 3 \ 3–25.xlsx

함수 익히기	FREQUENCY 함수
함수 형식	=FREQUENCY(data_array, bins_array) =FREQUENCY(데이터 범위, 구간 범위)
인수	• data_array : 빈도수를 구하려는 데이터가 있는 범위를 선택합니다. • bins_array : 구간별로 개수를 구하기 위해 구분해 놓은 범위를 선택하며, 입력된 값보다 작거나 같은 값의 빈도수를 구합니다.

01 함수에서 사용할 범위의 이름을 미리 정의하기 위해 [D3:E38]을 선택하고 [수식] 탭-[정의된 이름] 그룹-[선택 영역에서 만들기]를 클릭합니다.

[선택 영역에서 이름 만들기] 대화상자에서 '첫 행'에 체크 표시하여 선택하고 [확인] 버튼을 클릭합니다.

POINT
첫 행에 입력된 열의 제목으로 이름이 정의됩니다.

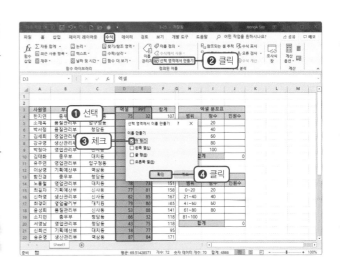

02 이름 정의가 완료되면 [이름 상자]의 목록 아이콘을 클릭합니다. '엑셀', 'PPT' 라는 이름이 정의된 것을 확인할 수 있습니다.

이름을 클릭하면 이름이 정의된 범위가 선택됩니다.

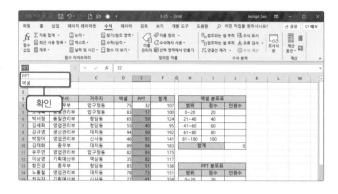

03 정의된 이름으로 함수를 사용하기 위해 [J5:J9]를 선택하고 '=FR'을 입력한 다음 FREQUENCY 함수를 선택합니다.

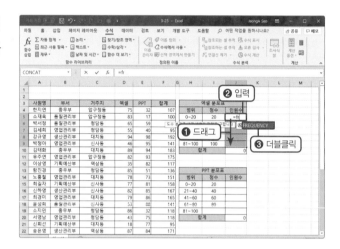

04 함수가 시작되면 data_array 인수에 이름을 정의해 놓은 '엑셀'을 입력하고, bins_array 인수에 'I5:I9'를 입력합니다. 수식 작성이 완료되면 Ctrl + Shift + Enter 를 누릅니다.

점수대별 인원수가 구해지고 배열 수식의 특징으로 완성했기 때문에 중괄호({ })가 표시됩니다.

{=FREQUENCY(엑셀,I5:I9)}
(이름 정의된 엑셀 범위 중에 0~20까지의 개수, 21~40까지의 개수, ……)

POINT
배열 수식이기 때문에 처음 수식을 사용할 때나 수정할 때도 Ctrl + Shift + Enter 를 눌러 완성해야 합니다.

05 같은 방법으로 PPT 분포표를 구하기 위해 [J15:J19]를 선택합니다. '=FREQUENCY(ppt,I15:I19'가 입력되면 Ctrl + Shift + Enter 를 눌러 함수 입력을 마칩니다.

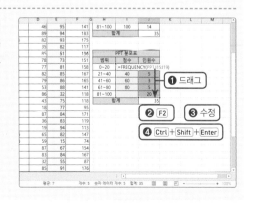

{=FREQUENCY(PPT,I15:I19)}
(이름 정의된 PPT 범위 중에 0~20까지의 개수, 21~40까지의 개수, ……)

POINT
구간별 점수 중 [I19]셀에 점수가 입력되어 있지 않지만 남은 마지막 점수가 81~100점대이기 때문에 자동으로 인식됩니다.

쌩초보 Level Up

배열 함수를 수정할 때

FREQUENCY 함수를 처음에 입력할 때도 범위를 지정하고 시작해서 Ctrl + Shift + Enter 를 눌러 끝냈듯이 이를 수정할 때도 똑같이 범위를 지정하고 F2 기능키를 눌러 편집 모드 상태에서 수정하고 Ctrl + Shift + Enter 를 눌러 마무리합니다.

조건에 맞는 결과 값
입력하기 – IF

IF 함수는 정말 많이 사용하는 함수로, 조건을 제시하여 비교한 후 값이 만족하면 참(TRUE)을, 값이 만족하지 않으면 거짓(FALSE)을 반환합니다.

Keyword IF, 조건, 참 값, 거짓 값   **예제 파일** Part 3\3-26.xlsx

함수 익히기 IF

함수 형식	=IF(logical_test, [value_if_true], [value_if_false]) (=IF(조건식, 참일 때의 값, 거짓일 때의 값))
인수	• logical_test : 참과 거짓을 판단할 수 있는 수식이나 비교 연산자(〉, 〈, 〉=, 〈=, 〈〉)를 사용합니다. • [value_if_true] : 조건의 결과가 참일 때 입력할 값이나 수식. 생략하면 TRUE가 입력됩니다. • [value_if_false] :조건의 결과가 거짓일 때 입력할 값이나 수식. 생략하면 FALSE가 입력됩니다.

01 평균이 80점 이상이면 합격, 평균이 80점 미만이면 불합격입니다. 합격 여부를 구하기 위해 [J4]셀을 클릭하고 IF 함수를 표시합니다.

파워포인트	워드	실기	합계	평균	합격여부	
89	89	A	273	91	=IF	
95						
89	94	D	278	93		
79	85	B	260	87		
98	94	E	286	95		
95	85	B	273	91		
94	94	A	277	92		
93	94	C	269	90		
82	85	C	244	81		
91	89	D	265	88		
73	89	A	240	80		
81	95	B	253	84		
85	85	B	252	84		
86	65	D	230	77		
88	85	B	256	85		
99	95	C	280	93		
75	84	C	242	81		
77	86	D	257	86		
84	85	C	256	85		

=IF(

02 함수가 시작되면 logical_test 인수에 'I4>=80', value_if_true 인수에 "합격", value_if_false 인수에 "불합격"을 입력합니다.

=IF(I4>=80,"합격", "불합격")

POINT
평균이 80점 이상이면 합격을 입력하고, 평균이 80점 미만이면 불합격을 입력합니다.

03 완성된 수식을 복제합니다.

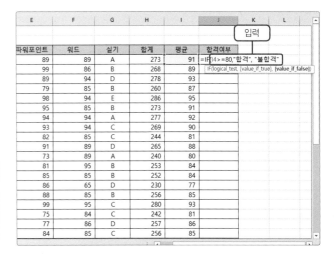

두 개 이상의 조건으로 비교하기 – AND/OR

IF 함수를 사용할 때 조건을 여러 개 입력해야 하는 경우가 있습니다. 두 개 이상의 조건을 입력하는데 모두 만족해야 한다면 AND 함수를 추가 사용하고, 한 개만 만족해도 된다면 OR 함수를 추가 사용할 수 있습니다.

Keyword 조건 두 개 이상, AND 함수, OR 함수   **예제 파일** Part 3\3-27.xlsx

함수 익히기	AND, OR
함수 형식	=AND(logical1, [logical2], ……) =AND(조건1, 조건2, ……) =OR(logical1, [logical2], ……) =OR(조건1, 조건2, ……)
인수	• logical : 참과 거짓을 판단할 수 있는 수식이나 비교 연산자(〉, 〈, 〉=, 〈=, 〈〉)를 사용합니다.

01 실기 점수가 A이고, 평균이 80점 이상인 경우에는 150,000을 지급하고, 그렇지 않으면 빈칸을 입력하기 위해 [J4]셀을 클릭하고 IF 함수를 표시합니다.

```
=IF(
```

기본 & 입력

서식 & 표

활용 기능

차트 & 응용

필터링 & 분석

매크로

참조 & 자동 계산

함수

02 IF 조건을 두 개를 나열해야 하기 때문에 바로 AND 함수를 시작합니다. AND 함수에서 logical1 인수에 'G4="a",' 를 입력합니다.

=IF(AND(G4="A",

POINT
입력한 조건이 문자이기 때문에 큰따옴표(" ")를 입력해야 하며, 대소문자를 구분하지 않습니다.

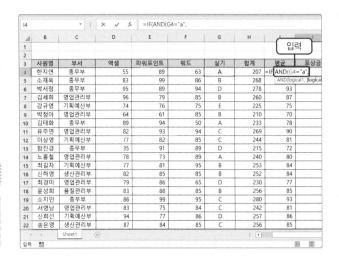

사원명	부서	엑셀	파워포인트	워드	실기	합계	평균	포상금
한지연	총무부	55	89	63	A	207		
소재욱	총무부	83	99	86	B	268		
박서정	총무부	95	89	94	D	278	93	
김세희	영업관리부	96	79	85	B	260	87	
강규영	기획예산부	74	76	75	E	225	75	
박정아	영업관리부	64	61	85	B	210	70	
김태화	총무부	89	94	50	A	233	78	
유주연	영업관리부	82	93	94	C	269	90	
이상영	기획예산부	77	82	85	C	244	81	
함진경	총무부	35	91	89	D	215	72	
노홍철	영업관리부	78	73	89	A	240	80	
최길자	기획예산부	77	81	95	B	253	84	
신하영	생산관리부	82	85	85	A	252	84	
최경미	영업관리부	79	86	65	D	230	77	
윤성희	품질관리부	83	88	85	B	256	85	
소지민	총무부	86	99	95	C	280	93	
서영남	영업관리부	83	75	84	C	242	81	
신희선	기획예산부	94	77	86	D	257	86	
송은영	생산관리부	87	84	85	C	256	85	

03 두 번째 조건인 logical2 인수에 'I4>=80'을 입력하고, 조건을 입력해야 하는 과정이 끝났기 때문에 괄호를 입력하여 AND 함수를 닫아 줍니다.

=IF(AND(G4="A",I4)=80)

POINT
AND 함수를 사용할 때는 풍선 도움말이 AND 함수였지만 괄호를 닫으면 IF 함수 도움말로 변경됩니다.

파워포인트	워드	실기	합계	평균	포상금	과락
89	63	A	207	=IF(AND(G4="a",I4>=80)		
99	86	B	268			
89	94	D	278	93		
79	85	B	260	87		
76	75	E	225	75		
61	85	B	210	70		
94	50	A	233	78		
93	94	C	269	90		
82	85	C	244	81		
91	89	D	215	72		
73	89	A	240	80		
81	95	B	253	84		
85	85	B	252	84		
86	65	D	230	77		
88	85	B	256	85		
99	95	C	280	93		
75	84	C	242	81		
77	86	D	257	86		
84	85	C	256	85		

04 IF 함수에서는 조건 나열이 끝났기 때문에 쉼표(,)를 입력하고, value_if_true 인수에 '150000', value_if_false에 큰따옴표(" ")만 입력합니다.

=IF(AND(G4="a",I4)=80),150000,"")
(실기 점수가 A이고, 평균이 80점 이상인 경우에는 150,000을 지급하고, 그렇지 않으면 빈 칸 입력)

POINT
value_if_true 인수의 150000은 숫자이기 때문에 큰따옴표를 입력하지 않습니다. 만약 큰따옴표를 입력했다면 숫자가 아닌 문자 150000으로 변경됩니다.

파워포인트	워드	실기	합계	평균	포상금	과락
89	63	A	207	=IF(AND(G4="a",I4>=80), 150000,"")		
99	86	B	268	89		
89	94	D	278	93		
79	85	B	260	87		
76	75	E	225	75		
61	85	B	210	70		
94	50	A	233	78		
93	94	C	269	90		
82	85	C	244	81		
91	89	D	215	72		
73	89	A	240	80		
81	95	B	253	84		
85	85	B	252	84		
86	65	D	230	77		
88	85	B	256	85		
99	95	C	280	93		
75	84	C	242	81		
77	86	D	257	86		
84	85	C	256	85		

05 엑셀, 파워포인트, 워드의 점수에 40점 미만이 있는 경우 '●'를 입력하고 각각 점수가 40점 이상이면 빈칸을 입력해 보겠습니다.

함수를 시작하기 위해 [K4]셀을 클릭하고 IF 함수를 표시합니다.

```
=IF(
```

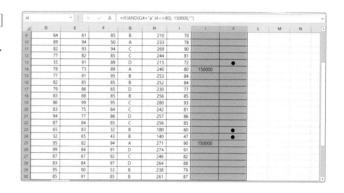

06 엑셀, 파워포인트, 워드 각각의 과목을 40점과 비교해야 하기 때문에 '=IF(OR(D4<40,E4<40,F4<40),"●","")'을 입력합니다.

07 적용된 수식을 복사하기 위해 [J4:K4]를 선택하고 채우기 핸들을 더블클릭합니다.

쌩초보 Level Up

마지막 괄호를 입력하지 않은 경우

괄호가 두 개 이상 들어간 수식에서 마지막에 괄호를 입력하지 않았더라도 Enter 를 누르면 경고 대화상자가 표시되며 수식이 수정됩니다.

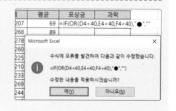

두 개 이상의 조건으로 비교하여
다른 값 입력하기 – 중첩 IF/IFS

두 개 이상의 조건으로 비교해야 할 때 조건별로 입력해야 하는 값이 여러 개라면 중첩 IF 함수를 사용하거나 IFS 함수를 사용할 수 있습니다. IFS 함수는 중첩 함수와 같은 기능을 하지만 중첩 함수처럼 IF를 여러 번 입력하지 않아도 되는 장점이 있습니다. IFS 함수는 엑셀 2019(오피스 365) 이상에서만 사용할 수 있습니다.

Keyword 중첩 IF 함수, IFS 함수　　　　　**예제 파일** Part 3 \ 3-28.xlsx

함수 익히기	IFS
함수 형식	=IFS(logical_test1, value_if_true1, [logical_test2], [value_if_true2], ……) =IFS(조건식1, 값 1, [조건식2], [값 2], ……)
인수	• logical_test : 참과 거짓을 판단할 수 있는 수식이나 비교 연산자(>, <, >=, <=, <>)를 사용합니다. • value_if_true : 조건의 결과가 참일 때 입력할 값이나 수식입니다.

01 실기 점수가 A이면 30만 원, B이면 15만 원, C이면 10만 원, D이면 0을 입력하기 위해 [J4]셀에 IFS 함수를 표시합니다.

=IFS(

02 IFS 함수가 시작되면 첫 번째 조건으로 logical_test 인수에 'G4="A"', value_if_true 인수에 '300000'을 입력합니다. 쉼표(,)를 입력합니다.

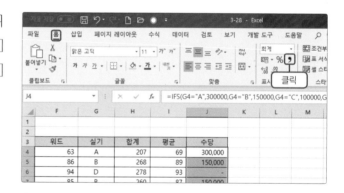

```
=IFS(G4="A",300000,
```

03 나머지 조건을 입력합니다. 괄호를 닫고 [Enter]를 눌러 함수를 완성합니다.

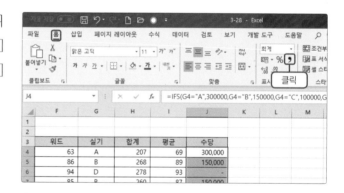

```
=IFS(G4="A",300000,G4="B",150000,G4="C",
100000,G4="D",0)
```

04 수식을 복사하여 함수를 완성합니다. 결과 값이 세 자리가 넘기 때문에 [홈] 탭-[표시 형식] 그룹-[쉼표 스타일(﹐)]을 클릭하여 적용합니다.

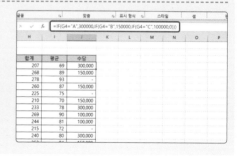

IF 함수를 여러 번 써야 하는 중첩 IF 함수

엑셀 2016 이하 버전을 사용한다면 중첩 IF 함수를 사용해야 합니다. IFS 함수와 방식은 같지만 false 값에 IF 함수가 추가 입력되어야 한다는 점과, 중간에 괄호를 닫지 않고 마지막에 괄호를 닫아야 한다는 점을 주의해야 합니다.

```
=IF(G4="A",300000,IF(G4="B",150000,IF(G4="C",100000,0)))
```

오류 해결하기
– IFERROR

간단한 수식이나 함수를 사용했는데 간혹 결과가 오류가 나는 경우가 있습니다. 오류가 표시되는 것을 없애고 원하는 형식의 값을 표시하기 위해서 사용하는 함수로, 오류가 없을 때는 첫 번째 인수가 실행됩니다. 오류면 두 번째 제시한 값이 실행됩니다.

Keyword 오류 해결, IFERROR 함수   **예제 파일** Part 3 \ 3-29.xlsx

함수 익히기	IFERROR
함수 형식	=IFERROR(value, value_if_error) =IFERROR(값이나 수식, 오류를 대체할 값이나 수식)
인수	• value : 원래 수행할 수식이나 값, 오류가 없을 때 실행되야 하는 수식입니다. • value_if_error : 결과가 오류인 경우 대체할 값이나 수식입니다.

01 FIND 함수 결과에 오류가 나면 빈 칸을 대체하기 위해 [G3]셀을 클릭하고 '=' 다음을 클릭합니다. IFERROR 함수를 시작합니다.

```
=IFERROR(FIND("A",A3)
```

시/구	동/도로명	글자길이	'A'	'B'	'C'
마포구	고산길	추가	=IFERRORFIND("A",A3)		
성동구	왕십리로	4	#VALUE!	#VALUE!	3
동대문구	서울시립대로	6	#VALUE!	#VALUE!	3
서대문구	연세로	3	1	#VALUE!	#VALUE!
마포구	와우산로	4	1	#VALUE!	#VALUE!
성북구	안암로	3	1	#VALUE!	#VALUE!
서대문구	이화여대길	5	#VALUE!	2	#VALUE!
노원구	공릉로	3	#VALUE!	2	#VALUE!
동대문구	경희대로	4	1	#VALUE!	#VALUE!
종로구	성균관로	4	#VALUE!	2	#VALUE!
광진구	능동로	3	#VALUE!	2	#VALUE!
동작구	흑석로	3	1	#VALUE!	#VALUE!
마포구	백범로	3	1	#VALUE!	3
동대문구	이문로	3	#VALUE!	#VALUE!	3
영통구	광교신로	4	#VALUE!	#VALUE!	3
수지구	죽전로	3	1	#VALUE!	#VALUE!
시흥시	경기과기대로	6	1	#VALUE!	#VALUE!
영통구	월드컵로	4	#VALUE!	#VALUE!	3

=IFERROR(FIND("A",A3)

02 IFERROR 함수에 원래 있었던 수식을 그대로 두고, 수식 끝을 클릭합니다. vlaue_if_error 인수를 입력하기 위해 쉼표(,)를 입력합니다.

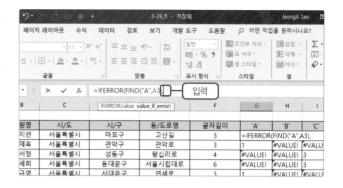

03 오류가 난 경우 빈칸으로 대체하기 위해 큰따옴표(" ")를 입력하고 괄호())를 닫아 줍니다.

```
=IFFEROR(FIND("A",A3),"")
```

04 같은 방법으로 [H3]셀에 '=IFERROR (FIND("B",A3),"")', [I3]셀에 '=IFERROR (FIND("C",A3),"")'를 입력합니다.

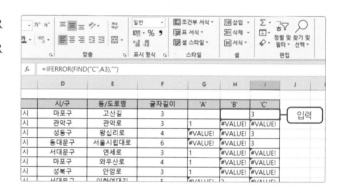

05 [G3:I3]을 선택하고 채우기 핸들을 이용해 수식을 복사합니다.

데이터 분리하기
– LEFT/MID/RIGHT

특정 셀에 여러 가지 데이터가 입력되어 있는 경우 분리하는 함수가 LEFT 함수, MID 함수, RIGHT 함수입니다. LEFT 함수는 왼쪽부터, MID 함수는 지정한 위치부터, RIGHT 함수는 오른쪽부터 문자를 추출할 수 있습니다.

Keyword LEFT, MID, RIGHT **예제 파일** Part 3 \ 3-30.xlsx

함수 익히기	LEFT, MID, RIGHT
함수 형식	=LEFT(text, [num_chars]) =LEFT(셀 주소, 추출할 문자의 개수) =RIGHT(text, [num_chars]) =RIGHT(셀 주소, 추출할 문자의 개수) =MID(text, start_num, num_chars) =MID(셀 주소, 추출할 문자의 위치, 추출할 문자의 개수)
인수	• text : 추출할 문자가 있는 문자 또는 셀 주소입니다. • start_num : 추출하려는 문자의 시작 위치입니다. • num_chars : 추출하려는 문자의 개수입니다(LEFT, RIGHT 함수는 한 글자를 추출할 때 생략 가능).

01 D열에 회원명과 주민등록번호가 있는데 그중에서 회원명을 추출하기 위해 [E5]셀을 클릭합니다. LEFT 함수를 시작합니다.

02 text 인수에 사원명이 입력되어 있는 셀인 'D5'를 입력합니다. 추출하려는 글자 개수를 설정하기 위해 num_chars에 '3'을 입력하고 Enter 를 누릅니다.

```
=LEFT(D5,3)
```

POINT
RIGHT 함수도 사용 방법은 같습니다.

03 [E5]셀 채우기 핸들을 더블클릭합니다. B열에 사원번호가 있는데 그중에서 숫자로 된 사원 코드만 추출하려고 합니다. [C5]를 클릭하고 추출하려는 문자가 중간에 있을 때 사용하는 MID 함수를 시작합니다.

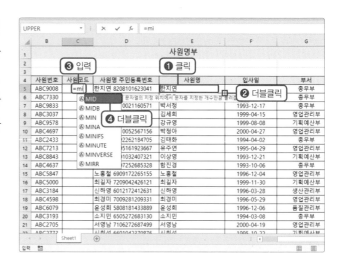

04 함수가 시작되면 text 인수에 추출하려는 문자가 들어있는 셀인 'B5', start_num 인수는 네 번째부터 시작되어 '4', num_chars 인수는 총 네 글자를 추출하기 때문에 '4'를 입력합니다.
Enter 를 눌러 수식 입력을 마치고 채우기 핸들을 이용하여 수식을 복사합니다.

```
=MID(B5,4,4)
```

숫자로 변환하고 표시 형식 변경하기 – VALUE

LEFT 함수, MID 함수, RIGHT 함수로 추출한 문자를 숫자 형식으로 변환해야 할 때는 VALUE 함수를 사용합니다. 숫자로 변환하고 표시 형식을 이용하여 편집하는 방법을 배우겠습니다.

Keyword VALUE, 문자를 숫자로 변환   **예제 파일** Part 3\3-31.xlsx

함수 익히기	VALUE
함수 형식	=VALUE(text) =VALUE(셀 주소 또는 수식)
인수	• text : 변환할 문자가 있는 셀 주소 또는 수식입니다.

---

01 주민등록번호를 추출하기 위해 [D5] 셀을 클릭하고, MID 함수를 시작합니다. text 인수는 추출하려는 문자가 들어 있는 셀인 'C5', start_num 인수는 다섯 번째부터 시작되어 '5', num_chars 인수는 주민번호 열세 글자를 추출하기 때문에 '13'을 입력합니다.

=MID(C5,5,13)

⬚ A	B	C	D	E	F
1			사원명부		
2					
3					
4	사원번호	사원명 주민등록번호	주민등록번호	입사일	부서
5	ABC9008	한지연 8208101623041	=MID(C5,5,13)	입력	총무부
6	ABC7330	소재옥 7702171219029	MID(text, start_num, num_chars)	1998-06-22	총무부
7	ABC9833	박서정 6510021160571		1993-12-17	총무부
8	ABC3037	김세희 8007042117574		1999-04-15	영업관리부
9	ABC9578	강규영 6810051156208		1999-08-08	기획예산부
10	ABC4697	박정아 6110052567156		2000-04-27	영업관리부
11	ABC2433	김태화 5802262184705		1994-04-02	총무부
12	ABC7213	유주연 7605161923667		1995-04-29	영업관리부
13	ABC8843	이상영 6601032407321		1993-12-21	기획예산부
14	ABC4637	함진경 7607252685328		1993-10-06	총무부
15	ABC5847	노홍철 6909172265155		1996-12-04	영업관리부
16	ABC5000	최길자 7209042426121		1999-11-30	기획예산부
17	ABC3184	신하영 6012172412631		1996-03-28	생산관리부
18	ABC4598	최경미 7009281209331		1996-05-29	영업관리부
19	ABC6079	윤성희 5808181433889		1996-12-06	품질관리부
20	ABC3193	소지민 6505272683130		1994-03-08	총무부
21	ABC2705	서영남 7106272687499		2000-04-19	영업관리부
22	ABC2773	신희선 6601042370876		1995-10-22	기획예산부

Sheet1

편집

02 MID 함수의 결과가 문자이기 때문에 숫자 표시 형식을 지정할 수 없습니다. 따라서 MID 함수의 결과를 VALUE 함수로 변환해 보겠습니다.

= 다음에 커서를 위치하고 VALUE 함수를 시작합니다. 수식의 끝에 괄호를 닫고 함수 입력을 마칩니다.

Enter 를 눌러 수식을 완성하고, 채우기 핸들을 이용해 수식을 복사합니다.

=VALUE(MID(C5,5,13))

03 숫자로 변환된 데이터를 주민등록번호 형식으로 보이게 하기 위해 [홈] 탭−[표시 형식] 그룹에서 설정 아이콘(⌐)을 클릭합니다.

[셀 서식] 대화상자에서 범주를 '기타', 형식을 '주민등록번호'로 지정합니다. [확인] 버튼을 클릭합니다.

04 주민등록번호가 형식을 유지하여 입력되었습니다.

원하는 목록 찾기
– CHOOSE/MID

CHOOSE 함수는 골라낼 인수의 위치에 따라서 원하는 목록을 찾아 주는 함수입니다. 앞에서 배운 MID 함수와 IF 함수로 함께 구하는 법도 알아보겠습니다.

Keyword CHOOSE, IF, MID, 남녀 구하기   **예제 파일** Part 3 \ 3-32.xlsx

함수 익히기	CHOOSE
함수 형식	=CHOOSE(index_num, value1, [value2], [value3], ……) =CHOOSE(인덱스 번호, 인덱스 번호가 1일 때, 2일 때, ……)
인수	• index_num : 1부터 254까지의 수, 수에 대한 참조나 수식을 지정합니다. • value : 인덱스 번호가 1일 때 표시할 값부터 254일 때 표시할 값까지 필요한 만큼 지정 가능합니다.

01 성별을 구하기 위해 [F5]셀을 클릭하고 CHOOSE 함수를 표시합니다.
주민등록번호에서 남녀를 구분하는 데이터를 추출하기 위해 index_num 인수에 MID 함수를 시작합니다.

=CHOOSE(MID(

02 MID 함수의 첫 번째 text 인수에는 [E5]셀을 클릭하고, start_num 인수는 '8', num_chars 인수는 '1'을 입력합니다. 괄호를 닫아 MID 함수는 종료하고 다시 CHOOSE 함수에서 시작합니다.

```
=CHOOSE(MID(E5,8,1)
```

POINT
여덟 번째부터 한 글자를 추출합니다. [E5]셀에 대시(-)도 입력되어 있는 문자이므로 한 글자가 인식됩니다.

D	E	F	G	H
	사원정보			
입사일	주민등록번호	성별	부서	
2001-04-09	820810-1623041	=CHOOSE(MID(E5,8,1)	입력	
1998-08-22	770217-1219029	CHOOSE(index_num, value1, [value2], ...)		
1993-12-17	651002-1160571		총무부	
1999-04-15	800704-2117574		영업관리부	
2019-01-02	010305-3156208		기획예산부	
2018-04-27	001005-4567156		영업관리부	
1994-04-02	580226-2184705		총무부	
1995-04-29	760516-1923667		영업관리부	
1993-12-21	660103-2407321		기획예산부	
1993-10-06	760725-2685328		총무부	
1996-12-04	690917-2265155		영업관리부	
1999-11-30	720904-2426121		기획예산부	
1996-03-28	601217-2412631		생산관리부	
1996-05-29	700928-1209331		영업관리부	
1996-12-06	580818-1433889		품질관리부	
1994-03-08	650527-2683130		총무부	
2018-04-19	010312-4687499		영업관리부	
1995-10-22	660104-2370876		기획예산부	

03 CHOOSE 함수에서 index_num는 입력되었으니, value 인수를 입력하기 위해 쉼표(,)를 입력하고 value1 인수에 '"남자"', value2 인수에 '"여자"', value3 인수에 '"남자"', value4 인수에 '"여자")'를 입력합니다.

```
=CHOOSE(MID(E5,8,1),"남자","여자","남자","여자")
```

D	E	F	G	H
	사원정보			
입사일	주민등록번호	성별	부서	
2001-04-09	820810-1623041	=CHOOSE(MID(E5,8,1),"남자","여자","남자","여자")		
1998-08-22	770217-1219029		총무부	
1993-12-17	651002-1160571		총무부	입력
1999-04-15	800704-2117574		영업관리부	
2019-01-02	010305-3156208		기획예산부	
2018-04-27	001005-4567156		영업관리부	
1994-04-02	580226-2184705		총무부	
1995-04-29	760516-1923667		영업관리부	
1993-12-21	660103-2407321		기획예산부	
1993-10-06	760725-2685328		총무부	
1996-12-04	690917-2265155		영업관리부	
1999-11-30	720904-2426121		기획예산부	
1996-03-28	601217-2412631		생산관리부	
1996-05-29	700928-1209331		영업관리부	
1996-12-06	580818-1433889		품질관리부	
1994-03-08	650527-2683130		총무부	
2018-04-19	010312-4687499		영업관리부	
1995-10-22	660104-2370876		기획예산부	

04 2000년대 이후 출생자가 있더라도 남녀를 구분할 수 있는 수식이 완료되었습니다. 채우기 핸들을 이용해서 완성된 수식을 복제합니다.

A	B	C	D	E	F	G
				사원정보		
					더블클릭	
	사원번호	회원명	입사일	주민등록번호	성별	부서
5	ABC9008	한지연	2001-04-09	820810-1623041	남자	총무부
6	ABC7330	소재옥	1998-08-22	770217-1219029	남자	총무부
7	ABC9833	박서정	1993-12-17	651002-1160571	남자	총무부
8	ABC3037	김세희	1999-04-15	800704-2117574	여자	영업관리부
9	ABC9578	강규영	2019-01-02	010305-3156208	남자	기획예산부
10	ABC4697	박정아	2018-04-27	001005-4567156	여자	영업관리부
11	ABC2433	김태화	1994-04-02	580226-2184705	여자	총무부
12	ABC7213	유주연	1995-04-29	760516-1923667	남자	영업관리부
13	ABC8843	이상영	1993-12-21	660103-2407321	여자	기획예산부
14	ABC4637	함진경	1993-10-06	760725-2685328	여자	총무부
15	ABC5847	노흥철	1996-12-04	690917-2265155	남자	영업관리부
16	ABC5000	최길자	1999-11-30	720904-2426121	여자	기획예산부
17	ABC3184	신하영	1996-03-28	601217-2412631	여자	생산관리부
18	ABC4598	최경미	1996-05-29	700928-1209331	여자	영업관리부
19	ABC6079	윤성희	1996-12-06	580818-1433889	남자	품질관리부
20	ABC3193	소지민	1994-03-08	650527-2683130	여자	총무부
21	ABC2705	서영남	2018-04-19	010312-4687499	남자	영업관리부
22	ABC2773	신희선	1995-10-22	660104-2370876	여자	기획예산부

Sheet1

준비 | 개수: 35

날짜 추출하기
– DATE/MID

DATE 함수로 주민등록번호의 생년월일을 추출하고, MID 함수로 월과 일을 추출하여 생년월일을 구성해 보겠습니다.

Keyword DATE, MID, 생년월일　　　　　　**예제 파일** Part 3 \ 3–33.xlsx

함수 익히기 DATE

함수 형식	=DATE(year, month, day) =DATE(연, 월, 일)
인수	• **year** : 연을 지정하는 인수로서 두 자리만 지정하면 1900년대로 입력됩니다. 날짜 체계에 따른 1900부터 9999년까지의 숫자입니다. • **month** : 월을 지정하는 인수로서 1부터 12까지의 숫자입니다. • **day** : 해당 월의 날짜를 나타내는 1부터 31까지의 숫자입니다.

---

01 주민등록번호 생년월일을 날짜 형식으로 추출하기 위해 DATE 함수를 표시합니다.

=DATE(

D	E	F	G	H
	사원정보			
입사일	주민등록번호	생년월일	부서	
2001-04-09	8208 ❶ 입력	=DA	총무부	
ft Excel의 날짜-시간 코드에서 날짜를 나타내는 수를 구합니다		ⓕ DATE ❷ 더블클릭		
1993-12-17	651002-1160571	ⓕ DATEVALUE	무부	
1999-04-15	800704-2117574	ⓕ DAVERAGE	관리부	
2019-01-02	960305-3156208	ⓕ DAY	예산부	
2018-04-27	981005-4567156	ⓕ DAYS	관리부	
1994-04-02	580226-2184705	ⓕ DAYS360	무부	
1995-04-29	760516-1923667		관리부	
1993-12-21	660103-2407321		기획예산부	
1993-10-06	760725-2685328		총무부	
1996-12-04	690917-2265155		영업관리부	
1999-11-30	720904-2426121		기획예산부	
1996-03-28	601217-2412631		생산관리부	
1996-05-29	700928-1209331		영업관리부	
1996-12-06	580818-1433889		품질관리부	
1994-03-08	650527-2683130		총무부	
2018-04-19	990312-4687499		영업관리부	
1995-10-22	660104-2370876		기획예산부	

02 year 인수에서 '=DATE(MID(E5,1,2)' 수식을 적용합니다. [E5]셀의 첫 번째부터 두 글자를 추출합니다.

회원명	입사일	주민등록번호	생년월일	부서
한지연	2001-04-09	820810-1623041	=DATE(MID(E5,1,2)	입력
소재욱	1998-08-22	770217-1219029	DATE(year, month, day)	부
박서정	1993-12-17	651002-1160571		총무부
김세희	1999-04-15	800704-2117574		영업관리부
강규영	2019-01-02	960305-3156208		기획예산부
박정아	2018-04-27	981005-4567156		영업관리부
김태화	1994-04-02	580226-2184705		총무부
유주연	1995-04-29	760516-1923667		영업관리부
이상영	1993-12-21	660103-2407321		기획예산부
함진경	1993-10-06	760725-2685328		총무부
노홍철	1996-12-04	690917-2265155		영업관리부
최길자	1999-11-30	720904-2426121		기획예산부
신하영	1996-03-28	601217-2412631		생산관리부
최경미	1996-05-29	700928-1209331		영업관리부
윤성희	1996-12-06	580818-1433889		품질관리부
소지민	1994-03-08	650527-2683130		총무부
서영남	2018-04-19	990312-4687499		영업관리부
신회선	1995-10-22	660104-2370876		기획예산부

03 쉼표를 입력하고 month 인수에 'MID(E5,3,2)'를 입력하여 [E5]셀의 세 번째부터 두 글자를 추출합니다.

회원명	입사일	주민등록번호	생년월일	부서
한지연	2001-04-09	820810-1623041	=DATE(MID(E5,1,2),MID(E5,3,2)	입력
소재욱	1998-08-22	770217-1219029	DATE(year, month, day)	부
박서정	1993-12-17	651002-1160571		총무부
김세희	1999-04-15	800704-2117574		영업관리부
강규영	2019-01-02	960305-3156208		기획예산부
박정아	2018-04-27	981005-4567156		영업관리부
김태화	1994-04-02	580226-2184705		총무부
유주연	1995-04-29	760516-1923667		영업관리부
이상영	1993-12-21	660103-2407321		기획예산부
함진경	1993-10-06	760725-2685328		총무부
노홍철	1996-12-04	690917-2265155		영업관리부
최길자	1999-11-30	720904-2426121		기획예산부
신하영	1996-03-28	601217-2412631		생산관리부
최경미	1996-05-29	700928-1209331		영업관리부
윤성희	1996-12-06	580818-1433889		품질관리부
소지민	1994-03-08	650527-2683130		총무부
서영남	2018-04-19	990312-4687499		영업관리부
신회선	1995-10-22	660104-2370876		기획예산부

=DATE(MID(E5,1,2),MID(E5,3,2)

04 쉼표를 입력하고 day 인수에 'MID(E5,5,2)'를 입력하여 [E5]셀의 다섯 번째부터 두 글자를 추출합니다.

입사일	주민등록번호	생년월일	부서	
01-04-09	820810-1623041	=DATE(MID(E5,1,2),MID(E5,3,2)	MID(E5,5,2)	입력
98-08-22	770217-1219029	DATE(year, month, day) 부		
93-12-17	651002-1160571		총무부	
99-04-15	800704-2117574		영업관리부	
19-01-02	960305-3156208		기획예산부	
18-04-27	981005-4567156		영업관리부	
04-04-02	580226-2184705		총무부	
95-04-29	760516-1923667		영업관리부	
93-12-21	660103-2407321		기획예산부	
93-10-06	760725-2685328		총무부	
96-12-04	690917-2265155		영업관리부	
99-11-30	720904-2426121		기획예산부	
96-03-28	601217-2412631		생산관리부	
96-05-29	700928-1209331		영업관리부	
96-12-06	580818-1433889		품질관리부	
04-03-08	650527-2683130		총무부	
18-04-19	990312-4687499		영업관리부	
95-10-22	660104-2370876		기획예산부	

=DATE(MID(E5,1,2),MID(E5,3,2),MID(E5,5,2))

POINT
주민등록번호를 각각 두 글자씩 추출하여 날짜 형식으로 인식하도록 하였습니다.

05 수식을 사용하여 완성했지만 표시 형식이 일반으로 되어 있기 때문에 날짜 형식으로 표시되지 않습니다.

[홈] 탭-[표시 형식] 그룹에서 표시 형식을 '간단한 날짜'로 지정합니다.

06 수식을 복사하여 주민등록번호에서 생년월일을 추출한 결과를 확인할 수 있습니다.

기본 & 입력

서식 & 표

활용 기능

차트 & 응용

필터링 & 분석

매크로

참조 & 자동 계산

함수

쌩초보 Level Up

2000년 이후의 데이터가 섞여 있을 때

주민등록번호에 2000년대 이후의 데이터가 있을 때 MID 함수의 결과가 50보다 작으면 2000년에서 주민등록번호가 있는 연도를 더해서 표시하고, 50보디 크면 원래대로 1900에서 더해 표시됩니다.

주민등록번호	성별	부서	
820810-1623041	남자	총무부	1982-08-10
770217-1219029	남자	총무부	1977-02-17
651002-1160571	남자	총무부	1965-10-02
800704-2117574	여자	영업관리부	1980-07-04
010305-3156208	남자	기획예산부	2001-03-05
001005-4567156	여자	영업관리부	2000-10-05
580226-2184705	여자	총무부	1958-02-26
760516-1923667	남자	영업관리부	1976-05-16
660103-2407321	여자	기획예산부	1966-01-03
760725-2685328	여자	총무부	1976-07-25
690917-2265155	여자	영업관리부	1969-09-17
720904-2426121	여자	기획예산부	1972-09-04
601217-2412631	여자	생산관리부	1960-12-17
700928-1209331	남자	영업관리부	1970-09-28
580818-1433889	남자	품질관리부	1958-08-18
650527-2683130	여자	총무부	1965-05-27
010312-4687499	여자	영업관리부	2001-03-12
660104-2370876	여자	기획예산부	1966-01-04

=DATE(IF(MID(E5,1,2)〉"50",2000+MID(E5,1,2),MID(E5,1,2)),MID(E5,3,2),MID(E5,5,2))

오늘 날짜와 현재 시간 표시하기 – TODAY/NOW

파일을 열 때마다 항상 오늘의 날짜와 현재 시간을 표시해 주는 함수입니다. TODAY 함수는 날짜 형식을 지원하며,
NOW 함수는 날짜와 시간 형식을 지원합니다.

Keyword TODAY, NOW, 현재 시간, 현재 날짜 　　　**예제 파일** Part 3 \ 3-34.xlsx

함수 익히기	TODAY, NOW
함수 형식	=TODAY() =NOW()
인수	인수가 없는 함수입니다.

01 파일을 열 때 오늘 날짜를 입력하기 위해 [C3]셀을 클릭하고 '=TODAY( )'를 입력합니다. 시스템에 설정된 날짜가 입력됩니다.

02 현재 시간이 입력되는 '=NOW( )' 함수를 입력합니다. 시스템에 설정된 날짜와 시간이 입력됩니다.

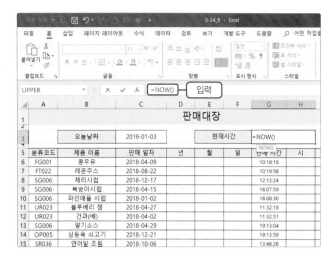

03 [G3]셀에 표시된 날짜와 시간을 시간만 표시하기 위해 [홈] 탭-[표시 형식] 그룹에서 표시 형식을 '시간'으로 지정합니다.

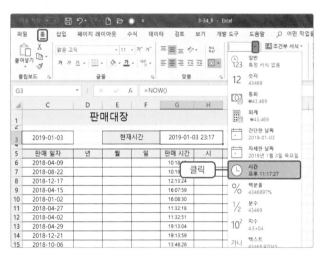

쌩초보 Level Up

TODAY 함수나 NOW 함수를 편집하지 않고 종료할 경우

TODAY 함수나 NOW 함수가 있는 경우 특별한 편집을 하지 않고 파일을 종료할 때 '변경 내용을 저장하시겠습니까?'라는 메시지가 나타납니다.

기본 & 입력

서식 & 표

활용 기능

차트 & 응용

필터링 & 분석

매크로

참조 & 자동 계산

함수

날짜에서 연, 월, 일 추출하기
– YEAR/MONTH/DAY

날짜 데이터는 셀에 연, 월, 일로 구분되어 있습니다. 우리는 날짜를 입력하지만 엑셀은 숫자로 인식하므로 일반적인 LEFT, RIGHT, MID 함수로 데이터를 추출할 수 없습니다. 날짜 데이터에서 연, 월, 일을 추출할 때 사용하는 함수가 YEAR, MONTH, DAY 함수입니다.

Keyword YEAR, MONTH, DAY   **예제 파일** Part 3 \ 3–35.xlsx

함수 익히기	YEAR, MONTH, DAY
함수 형식	=YEAR(serial_number) =YEAR(날짜)
	=MONTH(serial_number) =MONTH(날짜)
	=DAY(serial_number) =DAY(날짜)
인수	• serial_number : 연, 월, 일을 추출하려는 날짜나 셀, 코드 형식의 수입니다.

01 판매 일자에서 연도만 추출하기 위해 [D6]셀에 '=YEAR(C6)'을 입력합니다.

⏷	A	B	C	D	E	F	G	H
1				판매대장				
3		오늘날짜	2019-01-03		현재시간		오후 11:17:27	
5	분류코드	제품 이름	판매 일자	년	월	일	판매 시간	시
6	FG001	콩우유	2018-04-09	=YEAR(C6	입력		10:18:18	
7	FT022	레몬주스	2018-08-22	YEAR(serial_number)			10:19:56	
8	SG006	체리시럽	2018-12-17				12:13:24	
9	SG006	복숭아시럽	2018-04-15				16:07:59	
10	SG006	파인애플 시럽	2018-01-02				16:08:30	
11	UR023	블루베리 잼	2018-04-27				11:32:18	
12	UR023	건과(배)	2018-04-02				11:32:51	
13	SG006	딸기소스	2018-04-29				19:13:04	
14	OP005	상등육 쇠고기	2018-12-21				19:13:59	
15	SR036	연어알 조림	2018-10-06				13:46:26	
16	FG001	커피 밀크	2018-12-04				13:47:02	
17	FG001	바닐라 엣센스	2018-11-30				10:32:03	
18	SR036	돌 김	2018-03-28				10:33:18	
19	SR036	건조 다시마	2018-05-29				16:06:00	
20	SG006	간장	2018-12-06				16:06:53	
21	SE037	피넛 스프레드	2018-03-08				15:00:20	
22	OP005	포착율	2018-04-19				12:55:10	

POINT

날짜에서 연, 월, 일을 추출했을 때 또 다시 날짜 형식으로 보인다면 표시 형식을 '일반'으로 지정하면 됩니다.

02 같은 방법으로 판매 일자에서 월만 추출하기 위해 [E6]셀에 '=MONTH(C6)'을 입력합니다.

03 같은 방법으로 판매 일자에서 일만 추출하기 위해 [F6]셀에 '=DAY(C6)'을 입력합니다.

04 [D6:F6]을 선택하고 채우기 핸들을 이용하여 수식을 복사합니다.

기본 & 입력

서식 & 표

활용 기능

차트 & 인쇄

필터링 & 분석

매크로

참조 & 자동 계산

함수

시간에서 시, 분, 초 추출하기
– HOUR, MINUTE, SECOND

S E C T I O N

36

날짜 함수에서 YEAR, MONTH, DAY 함수를 사용했듯이 시간 데이터에서 시, 분, 초를 추출할 때는 HOUR, MINUTE, SECOND 함수를 사용합니다.

Keyword HOUR, MINUTE, SECOND　　　　　　　**예제 파일** Part 3 \ 3–36.xlsx

함수 익히기	HOUR, MINUTE, SECOND
함수 형식	=HOUR(serial_number) =HOUR(날짜) =MINUTE(serial_number) =MINUTE(날짜) =SECOND(serial_number) =SECOND(날짜)
인수	• serial_number : 시, 분, 초를 추출하려는 시간이나 셀, 코드 형식의 수입니다.

01 판매 시간에서 시간만 추출하기 위해 [H6]셀에 '=HOUR(G6)'을 입력합니다.

02 판매 시간에서 시간만 추출하기 위해
[I6]셀에 '=MINUTE(G6)'을 입력합니다.

03 판매 시간에서 시간만 추출하기 위해
[J6]셀에 '=SECOND(G6)'을 입력합니다.

04 [H6:J6]을 선택하고 채우기 핸들을 이
용하여 수식을 복사합니다.

표시 형식 설정하기
– TEXT

TEXT는 [셀 서식]–[표시 형식]과 같은 기능을 가지고 있는 함수라 할 수 있습니다. 수식에서 바로 표시 형식을 지정하거나, [셀 서식]–[표시 형식]에 지정되어 있는 것을 외부 데이터로 추출하고자 할 때 안 되는 경우가 있는데 그때 사용하는 함수가 TEXT 함수입니다.

Keyword TEXT, 표시 형식 대체 함수 　　　　**예제 파일** Part 3 \ 3-37.xlsx

함수 익히기	TEXT
함수 형식	=TEXT(value, format_text) =TEXT(수식이나 셀 값, 표시 형식)
인수	• value : 표시 형식을 설정할 셀 값, 수식입니다. • format_text : 큰따옴표 안에 입력해야 하며, 표시 형식에서 지정하는 기호와 같습니다.

---

01 사원번호에서 오른쪽 네 자리를 추출하여 총 다섯 자리 형식으로 표시하기 위해 [C5]셀에 '=TEXT('를 입력합니다. 오른쪽부터 네 글자를 추출하기 위해 value 인수에 'RIGHT(B5,4)'를 입력합니다.

```
=TEXT(RIGHT(B5,4)
```

02 TEXT 함수에서 RIGHT 함수가 끝나고 두 번째 인수를 입력하기 위해 쉼표(,)를 입력합니다. format_text 인수에 '"00000"'을 입력합니다.
괄호를 닫고 Enter를 누릅니다.

=TEXT(RIGHT(B5,4),"00000")

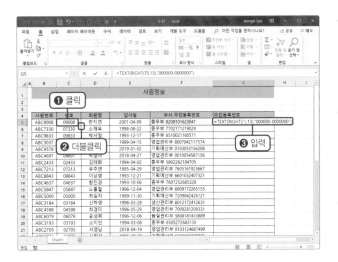

03 채우기 핸들을 이용해서 완성된 수식을 복제합니다.
같은 방법으로 F열에 있는 데이터 중 주민등록번호만 추출하여 주민등록번호 형식을 표시하기 위해 [G5]셀에 '=TEXT(RIGHT(F5, 13),"000000-0000000")'을 입력합니다.

04 전체 주민등록번호를 수식을 복제하여 완성합니다.

기본 & 입력

서식 & 표

활용 기능

차트 & 응용

필터링 & 분석

매크로

참조 & 자동 계산

함수

SECTION 38

다섯 줄마다 채우기 색
변경하기 – MOD

5줄마다 혹은 10줄마다 색을 변경하여 편하게 볼 수 있도록 채우기 색을 표시하기 위해 MOD 함수를 사용할 수 있습니다. MOD 함수는 나눗셈의 나머지를 구하는 함수로, 예를 들어 5 나누기 2하면, 몫은 2이고 나머지는 1입니다. 이때 MOD의 결과는 1입니다. MOD 함수와 조건부 서식을 이용하여 채우기를 해 보겠습니다.

Keyword 조건부 서식, MOD **예제 파일** Part 3 \ 3-38.xlsx

함수 익히기 MOD

함수 형식	=MOD(number, divisor) =MOD(나머지를 구하려는 수, 나누는 수)
인수	• **number** : 나머지를 구하려는 숫자나 수식을 사용합니다. • **divisor** : 나누는 수입니다.

---

01 조건부 서식을 사용하여 다섯 줄마다 행을 채워 보겠습니다.

[B5:I181]을 선택하고, [홈] 탭-[스타일] 그룹-[조건부 서식]-[새 규칙]을 클릭합니다.

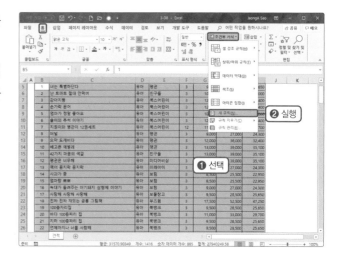

02 [새 서식 규칙] 대화상자에서 '수식을 사용하여 서식을 지정할 셀 결정'을 선택하고 '=MOD(ROW( )−5,10)〉=5'를 입력합니다.
[서식] 버튼을 클릭합니다.

POINT
ROW( ) 함수는 행의 번호를 나타내는 함수이고 현재 5행부터 데이터가 시작되니 −5를 입력하여 나머지를 구하려는 수에 0이 입력되게 합니다. 5줄마다 행을 변경하기 위해 ×2=10으로 나누고 나오는 결과는 0~9이며 그중 5부터 색을 변경하게 됩니다.

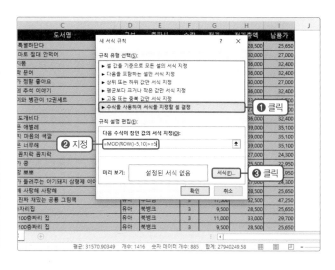

03 [셀 서식] 대화상자의 [채우기] 탭에서 배경색을 선택합니다. [확인] 버튼을 두 번 클릭하여 서식을 적용합니다.

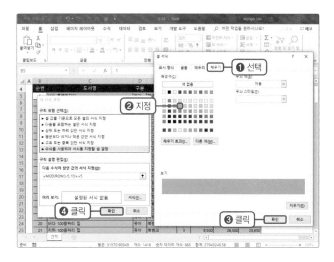

04 다섯 줄마다 채우기 색이 적용되었습니다.

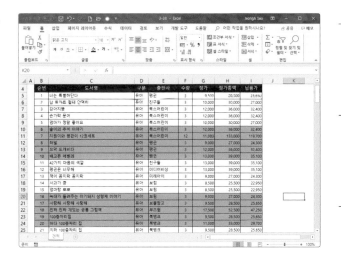

기본 & 입력

서식 & 표

활용 기능

차트 & 응용

필터링 & 분석

매크로

참조 & 자동 계산

함수

위치 알아보기
– MATCH

MATCH 함수는 하나의 행이나 열에 있는 범위 안에서 찾는 값이 몇 번째 위치하는지 알려 주는 함수입니다. MATCH 함수의 결과는 숫자로 표시됩니다.

Keyword MATCH　　　　　　　　　　　　**예제 파일** Part 3 \ 3–39.xlsx

함수 익히기	MATCH
함수 형식	=MATCH(lookup_value, lookup_array, [match_type]) =MATCH(찾는 값, 범위, 찾는 방법)
인수	• **lookup_value** : 찾으려는 값입니다. • **lookup_array** : 찾을 데이터가 있는 셀 범위로, 행이나 열이어야 합니다. • **[match_type]** : 찾는 방법으로, 세 가지 중에서 선택할 수 있습니다. 　1 : 생략 가능. 찾을 데이터가 있는 셀 범위가 오름차순인 경우 　0 : 정확하게 일치하는 값 　−1 : 찾을 데이터가 있는 셀 범위가 내림차순인 경우

01 찾을 도서에 있는 책이 도서 목록에서 몇 번째 위치하고 있는지 찾기 위해 [K7] 셀에 '=MATCH('를 입력합니다.

02 lookup_value 인수는 찾을 도서가 입력된 셀인 'K6', lookup_array 인수는 'C5:C182'. lookup_array에서 지정한 범위가 정렬되어 있지 않기 때문에 match_type 인수는 '0'을 입력합니다.

=MATCH(K6,C5:C182,0)

POINT
[C5:C182]에서 [K6]셀에 있는 데이터가 몇 번째 있는지 찾아 줍니다.

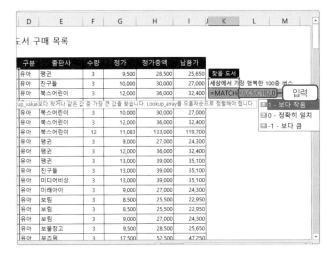

03 셀 서식을 적용하기 위해 Ctrl+1을 누릅니다. [셀 서식] 대화상자에서 범주를 '사용자 지정', 형식을 '0 번째'로 지정하고 [확인] 버튼을 클릭합니다.

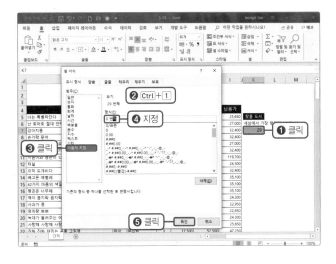

데이터 추출하기
– VLOOKUP/HLOOKUP

VLOOKUP 함수는 배열의 첫 열에서 값을 검색하여, 지정한 열의 같은 행에서 데이터를 돌려 주는 함수입니다. 가로 형태의 표에서 추출할 때는 HLOOKUP 함수를 사용합니다. MATCH, VLOOKUP 함수를 함께 사용하는 방법을 알아보겠습니다.

Keyword MATCH, VLOOKUP, 세로 형태 추출하기   **예제 파일** Part 3 \ 3-40.xlsx

함수 익히기	VLOOKUP, HLOOKUP
함수 형식	=VLOOKUP(lookup_value, table_array, col_index_num, [range_lookup]) =VLOOKUP(찾을 값, 추출하려는 표, 가져올 열 번호, 찾는 방법) =HLOOKUP(lookup_value, table_array, row_index_num, [range_lookup]) =HLOOKUP(찾을 값, 추출하려는 표, 가져올 행 번호, 찾는 방법)

인수	• lookup_value : 찾으려는 값입니다.
	• table_array : 찾을 데이터가 있는 표입니다. 찾을 값이 표의 첫 번째 열에 위치하여 가져올 데이터가 있는 범위까지 지정합니다.
	• col_index_num : table_array 범위 중 가져올 데이터가 있는 열 번호입니다.
	• [range_lookup] : 찾는 방법을 선택할 수 있습니다.
	  TRUE : 1을 입력하거나 생략 가능합니다. 한 단계 낮은 근사 값을 찾습니다.
	  FALSE : 0을 입력하며, 정확하게 일치하는 값을 찾습니다.

01 도서명을 기준으로 출판사와 단가를 추출하겠습니다. 먼저 이름을 정의하기 위해 [목록] 시트에서 [C4:I181]을 선택하고, 이름 상자에 '도서목록'을 입력합니다. Enter 를 누릅니다.

02 [C4:I4]을 선택하고, 이름 상자에 '열번호'를 입력한 다음 Enter 를 누릅니다.

03 [견적] 탭을 선택합니다. [D4]셀을 클릭하고 '=VLOOKUP('을 입력합니다.

04 VLOOKUP 함수가 시작되면 lookup_value 인수에 찾을 도서명이 있는 셀인 '$C4'를 열 고정하여 입력하고, table_array 인수에서 [수식] 탭-[정의된 이름] 그룹-[수식에서 사용]- [도시목록]을 클릭합니다.

=VLOOKUP($C4,도서목록

기본 & 입력

서식 & 표

활용 기능

차트 & 응용

필터링 & 분석

매크로

참조 & 자동 계산

함수

05 세 번째 인수를 입력하기 위해 쉼표(,)를 입력하고, col_index_num에서 도서목록 범위 안 세 번째 줄에 있는 데이터를 자동으로 추출하기 위해 'MATCH(D$3,열번호,0)'을 입력합니다.

=VLOOKUP($C4,도서목록,MATCH(D$3,열번호,0)

POINT
[D3]셀에 있는 출판사 텍스트가 '열번호' 범위 안에 정확하게 일치하는 방식으로 몇 번째 있는지 찾습니다.

06 range_lookup 인수를 입력하기 위해 쉼표(,)를 입력하고, 정확하게 일치하게 찾기 위해 '0)'을 입력합니다.

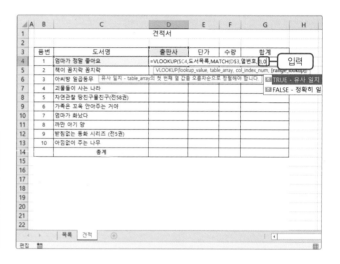

=VLOOKUP($C4,도서목록,MATCH(D$3,열번호,0),0)

POINT
[C4]셀에 있는 데이터가 도서목록 범위 안에 MATCH의 결과인 세 번째 열에 있는 데이터를 정확하게 추출합니다.

07 Enter 를 누르고 [E13]셀까지 수식을 복제합니다. MATCH 함수를 사용했기 때문에 자동으로 열 번호가 바뀌어 단가까지 입력되는 것을 확인할 수 있습니다.

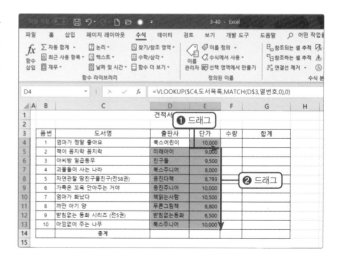

유사 일치 데이터 추출하기
– VLOOKUP

VLOOKUP 함수로 추출하는 방법은 두 가지가 있습니다. 정확하게 일치, 유사 일치 중에서 정확하게 일치하는 값을 추출할 때는 기준표를 상황에 따라서 작성하면 됩니다. 유사 일치로 추출할 때는 기준표의 첫 번째 열을 오름차순으로 작성해야 합니다.

Keyword 유사 일치 기준표, 유사 일치 데이터 추출　　**예제 파일** Part 3 \ 3-41.xlsx

기본 & 입력

서식 & 표

활용 기능

차트 & 응용

필터링 & 분석

매크로

참조 & 자동 계산

함수

01 평균을 입력하기 위해 [G4]셀에
'=AVERAGE(C4:E4)'를 입력합니다.

	A	B	C	D	E	F	G	H	J
1								입력	
2									
3	사원번호	사원명	엑셀	파워포인트	워드	합계	평균	평점	기준
4	abC9008	한지연	95	89	89	273	=AVERAGE(C4:E4)		60
5	Abc7330	소재욱	83	99	86	268	AVERAGE(number1, [number2], ...)		
6	abC9833	박서정	95	89	94	278			80
7	abC3037	김세희	96	79	85	260			85
8	Abc9578	강규영	94	98	94	286			90
9	Abc4697	박정아	93	95	85	273			95
10	Abc2433	김태화	89	94	94	277			100
11	aBc7213	유주연	82	93	94	269			
12	aBc8843	이상영	77	82	85	244			
13	Abc4637	함진경	85	91	89	265			
14	aBc5847	노홍철	78	73	89	240			
15	aBc5000	최길자	77	81	95	253			
16	Abc3184	신하영	82	85	85	252			
17	abC4598	최경미	79	86	65	230			
18	abC6079	윤성희	83	88	85	256			
19	abC3193	소지민	86	99	95	280			
20	Abc2705	서영남	83	75	84	242			
21	Abc2773	신희선	94	77	86	257			
22	abC3777	송은영	87	84	85	256			

02 수식을 복사하고, 평균의 결과에 소수점을 정리하기 위해 [홈] 탭-[표시 형식] 그룹-[쉼표 스타일(**,**)]을 클릭합니다.

PART 3 _ 복잡한 계산을 쉽게 하는 함수 예제 50가지 　**345**

03 [H4]셀에 '=VLOOKUP(G4,$J$4:$K$10,2)'를 입력합니다.

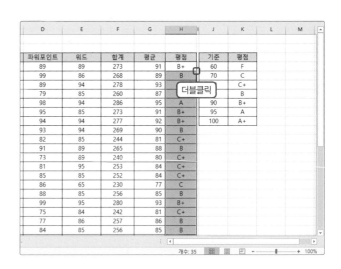

POINT
[G4]의 셀 값을 [J4:K10]에서 찾고 두 번째 열 값을 추출합니다. col_index_num는 유사 일치로 추출하기 위해 생략했습니다.

04 수식을 복사하여 결과를 확인합니다. 91점일 때 90점대 평점 B+를 추출했습니다.

쌩초보 Level Up

유사 일치 기준표 만들기

유사일치의 기준표를 만들 때는 추출하려는 표의 기준인 첫 번째 열을 꼭 오름차순 정렬해야 합니다. 만약 오름차순 정렬하지 않고 임의의 순서나, 내림차순 정렬되어 있다면 추출하지 못하고 오류가 나는 것을 확인할 수 있습니다.

기준	평점
60	F
70	C
80	C+
85	B
90	B+
95	A
100	A+

기본 & 입력

서식 & 표

활용 기능

차트 & 응용

필터링 & 분석

매크로

참조 & 자동 계산

함수

쌩초보 Level Up

도서명이 없을 때 오류 메시지가 표시되지 않도록 IFERROR 함수 사용하기 ▶예제 파일 : Part 3\3-S-2.xlsx

① 도서명이 없기 때문에 VLOOKUP 함수 결과에 오류가 생겼습니다.

② 오류를 해결하기 위해 수식을 편집하겠습니다. IFERROR 함수를 시작하고 마지막에 쉼표를 입력한 다음 오류가 있을 때 빈 셀을 표시하도록 만듭니다.

=IFERROR(VLOOKUP($C4,도서목록,MATCH(D$3,
열번호,0),0),"")

③ [E18]셀까지 수식을 복사합니다.

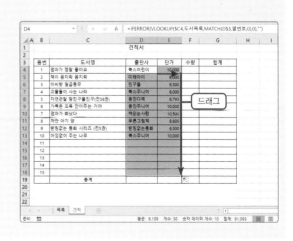

행 번호와 열 번호가 일치하는 데이터 추출하기 – INDEX

INDEX 함수는 데이터 목록에서 지정한 행 번호와 열 번호가 일치하는 데이터를 추출하는 함수입니다. MATCH 함수와 INDEX 함수를 이용하여 데이터를 추출하는 방법을 알아보겠습니다.

Keyword INDEX 함수, 크로스탭에서 데이터 추출   **예제 파일** Part 3 \ 3-42.xlsx

---

함수 익히기 INDEX

함수 형식	=INDEX(array, row_num, [column_num]) =INDEX(추출하는 범위, 행 번호, 열 번호)
인수	• array : 추출하려는 데이터 범위입니다. • row_num : 데이터 범위에서 행 번호입니다. 행이 하나인 목록이면 생략 가능합니다. • [column_num] : 데이터 범위에서 열 번호입니다. 열이 하나인 목록이면 생략 가능합니다.

---

01 어떤 운동 종목을 몇 분 했느냐에 따라서 몇 칼로리 소모했는지 알아보기 위해 [kcal] 시트에서 이름 정의를 해 보겠습니다. [A4:A10]을 선택하고 이름 상자에 '종목'을 입력한 다음 Enter를 누릅니다.

02 [B3:K3]는 '소요시간', [B4:K10]은 '칼로리'라는 이름을 정의합니다.

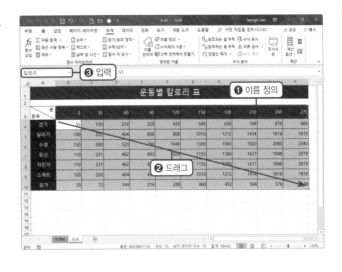

03 [index] 시트의 [D4]셀을 클릭합니다. INDEX 함수를 표시합니다.

=INDEX(

POINT
INDEX 함수는 한 개의 셀 범위를 지정하는 배열형과 두 개 이상의 셀 범위를 지정하는 참조형으로 구분됩니다. INDEX 함수의 첫 번째 방법은 배열형일 때 사용하고, 두 번째 방법은 참조형일 때 두 개 이상의 셀 범위를 지정할 수 있습니다.

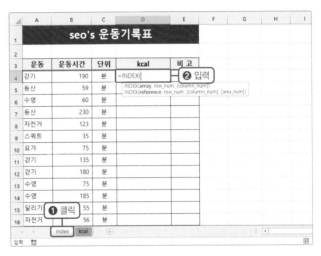

04 [수식] 탭-[정의된 이름] 그룹-[수식에서 사용]-[칼로리]를 클릭합니다.

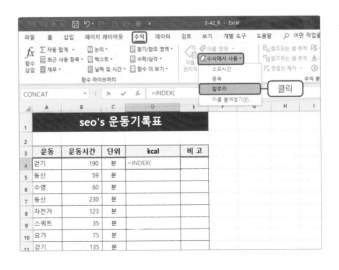

기본 & 입력

서식 & 표

활용 기능

차트 & 응용

필터링 & 분석

매크로

참조 & 자동 계산

함수

05 쉼표(,)를 입력하고 row_num 인수에 'MATCH(A4,종목,0)'을 입력합니다.

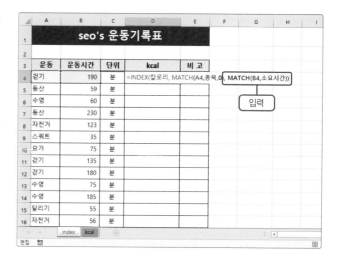

=INDEX(칼로리, MATCH(A4,종목,0)

POINT
운동 종목이 걷기인 경우 '종목' 범위 중 정확히 일치하는 방법이 몇 번째 있는지 찾습니다.

06 쉼표(,)를 입력하고 column_num 인수에 'MATCH(B4,소요시간))'을 입력합니다.

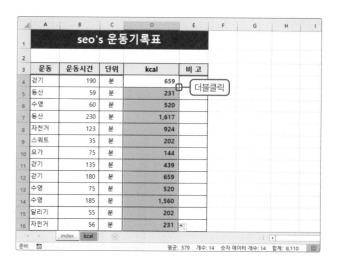

=INDEX(칼로리, MATCH(A4,종목,0), MATCH(B4, 소요시간))

POINT
MATCH 함수는 운동 시간이 190분일 때 '소요시간' 범위에서 오름차순된 근사값 중 몇 번째 있는지 찾습니다. INDEX 함수는 칼로리 범위 안에 1행과 7번째 열이 만나는 셀을 추출합니다.

07 [D4]셀의 수식을 채우기 핸들로 복제하여 운동 종목과 시간에 따른 칼로리를 입력합니다.

선택한 월만 추출해서 보기
– OFFSET

OFFSET 함수는 선택한 셀을 기준으로 지정한 행 수와 열 수 만큼 떨어진 데이터를 추출하는 함수입니다. 추출해 올 높이와 너비로 개수를 지정할 수도 있습니다.

Keyword OFFSET 함수, 기준 셀로 이동 　　　　**예제 파일** Part 3\3-43.xlsx

함수 익히기 OFFSET

함수 형식	=OFFSET(reference, rows, cols, [height], [width]) =OFFSET(기준 셀, 이동 행 수, 이동 열 수, 가져올 행 수, 가져올 열 수)
인수	• reference : 추출할 데이터가 있는 첫 셀로 기준이 되는 셀 또는 범위입니다. • rows : reference 인수에서 지정한 셀을 기준으로 몇 개의 행을 이동할 것인지 지정합니다. 0은 이동하지 않고, 양수는 아래쪽, 음수는 위쪽으로 이동합니다. • cols : reference 인수에서 지정한 셀을 기준으로 몇 개의 열을 이동할 것인지 지정합니다. 0은 이동하지 않고, 양수는 오른쪽, 음수는 왼쪽으로 이동합니다. • height : 가져올 높이로 행의 개수를 지정합니다. 생략하면 행 개수는 1이 됩니다. • width : 가져올 높이로 열의 개수를 지정합니다. 생략하면 열 개수는 1이 됩니다.

01 월을 선택하면 걷기부터 요가까지 얼마나 운동했는지 월별로 빠르게 보게 하기 위해 [A2]셀을 선택합니다.
[데이터] 탭-[데이터 도구] 그룹-[데이터 유효성 검사(📋)]를 클릭합니다.

02 [데이터 유효성] 대화상자에서 제한 대상을 '목록'으로 지정하고 원본에서는 '[A6: A17]' 범위를 선택합니다. [확인] 버튼을 클릭합니다.

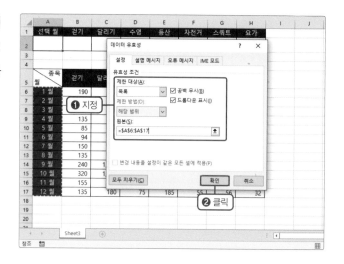

03 유효성 검사로 설정한 목록 중 임의의 월을 선택합니다.

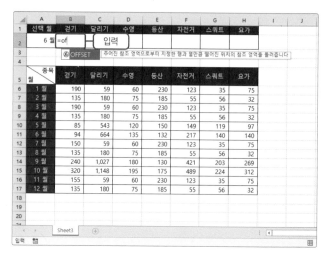

04 [B2]셀을 클릭하고 OFFSET 함수를 시작합니다.

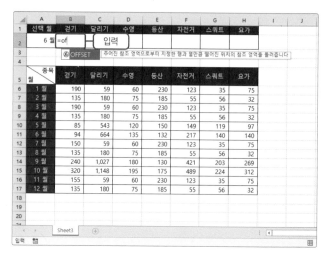

=OFFSET(

05 함수가 시작되면 reference 인수는 기준이 되는 [B5]셀을 클릭하고 행 번호를 나타내는 rows 인수는 [A2]셀을 절대 참조하여 입력합니다.

cols 인수는 하나의 열에서 이루어지고 이동하지 않기 때문에 '0'을 입력합니다.

```
=OFFSET(B5,$A$2,0)
```

POINT

[B5]셀을 기준으로 [A2]셀에 선택한 숫자 행만큼 이동하고 열은 이동하지 않은 데이터를 추출합니다.

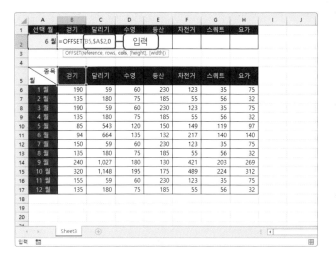

06 [B2]셀 채우기 핸들을 [H2]셀까지 드래그하여 수식을 복제합니다.

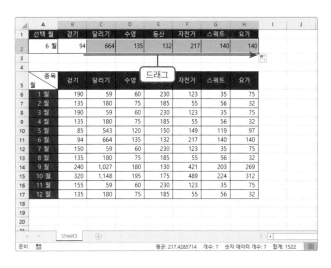

기본 & 입력

서식 & 표

활용 기능

차트 & 응용

필터링 & 분석

매크로

참조 & 자동 계산

함수

SECTION

44

휴일을 선택하고 종료일 구하기 - WORKDAY.INTL

WORKDAY 함수는 토요일과 일요일은 휴일로 지정하고 일한 날짜로 종료일을 구하는 함수이지만, 같은 특성을 띠는 WORKDAY.INTL 함수는 휴일을 상황에 따라 선택할 수 있습니다. 반대로 종료일을 알고 며칠 동안 일했는지 알기 위해서는 NETWORKDAY.INTL 함수를 사용할 수 있습니다. WORKDAY.INTL 함수는 엑셀 2010 이상에서만 사용할 수 있습니다.

Keyword 종료일 구하기, WORKDAY.INTL **예제 파일** Part 3\3-44.xlsx

함수 익히기 WORKDAY.INTL

함수 형식	=WORKDAY.INTL(start_date, days, [weekend], [holidays]) =WORKDAY.INTL(시작 날짜, 작업일 수, 휴일로 지정된 요일, 1년 동안 지정된 휴일)
인수	• start_date : 시작 날짜입니다. • days : 소요일수, 앞으로의 날짜는 양수, 지나간 날짜는 음수로 표시합니다. • weekend : 휴일로 지정된 요일로, 작업일수에서 제외됩니다. 표 • holidays : 일년 중 공식 지정된 휴일을 선택합니다. 날짜가 들어있는 셀 범위입니다.

매개변수	휴일	매개변수	휴일
1 또는 생략	토요일, 일요일	11	일요일만
2	일요일, 월요일	12	월요일만
3	월요일, 화요일	13	화요일만
4	화요일, 수요일	14	수요일만
5	수요일, 목요일	15	목요일만
6	목요일, 금요일	16	금요일만
7	금요일, 토요일	17	토요일만

---

01 개강일을 기준으로 강습일수 이후에 며칠이 종강일인지 알기 위해 [E4]셀을 클릭합니다.

WORKDAY.INTL 함수를 시작합니다. start_date 인수에 'C4', days 인수에 강습일 수가 있는 셀인 'D4'를 입력합니다.

번호	과정명	개강일	강습일수	종강일
1	헬스	2019-03-04	42	=WORKDAY.INTL(C4,D4
2	인라인	2019-03-06	35	
3	수영	2019-03-04	38	
4	테니스	2019-03-05	30	
5	탁구	2019-03-08	42	
6	필라테스	2019-03-07	30	
7	요가	2019-03-07	45	

스포츠 강좌 현황

입력

02 쉼표(,)를 입력하면 weekend 인수 옵션이 나타나는데 이중 '11'을 입력합니다.

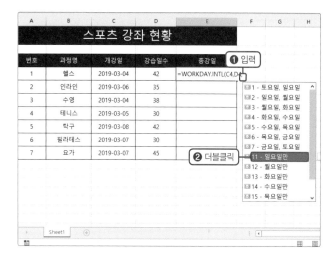

POINT

weekend 인수는 휴일로 지정된 요일을 선택합니다. Tab을 눌러 선택할 수 있습니다. 생략하면 '1번-토요일, 일요일'을 선택한 것과 같습니다.

03 Enter를 눌러 수식을 종료하고 [E10] 셀까지 수식을 복제합니다.

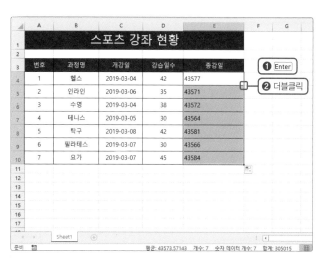

04 종강일을 모두 구했지만 날짜처럼 보이지 않습니다. [홈] 탭-[표시 형식] 그룹에서 표시 형식을 '간단한 날짜'로 지정하여 날짜 형식을 유지합니다.

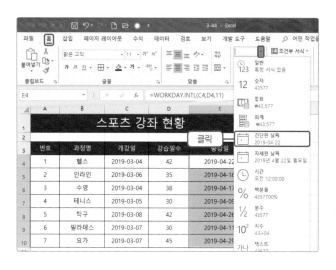

기본 & 입력

서식 & 표

활용 기능

차트 & 응용

필터링 & 분석

매크로

참조 & 자동 계산

함수

두 날짜 사이 경과 일 구하기
– DATEDIF

SECTION
45

날짜 두 개 사이의 경과 연 수, 월 수, 일 수를 구하기 위해 사용하는 함수가 DATEDIF 함수입니다. DATEDIF 함수는 함수 라이브러리에 없는 함수이기 때문에 모두 직접 입력합니다.

Keyword 근속 기간, DATEDIF　　　　**예제 파일** Part 3 \ 3–45.xlsx

함수 익히기	DATEDIF
함수 형식	=DATEDIF(start_date, end_date, return_type) =DATEDIF(시작 날짜, 종료 날짜, 기간 종류)
인수	• start_date : 시작 날짜입니다. • end_date : 종료 날짜입니다. • return_type : 여섯 가지 기간의 종류를 큰따옴표(" ")로 묶어서 입력합니다. ① "Y" : 두 날짜 사이에 경과한 총 연 수 ② "M" : 두 날짜 사이에 경과한 총 월 수 ③ "D" : 두 날짜 사이에 경과한 총 일 수 ④ "YM" : 경과한 연도까지 뺀 나머지 경과 개월 수 ⑤ "YD" : 경과한 연도까지 뺀 나머지 경과 일 수 ⑥ "MD" : 경과한 개월까지 뺀 나머지 경과 일 수

01 입사일에서 오늘의 날짜 사이에 경과 연수를 구하기 위해 [F5]셀을 클릭합니다. '=DATEDIF(E5,TODAY(),"Y")'를 입력합니다.

POINT
시작일에서 종료일 중 총 연 수를 구합니다.

356 회사 실무에 힘을 주는 엑셀 2019

02 추가로 '&"년 "'을 입력하고 '&DATE
DIF(E5,TODAY(),"YM")'을 이어서 완성
합니다.

```
=DATEDIF(E5,TODAY(),"Y")&"년 "&DATE
DIF(E5,TODAY(),"YM")
```

POINT
첫 번째 DATEDIF 함수는 연 수를 구하고, 두 번째
DATEDIF 함수는 연 수를 제외한 개월 수를 구합니다.

03 마지막으로 '&"개월"'을 입력합니다.

```
=DATEDIF(E5,TODAY(),"Y")&"년 "&DATE
DIF(E5,TODAY(),"YM")&"개월"
```

POINT
첫 번째 구한 것과 두 번째 구한 DATEDIF 함수에 연
결 연산자를 쓰고 이어 줍니다.

04 채우기 핸들을 이용하여 수식을 복제
합니다.

기본 & 입력

서식 & 표

활용 기능

차트 & 응용

필터링 & 분석

매크로

참조 & 자동 계산

함수

	C	D	E	F	G	H
1			사원명부			
2						
3						
4	사원명	주민등록번호	입사일	근속기간(년/월)		
5	한지연	820810-1623041	2001-04-09	17년 8개월		
6	소재옥	770217-1219029	1998-08-22	20년 4개월		
7	박서정	651002-1160571	1993-12-17	25년 0개월		
8	김세희	800704-2117574	1999-04-15	19년 8개월		
9	강규영	681005-1156208	1999-08-08	19년 4개월		
10	박정아	611005-2567156	2000-04-27	18년 8개월		
11	김태화	580226-2184705	1994-04-02	24년 9개월		
12	유주연	760516-1923667	1995-04-29	23년 8개월		
13	이상영	660103-2407321	1993-12-21	25년 0개월		
14	함진경	760725-2685328	1993-10-06	25년 3개월		
15	노홍철	690917-2265155	1996-12-04	22년 1개월		
16	최길자	720904-2426121	1999-11-30	19년 1개월		
17	신하영	601217-2412631	1996-03-28	22년 9개월		
18	최경미	700928-1209331	1996-05-29	22년 7개월		
19	윤성희	580818-1433889	1996-12-06	22년 3개월		
20	소지민	650527-2683130	1994-03-08	24년 9개월		
21	서영남	710627-2687499	2000-04-19	18년 8개월		
22	신희선	660104-2370876	1995-10-22	23년 2개월		

토요일과 일요일 채우기 및 변경하기 – WEEKDAY

SECTION

46

원하는 범위에 날짜가 있을 때 요일을 숫자로 표시하는 함수가 WEEKDAY 함수입니다. 이를 조건부 서식에서 사용하면 특정 요일에 채우기 색상을 변경할 수 있습니다. 예제와 같이 토요일은 파란색으로, 일요일은 빨간색으로 칠하여 주말에 아르바이트 한 사람을 한눈에 파악할 수 있습니다.

Keyword 조건부 서식, WEEKDAY 함수   **예제 파일** Part 3\3-46.xlsx

함수 익히기	WEEKDAY
함수 형식	=WEEKDAY(serial_number, [return_type]) =WEEKDAY(날짜 데이터 또는 셀 주소, 요일을 표시하는 옵션)
인수	• serial_number : 요일을 표시할 날짜를 지정합니다. • [return_type] : 요일을 어떤 숫자로 표시할지 옵션을 설정합니다. ① 1 또는 생략 : 1(일요일) ~ 7(토요일) ② 2 : 1(월요일) ~ 7(일요일) ③ 3 : 0(월요일) ~ 6(일요일)

01 토요일엔 파란색으로 채우기 색상을 변경하기 위해 [B3:AF14]을 선택하고 [홈] 탭-[스타일] 그룹-[조건부 서식]-[새 규칙]을 클릭합니다.

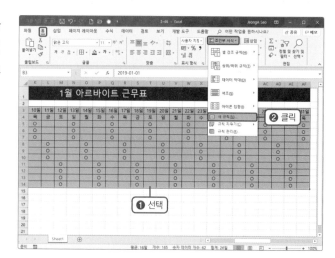

02 [새 서식 규칙] 대화상자에서 규칙 유형 선택을 '수식을 사용하여 서식을 지정할 셀 결정'으로 지정합니다.

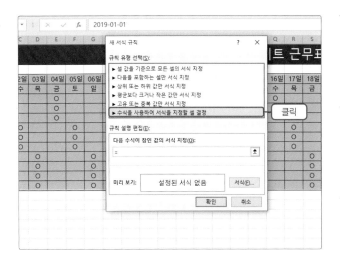

03 다음 수식이 참인 값의 서식 지정을 '=WEEKDAY(B$3)=7'로 지정하고 [서식] 버튼을 클릭합니다.
[채우기] 탭에서 색을 클릭하고 [확인] 버튼을 두 번 클릭해서 조건부 서식을 적용합니다.

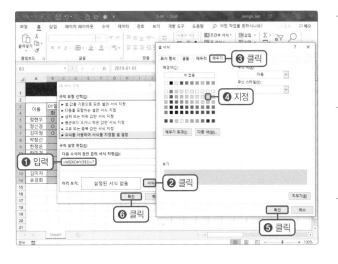

POINT
[B3]셀을 행 고정한 값이 토요일과 같으면 셀 서식의 [채우기] 탭에서 색을 지정합니다.

04 같은 방법으로 [홈] 탭-[스타일] 그룹-[조건부 서식]-[새 규칙]을 클릭합니다. 규칙 유형 선택을 '수식을 사용하여 서식을 지정할 셀 결정', 다음 수식이 참인 값의 서식 지정을 '=WEEKDAY(B$3)=1'로 지정하고 [서식] 버튼을 클릭하여 서식을 변경합니다.

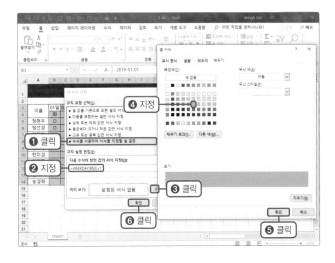

05 조건부 서식을 이용하여 토요일, 일요일에 색이 변경된 것을 확인할 수 있습니다.

06 2월 표에서 [B3]셀에 '2-1'을 입력하면 날짜에 맞추어 토요일과 일요일에 색의 위치가 변경되는 것을 확인할 수 있습니다.

예정일 구하기
– EDATE/EOMONTH

EDATE 함수는 시작일로부터 몇 개월 후 또는 몇 개월 전의 날짜를 나타내는 함수입니다. EOMONTH 함수는 EDATE 함수와 비슷하지만 시작일로부터 몇 개월 후 또는 전의 날짜가 속한 말일을 나타내는 함수입니다.

Keyword EDATE, EOMONTH   **예제 파일** Part 3 \ 3-47.xlsx

함수 익히기	EDATE, EOMONTH
함수 형식	=EDATE(start_date, months) =EDATE(시작 날짜, 더하거나 뺄 개월 수) =EOMONTH(start_date, months) =EOMONTH(시작 날짜, 더하거나 뺄 개월 수)
인수	• start_date : 시작 날짜를 지정합니다. • months : 시작 날짜에서 구하고자 하는 이전 개월 수 또는 이후 개월 수로 숫자를 입력합니다.

01 사용시작일에서 교체주기 후 며칠이 될지 교체일자를 구하기 위해 [D4]셀을 클릭합니다. EDATE 함수를 시작합니다.

=EDATE(

02 함수가 시작되면 start_date 인수에 시작일이 있는 셀인 'B4', months 인수에 교체주기 월이 있는 셀인 'C4'를 입력합니다.

=EDATE(B4,C4)

03 [D4]셀이 선택된 채로 [홈] 탭-[표시 형식] 그룹에서 표시 형식을 '간단한 날짜'로 지정합니다.

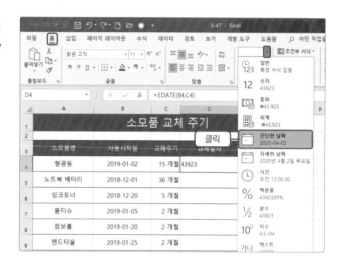

04 교체주기를 최소한으로 잡았기 때문에 교체일자가 속한 마지막 일을 구합니다. EOMONTH 함수를 시작합니다.

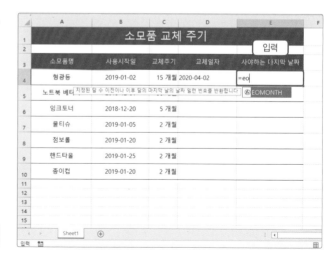

=EOMONTH(

05 '=EOMONTH(B4,C4)'를 입력합니다.

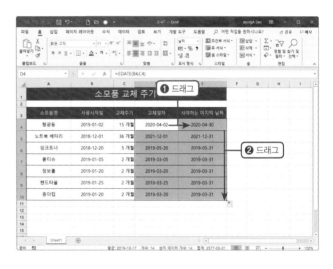

06 [D4:E4]를 선택하고 채우기 핸들을 이용하여 수식을 복제합니다.

기초 & 입력

서식 & 표

활용 기능

차트 & 응용

필터링 & 분석

매크로

참조 & 자동 계산

함수

출력용 데이터 변환하기
– REPLACE

REPLACE 함수는 원하는 위치에서부터 원하는 텍스트로 변환하는 함수입니다. 사원명의 가운데 글자를 변환하고, 전화번호 뒷자리를 변환하겠습니다.

Keyword REPLACE, 새로운 문자 변환   **예제 파일** Part 3 \ 3-48.xlsx

함수 익히기	REPLACE
함수 형식	=REPLACE(old_text, start_num, num_chars, new_text) =REPLACE(바꿀 문자가 있는 문자나 셀, 바꿀 문자의 시작 위치, 바꿀 문자의 개수, 바꿀 새로운 문자)
인수	• old_text : 바꿀 문자가 있는 원본 데이터로, 셀 주소나 문자입니다. • start_num : 바꾸기를 하려는 시작할 번호입니다. • num_chars : 바꾸려는 문자 개수입니다. • new_text : 대체할 새로운 문자입니다.

01 사원명이 있는 이름의 가운데 글자를 '*'로 변경하기 위해 [출력용] 시트의 [C5] 셀을 클릭합니다. 함수를 시작합니다.

=REPLACE(

기본 & 입력

서식 & 표

활용 기능

차트 & 응용

필터링 & 분석

매크로

참조 & 자동 계산

함수

02 함수가 시작되면 old_text 인수를 [사내용] 시트의 [C5]셀로 지정합니다.
start_num 인수에 '2', num_chars 인수에 '1', new_text 인수는 문자이기 때문에 "*"를 입력합니다.

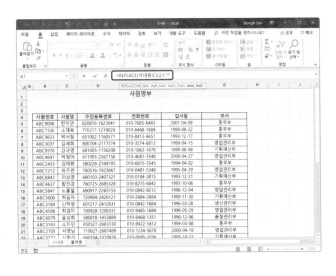

> `=REPLACE(사내용!C5,2,1,"*")`

POINT
사내용 시트의 [C5]셀에서 두 번째부터 한 글자를 *로 변경합니다.

03 두 번째 전화번호의 중간 네 글자를 변환하기 위해 '=REPLACE(사내용! E5,5,4,"****")'를 입력합니다.

POINT
사내용 시트의 [E5]셀에서 다섯 번째부터 네 글자를 ****으로 대치하는 함수입니다. 대시(-)도 글자 수에 포함합니다. 표시 형식에서 적용한 경우에는 글자 수에 포함하지 않습니다.

04 사원명과 전화번호에서 채우기 핸들을 이용하여 수식을 복제합니다.

필터링 결과 한번에 알아보기 – SUBTOTAL

SUBTOTAL 함수는 화면에 보이는 데이터를 계산하는 함수입니다. 화면에 보이는 데이터를 SUM 함수, AVERAGE 함수 등 총 열한 개의 함수의 특징으로 계산합니다. 일반적인 SUM 함수는 전체 데이터를 계산하지만 SUBTOTAL 함수에서 SUM은 화면에 보이는 결과를 다시 계산해 줍니다.

Keyword SUBTOTAL, 화면에 보이는 셀만 계산   **예제 파일** Part 3 \ 3-49.xlsx

---

함수 익히기 SUBTOTAL

함수 형식	=SUBTOTAL(function_num, ref1, [ref2], ……) =SUBTOTAL(함수 번호, 셀 범위1, 셀 범위2, ……)

인수

• function_num : 계산할 함수 번호를 지정합니다.
 ① 1~11번 : 숨겨진 행의 셀 값을 포함하여 계산(필터 기능 이외에 행 숨기기 한 경우 포함)
 ② 101~111번 : 숨겨진 행도 제외하고 화면에 보이는 셀 값을 포함하여 계산(필터 기능 이외에 행 숨기기 한 경우 제외함)
• ref : 계산해야 할 범위입니다.

fun_num(숨김 행 포함)	fun_num(숨김 행 무시)	함수 유형	계산
1	101	AVERAGE	평균
2	102	COUNT	숫자 개수
3	103	COUNTA	개수
4	104	MAX	최대값
5	105	MIN	최소값
6	106	PRODUCT	곱하기
7	107	STEDEV	표본 표준 편차
8	108	STDEVP	표준 편차
9	109	SUM	합계
10	110	VAR	표본 분산
11	111	VARP	분산

01 필터링된 결과를 다시 계산하기 위해 [F3]셀을 클릭하고 SUBTOTAL 함수를 표시합니다.

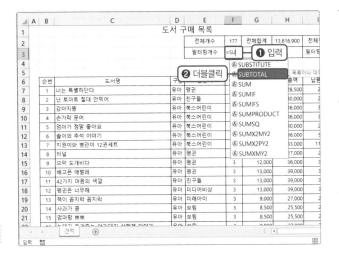

```
=SUBTOTAL(
```

02 function_num 인수는 도서명 개수를 세기 위해 COUNTA 함수가 있는 3을 입력합니다.

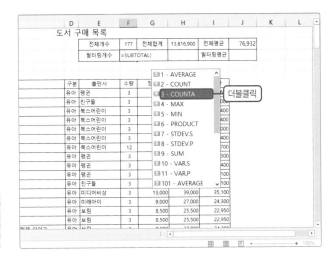

POINT
문자 수를 세기 위해 COUNTA 함수인 '3'을 선택하고 범위를 지정합니다.

03 ref 인수에서 [C7]셀을 클릭하고 Ctrl + Shift + ↓ 를 눌러 데이터를 끝까지 선택한 다음 Enter 를 누릅니다.

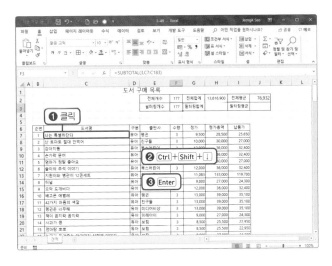

```
=SUBTOTAL(3,C7:C183)
```

기본 & 입력

서식 & 표

활용 기능

차트 & 응용

필터링 & 분석

매크로

참조 & 자동 계산

함수

04 같은 방법으로 [H3]셀에 '=SUBTOTAL (9,H7:H183)'을 입력합니다.

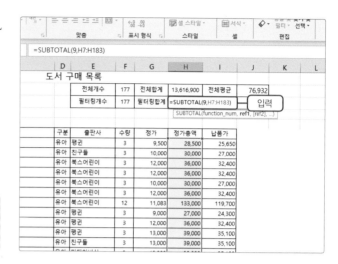

05 [J3]셀에 '=SUBTOTAL(1,H7:H183)'을 입력합니다.

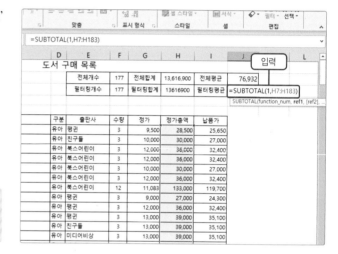

06 [B6]셀을 클릭하고 [데이터] 탭-[정렬 및 필터] 그룹-[필터]를 클릭합니다. 구분 필터링에서 '성인'을 선택하면 필터링한 결과에 따라 수치가 변경된 것을 확인할 수 있습니다.

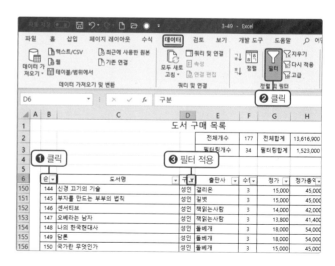

데이터베이스 함수 사용하기

– DSUM, DAVERAGE, DCOUNTA

50

D가 들어간 함수를 데이터베이스 함수라고 합니다. 데이터베이스 함수는 공통된 공식을 가지는데 '데이터베이스 범위, 필드 번호, 조건'입니다. 데이터베이스 함수는 총 열두 개의 함수가 있습니다. 조건을 입력하는 방법은 고급 필터와 동일합니다.

Keyword 데이터베이스 함수, DSUM 함수, DAVERAGE 함수   **예제 파일** Part 3 \ 3–50.xlsx

함수 익히기	데이터베이스 함수
함수 형식	=데이터베이스 함수명(database, field, criteria) =데이터베이스 함수명(데이터 범위, 필드 번호, 조건 범위)
인수	• **database** : 데이터베이스가 있는 범위를 지정합니다. • **field** : 데이터 범위에서 계산할 필드가 있는 열 번호를 입력합니다. • **criteria** : 조건에 사용할 필드명과 조건이 입력된 셀 범위를 지정합니다.
함수 종류	DAVERAGE, DCOUNT, DCOUNTA, DGET, DMAX, DMIN, DPRODUCT, DSTDEVP, DSTDEV, DSUM, DVAR, DVARP

01 함수를 익히면서 계속 사용할 범위의 이름을 정의하기 위해 [A1]셀을 클릭하고, Ctrl+A를 눌러 전체 데이터를 선택합니다. 이름 상자에 '도서목록'을 입력하고 Enter를 누릅니다.

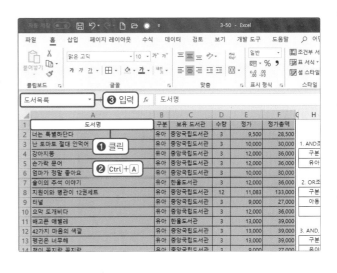

02 [J5]셀에 '=DCOUNTA('를 입력합니다. database 인수에 이름을 정의해 놓은 '도서목록'을 입력하고, field 인수는 계산해야 하는 첫 번째 필드 번호 '1'을 입력합니다. criteria 인수에 조건이 입력되어 있는 'H4:I5'셀을 입력합니다.

> =DCOUNT(도서목록,4,H4:I5)

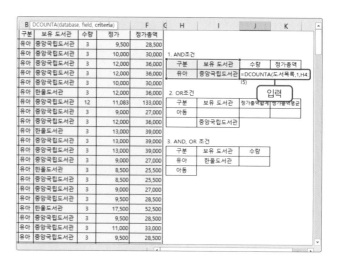

POINT
도서목록이라 이름 정의한 범위에서 구분이 '유아'이면서 보유 도서관이 '중앙국립도서관'인 조건으로 네 번째 열을 계산합니다.

03 정가총액의 합계를 계산하기 위해 [K5]셀에 '=DSUM(도서목록,6,H4:I5)'를 입력합니다.

POINT
도서목록 중에 구분이 '유아'이면서 보유 도서관이 '중앙국립도서관'인 조건으로 여섯 번째 열의 합계를 계산합니다.

04 [J9]셀에 '=DSUM(도서목록,6,H8:I10)'을 입력합니다.

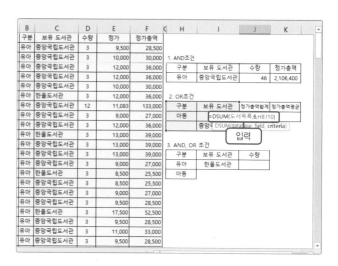

POINT
도서목록 중 구분이 '아동'이거나, 보유 도서관이 '중앙국립도서관'인 조건으로 여섯 번째 열의 합계를 계산합니다.

05 [K9]셀에 '=DAVERAGE(도서목록,6, H8:I10)'을 입력합니다.

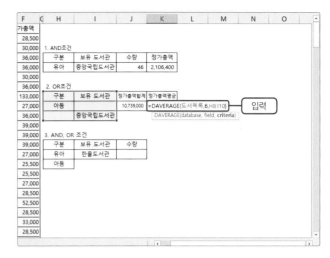

POINT
도서목록 중 구분이 '아동'이거나, 보유 도서관이 '중앙국립도서관'인 조건으로 여섯 번째 열의 평균을 계산합니다.

06 [14]셀에 '=DCOUNTA(도서목록,1, H13:I15)'를 입력합니다.

POINT
도서목록 중 구분이 '유아'이거나 아동이면서, 보유 도서관이 '한울도서관'인 조건으로 첫 번째 열의 개수를 셉니다.

기본 & 입력

서식 & 표

활용 기능

차트 & 이용

필터링 & 분석

매크로

참조 & 자동 계산

함수

INTEGRITY

INNOVATION

COMMITMENT

CREATIVITY

PASSION

GOALS

CONNECTION

GROWTH

4

필요한 곳에
응용하는
실무 예제 15가지

Part 04에서는 업무에서 바로 사용할 수 있는 예제를 만들어 보겠습니다. 앞에서 150개의
기능을 통해 상세히 배워 보았다면 상황에 따라서 기능들을 응용해서 실질적으로 어떻게
사용할 수 있는지 배워 보겠습니다.

지출결의서 만들기

사무실에서 지출이 예상되는 비용을 사전에 승인 요청할 때 사용하는 서식입니다. 날짜, 부서명, 내역, 청구인, 세부 내역, 금액 등을 적는 지출결의서를 엑셀에서 쉽게 만드는 법을 알아보겠습니다.

Keyword 셀 서식, 테두리, 병합하고 가운데 맞춤, 서식만 복사 **완성 파일** Part 4 \ 4-1_fi.xlsx

01 새 문서에서 [A4]셀에 '부서명', [C4]셀에 '직급', [E4]셀에 '성명', [A5]셀에 '지출금액', [A6]셀에 '제목'을 입력합니다.

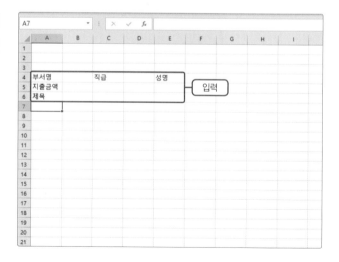

02 A열은 드래그하여 적당히 넓히고, B, D, F열은 Ctrl을 누른 채 선택합니다. 마우스 오른쪽 버튼을 클릭하고 [**열 너비**]를 실행합니다.

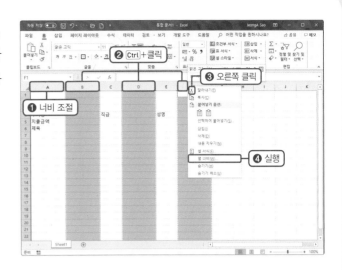

03 열 너비를 '14'로 설정하고 [확인] 버튼을 클릭합니다.

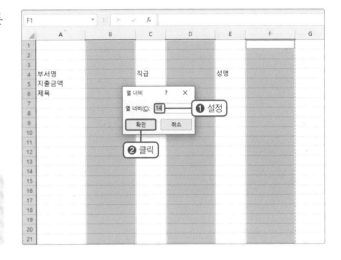

POINT
어디까지 넓혀야 할지 모를 때는 상태 표시줄의 [페이지 레이아웃(▦)]을 클릭하여 조절하면 1페이지 영역을 볼 수 있기 때문에 편하게 조절할 수 있습니다.

04 4, 5, 6행의 행 높이도 드래그하여 조절합니다. [A4:F6]을 선택하고 [홈] 탭-[글꼴] 그룹-[테두리▼]-[굵은 바깥쪽 테두리]를 클릭합니다.
[글꼴] 그룹-[테두리▼]-[모든 테두리]를 클릭합니다.

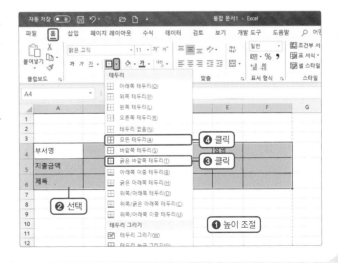

05 [A4:F6]이 선택된 채로 [맞춤] 그룹-
[가운데 맞춤(≡)]을 클릭하고, [A4:A6]을
선택한 다음 Ctrl+1을 누릅니다. [셀 서
식] 대화상자에서 [맞춤] 탭을 선택하고 가
로를 '균등 분할 (들여쓰기)'로 지정한 다음
들여쓰기를 '1'로 설정합니다.
[확인] 버튼을 클릭합니다.

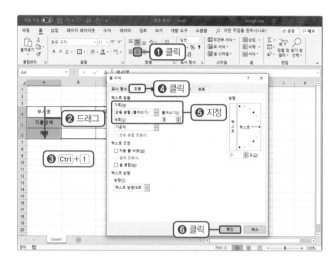

06 [B5:F5]를 선택하고 Ctrl을 누른 채
[B6:F6]을 선택합니다. [맞춤] 그룹-[병
합하고 가운데 맞춤(圖)]을 클릭합니다.

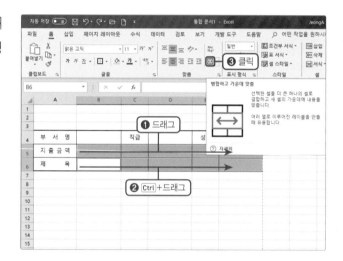

07 그림과 같이 1, 2행 높이를 조절하고
[A1:D2]를 선택한 다음 [맞춤] 그룹-[병
합하고 가운데 맞춤(圖)]을 클릭합니다.
[A1:F2]를 선택하고 [홈] 탭-[글꼴] 그
룹-[테두리▼]-[굵은 바깥쪽 테두리]를
클릭합니다.
'지출결의서'를 입력합니다.

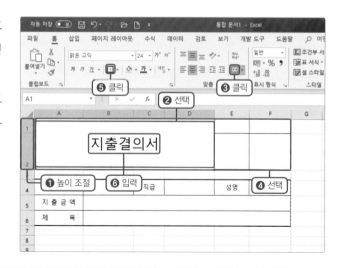

08 [A8]셀에 '내역', [B8]셀에 '적요', [D8]셀에 '금액', [E8]셀에 '비고'를 입력하고, [B26]셀에 '합계내역'을 입력합니다.

POINT
행 높이를 더 넓게 하려면 '합계내역'을 좀 더 위쪽에 입력합니다.

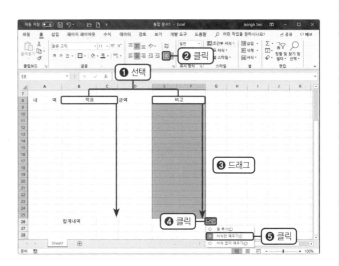

09 [B8:C8], [E8:F8]을 각각 선택하고, [맞춤] 그룹-[병합하고 가운데 맞춤(圉)]을 클릭합니다.
[B8]셀을 선택하고 채우기 핸들을 [B25]셀까지 드래그합니다. [자동 채우기 옵션(圖)]-[서식만 채우기]를 클릭합니다. 같은 방법으로 E열도 적용합니다.

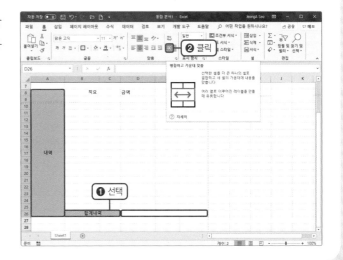

10 [A8:A26], [B26:C26], [D26:F26]을 각각 선택하고 [맞춤] 그룹-[병합하고 가운데 맞춤(圉)]을 클릭합니다.

11 [A8:F26]을 선택하고 [글꼴] 그룹–[테두리▼]–[굵은 바깥쪽 테두리]를 클릭합니다.
[글꼴] 그룹–[테두리▼]–[모든 테두리]를 클릭합니다.

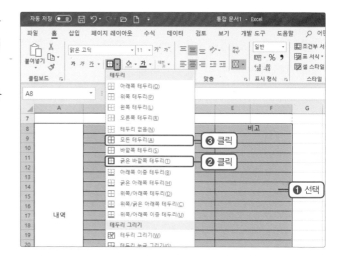

12 [A28]셀에 '위 금액을 청구하오니 결제 바랍니다.'를 입력하고 [A31:F31]을 병합합니다. '20 년   월   일'을 입력하고 같은 방법으로 [A34:F34]를 병합합니다. 오른쪽 맞춤 후 '영수인 : (인)'을 입력합니다. [A37:F37]도 병합하고 'OO주식회사'를 입력합니다.

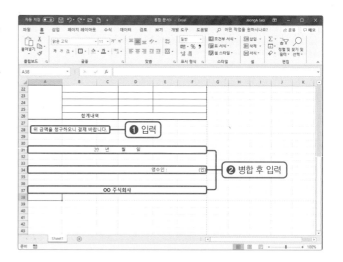

13 [A27:F38]을 범위 지정하고 [글꼴] 그룹–[굵은 바깥쪽 테두리]를 클릭합니다. [보기] 탭–[표시] 그룹–[눈금선]의 체크 표시를 해제합니다.

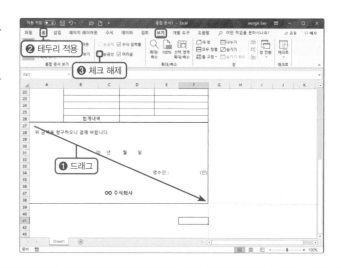

14 [D26]셀을 클릭하고 [홈] 탭–[편집] 그룹–[합계(Σ)]를 클릭합니다. [D9:D25]를 드래그하여 합계를 구할 범위를 입력하고 [Enter]를 누릅니다.
[표시 형식] 그룹–[쉼표 스타일(,)]을 클릭합니다.

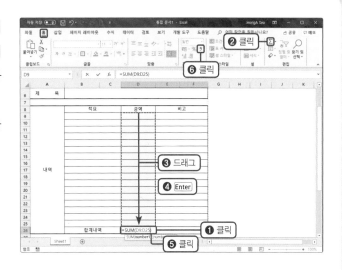

15 [B5]셀에 '=D26'을 입력하고 [Ctrl]+[1]을 눌러 [셀 서식] 대화상자를 표시합니다. 범주를 '기타', 형식을 '숫자(한글)'로 지정합니다.

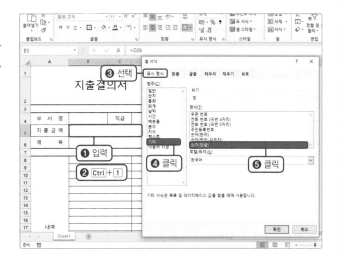

16 범주를 '사용자 지정', 형식을 '일금 [DBNum4][$-ko-KR]G/표준원정'이 되도록 추가 입력합니다. [확인] 버튼을 클릭합니다.

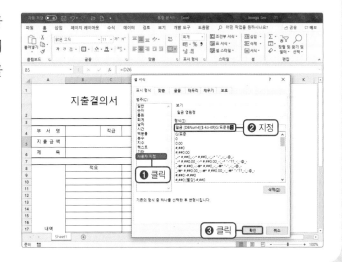

주간 업무 보고서 만들기

매주 업무 보고서를 만들어야 한다면 날짜를 변경해 주는 것도 일이 될 수 있습니다. 날짜가 자동으로 변경되고 제목도 자동으로 변경되는 업무 일지를 만들어 보겠습니다.

Keyword 표시 형식, 테두리, 함수(INT, MONTH, DAY, WEEKDAY)　　　**완성 파일** Part 4\4-2_fi.xlsx

01 새 문서에서 [A1]셀에 '주간 업무 보고서', [A3]셀에 '1-7'을 입력합니다.
[A3:B3]을 선택하고 [홈] 탭-[맞춤] 그룹-[병합하고 가운데 맞춤(圄)]을 클릭합니다. [A4]셀에 '일', [B4]셀에 '요일', [C4]셀에 '업무내용', [D4]셀에 '비고'를 입력합니다.

POINT
날짜는 -, /를 사용하여 입력하며, 연도를 입력하지 않으면 올해 연도가 입력됩니다.

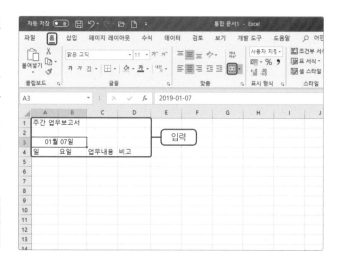

02 A열과 B열은 좁게 열 너비를 조절하고, C열과 D열은 그림과 같이 넓게 열 너비를 드래그하여 조절합니다.

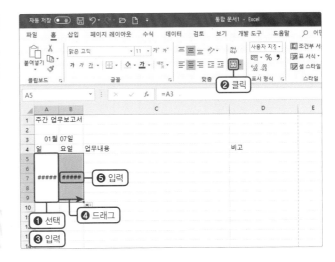

POINT

어디까지 넓혀야 할지 모를 때는 상태 표시줄의 [페이지 레이아웃(▤)]을 클릭하여 조절하면 1페이지 영역을 볼 수 있기 때문에 편하게 조절할 수 있습니다.

03 [A5:A9]를 선택하고 [맞춤] 그룹-[병합하고 가운데 맞춤(▦)]을 클릭합니다. [A5]셀에 '=A3'을 입력합니다. [A5]셀의 채우기 핸들을 [B9]셀까지 드래그합니다. [B5]셀에 '=A5'를 입력합니다.

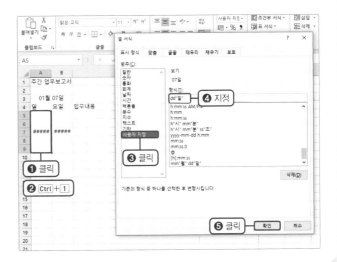

POINT

데이터 내용보다 셀 너비가 좁아서 #로 표시됩니다.

04 [A5]셀을 클릭하고 `Ctrl`+`1`을 눌러 [셀 서식] 대화상자를 표시한 다음 범주를 '사용자 지정', 형식을 'dd"일"'로 지정합니다. [확인] 버튼을 클릭합니다.

05 [B5]셀을 클릭하고 Ctrl+1을 눌러 [셀 서식]을 열어줍니다. 범주를 '사용자 지정', 형식을 '(aaa)'로 지정합니다. [확인] 버튼을 클릭합니다.

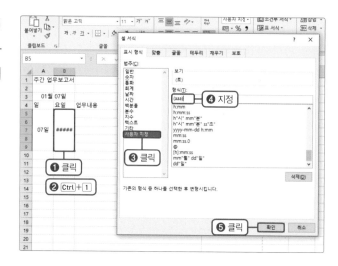

06 4~9행의 행 높이를 조절하고, [A4: D4]를 선택한 다음 [맞춤] 그룹-[가운데 맞춤(≡)]을 클릭합니다.

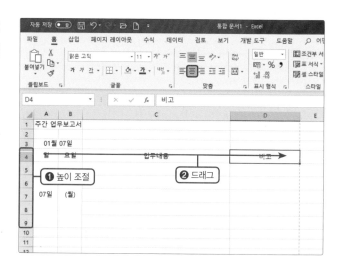

07 [A4:D4]를 선택한 채로 Ctrl을 누른 채 [A5:D9]를 선택합니다. Ctrl+1을 눌러 [셀 서식] 대화상자를 표시합니다. [테두리] 탭을 선택하고 점선을 선택한 다음 '안쪽', 실선을 선택한 다음 '윤곽선'을 클릭합니다. [확인] 버튼을 클릭합니다.

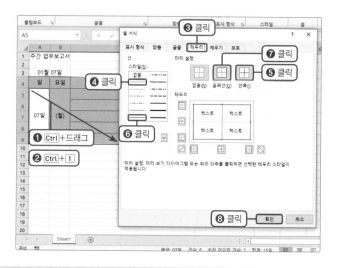

08 5~9행을 선택하고 Ctrl+C를 눌러 복사합니다. 10행을 선택하고 Ctrl+V를 눌러 붙여넣기를 합니다.

[A10]셀에 '=A5+1'을 입력합니다.

10~14행을 선택하고 Ctrl+C를 눌러 복사합니다.

POINT

채우기 핸들로 복사해도 같은 결과를 나타낼 수 있지만 행으로 복사하면 행 높이도 같이 복사됩니다.

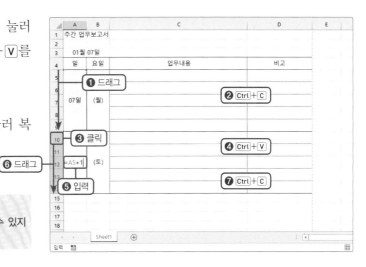

09 요일이 금요일(29행)이 될 때까지 Ctrl+V를 눌러 붙여넣기를 합니다.

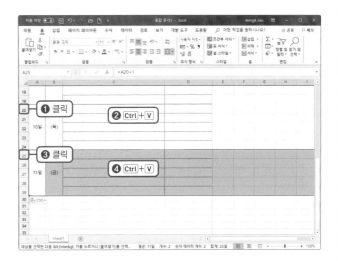

10 [A1]셀을 '=MONTH(A3)&"월"&INT((DAY(A3)+7-WEEKDAY(A3)-1)/7)+1&"주 주간 업무보고서"'로 변경합니다.

POINT

• MONTH(A3) : [A3]셀에 있는 날짜 중 월만 표시합니다.

• INT((DAY(A3)+7-WEEKDAY(A3)-1)/7)+1 : INT로 소수점 아래를 버리고 정수로 내립니다. DAY로 날짜 중 일만 표시합니다. 나중에 7로 나누어서 몇째 주인지 알아야 하는데 나눈 나머지가 7미만일 때를 대비해서 7을 더합니다. WEEKDAY 함수는 일주일을 숫자로 표시합니다. 모두 계산한 다음 현재 주수도 포함해야 하기 때문에 1을 더합니다.

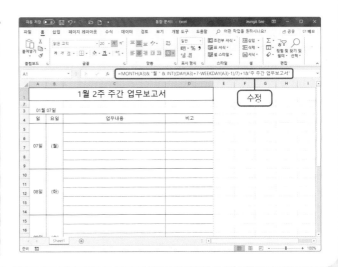

출근부 겸 일급 계산부 만들기

P R O J E C T

03

출근부 및 시급, 일급, 월급을 계산하는 문서를 만들어 보겠습니다. 빈 문서에 어떻게 문서를 만들어 가는지 처음부터 단계별로 배우겠습니다.

Keyword 연결된 그림, 붙여넣기 옵션, 서식 변경, 인쇄 크기 조정 　　**예제 파일** Part 4 \ 4-3.xlsx

미리 보기

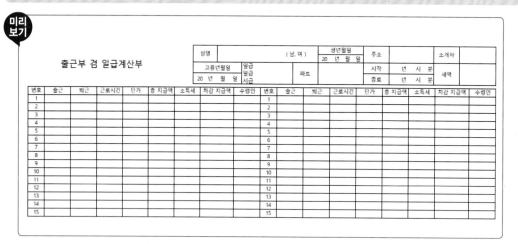

01 [출근부] 시트의 4행을 선택하고 첫 번째 셀인 [A4]셀에 '번호', [B4]셀에 '출근', [C4]셀에 '퇴근', [D4]셀에 '근로시간', [E4]셀에 '단가', [F4]셀에 '총 지급액', [G4]셀에 '소득세', [H4]셀에 '차감 지급액', [I4]셀에 '수령인'을 Enter 를 누르며 입력합니다.

POINT
범위를 지정하고 Enter 를 누르면 범위 안에서 이동합니다.

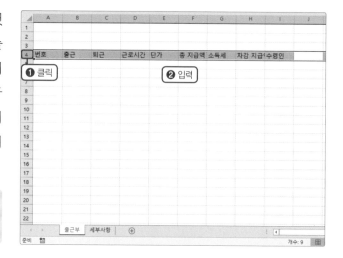

02 A열 머리를 마우스 오른쪽 버튼으로 누르고 [열 너비]를 실행합니다.

열 너비를 '5'로 설정하고 [확인] 버튼을 클릭합니다.

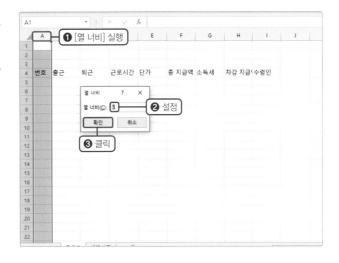

03 [A5]셀에 '1'을 입력하고 채우기 핸들을 [A19]셀까지 드래그하여 입력합니다. [자동 채우기 옵션(📋)]-[연속 데이터 채우기]를 클릭합니다.

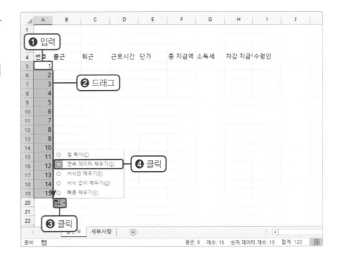

04 [A4:I19]셀을 선택하고 [홈] 탭-[글꼴] 그룹-[테두리▼]-[모든 테두리]를 클릭한 다음 [맞춤] 그룹-[가운데 맞춤(≡)]을 클릭합니다.

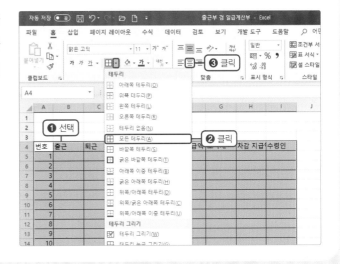

05 [B5:D19]를 선택하고 마우스 오른쪽 버튼을 클릭한 다음 **[셀 서식]**을 실행합니다. [셀 서식] 대화상자에서 범주를 '시간', 형식을 '13:30'으로 지정합니다.

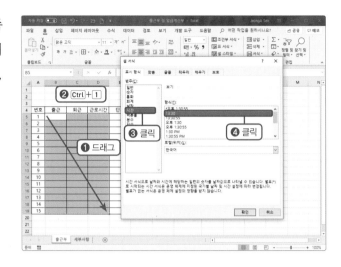

06 범주를 '사용자 지정', 형식을 'hh:mm' 으로 변경하여 입력합니다.
[확인] 버튼을 클릭합니다.

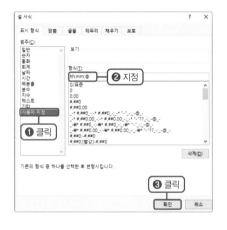

POINT
hh:mm;@는 '5:01'의 시간을 '05:01'의 시간으로 변경하며 시간의 형식이 아닐 경우 문자@로 표현한다는 의미입니다.

07 H열의 열 너비를 '차감 지급액'에 맞추어 변경하고, [E5:H19]를 선택한 다음 [홈] 탭-[표시 형식] 그룹-[쉼표 스타일(,)]을 클릭합니다.

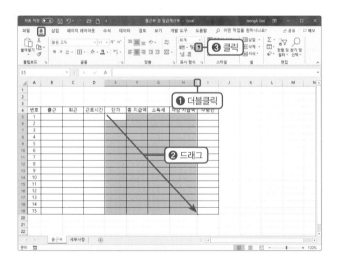

08 Ctrl을 누른 채로 마우스 휠을 움직여 화면을 70%로 축소합니다. [A4:I19]를 선택하고 Ctrl+C를 눌러 복사합니다. [J4]셀을 클릭하고 Ctrl+V를 눌러 붙여넣기를 합니다. [붙여넣기 옵션(📋)]-[원본 열 너비 유지(📋)]를 선택합니다.

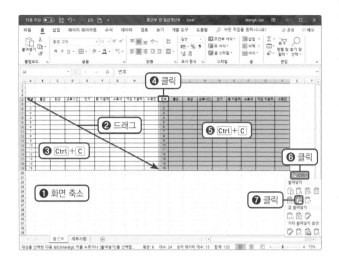

09 [세부사항] 시트를 선택하고 [B2:K5]를 선택합니다. Ctrl+C를 눌러 복사합니다.

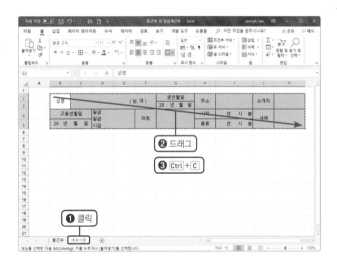

10 [출근부] 시트를 표시합니다. [G1]셀을 클릭하고 Ctrl+V를 눌러 붙여넣기를 합니다. [붙여넣기 옵션(📋)]-[연결된 그림]을 클릭합니다.

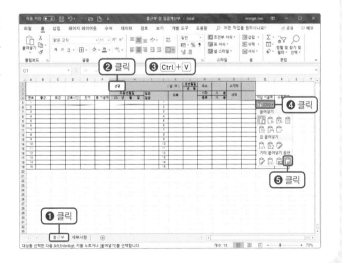

11 3행 높이를 조절하여 넓게 하고, 연결된 그림도 크기를 조절합니다. [보기] 탭-[표시] 그룹에서 '눈금선'의 체크 표시를 해제합니다.

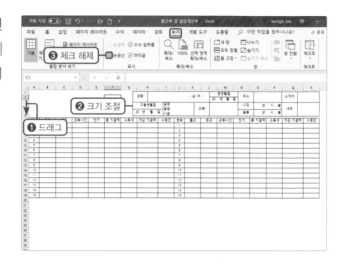

12 [A1]셀에 '출근부 겸 일급계산부'를 입력합니다.
[A1:F3]셀을 선택하고 [홈] 탭-[맞춤] 그룹-[병합하고 가운데 맞춤(国)]을 클릭합니다. [홈] 탭-[글꼴] 그룹-[글꼴 크기 크게(가)]를 클릭합니다.

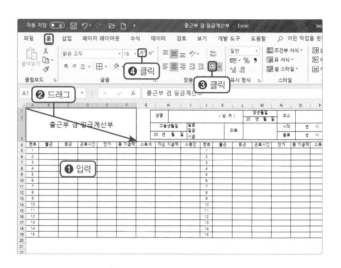

13 상태 표시줄에서 [페이지 레이아웃(国)]을 클릭하고 Ctrl을 누른 채 마우스 휠을 움직여 화면을 55%로 축소합니다. [페이지 레이아웃] 탭-[페이지 설정] 그룹-[용지 방향]-[가로]를 클릭하고 [크기 조정] 그룹에서 배율을 '75%'로 설정합니다.

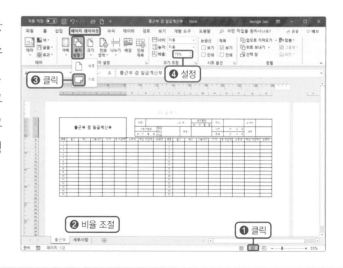

구매 승인 요청서 만들기

구매할 기물의 수량과 규격, 단가 등을 기록하여 구매를 요청하는 내용을 기재한 문서입니다. 엑셀에서 만드는 방법을 알아보겠습니다.

Keyword 연결된 그림, 테두리, 서식만 복사, 병합하고 가운데 맞춤   **완성 파일** Part 4 \ 4-4_fi.xlsx

01 새 문서에서 [A1]셀에 '구매 승인 요청서', [A4:A7]셀에 '작성일자', '구입처명', '인도조건', '지불조건'을 입력합니다. [A9]셀에 '※아래와 같이 구매 승인요청서를 제출합니다.'를 입력하고 [A10:G10]셀의 범위를 선택한 후 '품목', '규격', '단위', '수량', '단가', '본사구입가', '현장구입가'를 차례대로 입력합니다.

POINT
범위를 지정하고 입력하면 Enter를 눌러도 선택한 범위 안에서 가로로 이동합니다.

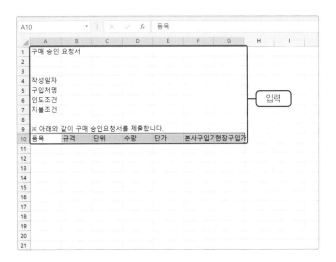

02 B열을 추가 삽입하고 [F4]셀에 '작성자'를 입력합니다. G~H열을 선택하고 열너비를 적당히 조절합니다.

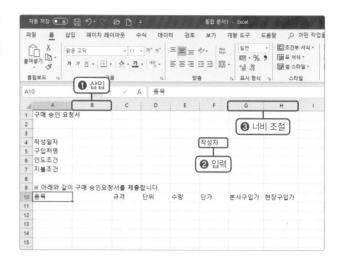

03 [A4:H7]을 선택하고, [홈] 탭-[맞춤]그룹-[가운데 맞춤(≡)]을 클릭합니다.

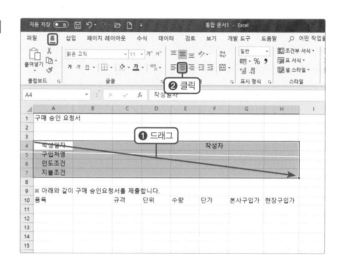

04 [A4:H7]이 선택된 채로 Ctrl+1을 눌러 [셀 서식] 대화상자를 표시합니다. [테두리] 탭을 선택합니다.
실선을 선택하고 '안쪽'을 클릭합니다. 굵은 선을 클릭하고 '위쪽'과 '아래쪽'을 클릭합니다. [확인] 버튼을 클릭합니다.

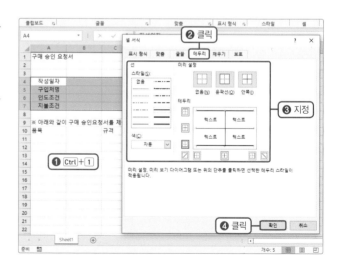

05 Ctrl을 누른 채 [B4:E4], [G4:H4], [B5:H5], [B6:H6], [B7:H7]을 각각 선택합니다. [홈] 탭-[맞춤] 그룹-[병합하고 가운데 맞춤(🔳)]을 클릭합니다.

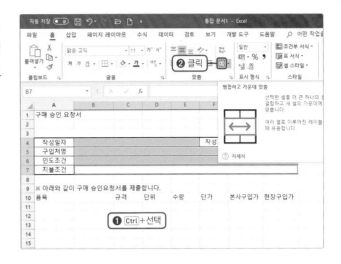

06 4~6행을 선택하고 마우스 오른쪽 버튼으로 클릭한 다음 **[행 높이]**를 실행합니다. 행 높이를 '25'로 설정하고 [확인] 버튼을 클릭합니다.

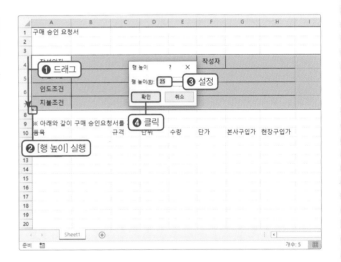

07 10~31행을 선택하고 과정 06과 같은 방법으로 행 높이를 '20'으로 설정합니다. [A10:B10]을 선택하고 [맞춤] 그룹-[병합하고 가운데 맞춤(🔳)]을 클릭합니다.

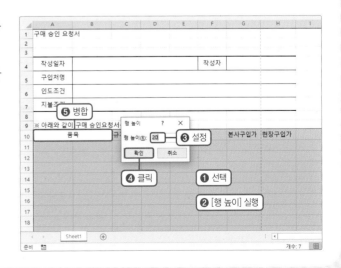

08 범위 지정된 채로 채우기 핸들을 31행까지 드래그하고 [자동 채우기 옵션(🔲)]–[서식만 채우기]를 클릭합니다.

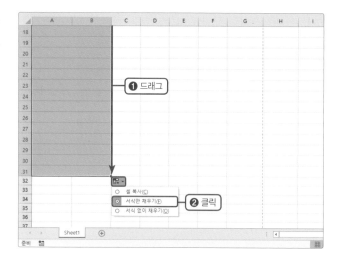

09 [A10:H31]을 선택하고 과정 04와 같은 방법으로 실선을 선택한 채로 '안쪽', 굵은 선을 선택하고 '위쪽'과 '아래쪽'을 클릭합니다. [확인] 버튼을 클릭합니다.

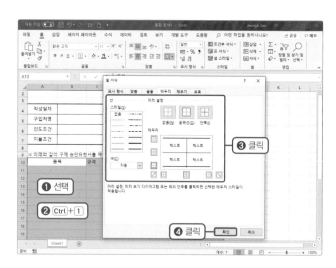

10 [A31]셀에 '비고'를 입력하고, [C31:H31]을 선택한 다음 [맞춤]–[병합하고 가운데 맞춤(🔲)]을 클릭합니다.
[A32]셀에 '요청한 일부 자재는 현재 구입 승인에 관하여 본사에서 검토한 결과(현지, 본사)구입이 유리하므로', [A33]셀에 '이를 승인함.(본사 구입조치 바람.)'을 입력합니다.

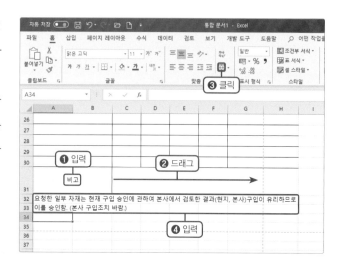

11 [A35:H35]을 선택하고 [병합하고 가운데 맞춤(圄)]을 클릭합니다. 'OO주식회사'를 입력하고 [글꼴] 그룹-[굵게(**가**)]를 선택한 다음 글꼴 크기를 '12'로 설정합니다. [새 시트] 아이콘(⊕)을 클릭합니다.

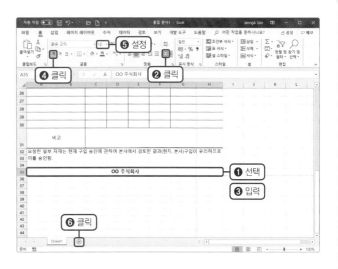

12 [A1:D1]에 '담당', '대리', '차장', '부장'을 입력합니다. 2행을 그림과 같이 넓히고 [A1:D2]을 복사합니다.

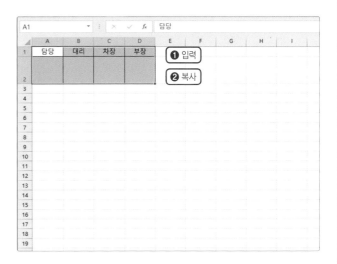

13 [Sheet1] 시트를 선택하고 [E1]셀을 마우스 오른쪽 버튼으로 클릭한 다음 [선택하여 붙여넣기]-[연결된 그림]을 클릭합니다.

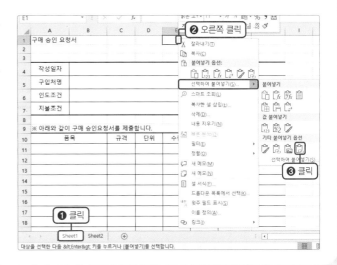

14 [보기] 탭-[표시] 그룹-[눈금선]의 체크 표시를 해제합니다. 3행을 넓히고 그림으로 붙여넣기를 한 표 크기 조절하여 보기 좋게 배치합니다.

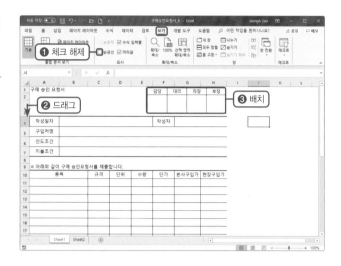

15 [A1:D3]을 선택하고 [병합하고 가운데 맞춤(国)]을 클릭한 다음 글꼴 크기를 '22'로 설정합니다.

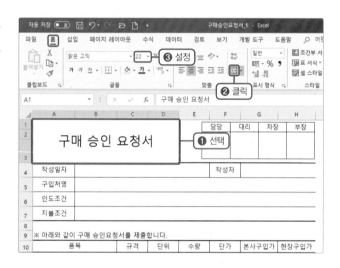

경력 증명서
만들기

05

주민등록번호를 입력하면 사원 명부 데이터에 있는 내용이 자동으로 입력되게 하는 경력 증명서를 만들겠습니다.

Keyword INDEX 함수, 병합하고 가운데 맞춤, 균등 분할 **예제 파일** Part 4 \ 4-5.xlsx

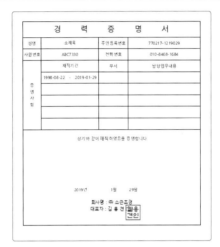

01 [새 시트] 아이콘(⊕)을 클릭하고 [A1] 셀에 '경력증명서'를 입력합니다.

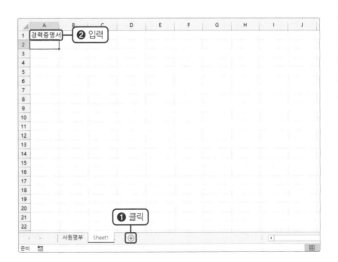

02 [A1:F1]셀을 선택하고 마우스 오른쪽 버튼으로 클릭한 다음 **[셀 서식]**을 실행합니다.

[맞춤] 탭을 선택하고 텍스트 맞춤 항목에서 가로를 '균등 분할(들여쓰기)', 들여쓰기를 '7'로 설정한 다음 텍스트 조정 항목에서 '셀 병합'에 체크 표시합니다.

[확인] 버튼을 클릭합니다.

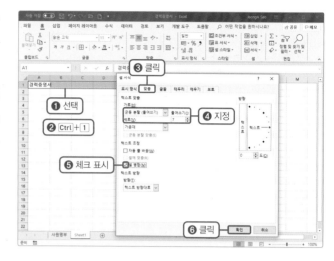

03 [A2]셀에 '성명', [E2]셀에 '주민등록번호', [A3]셀에 '사원번호', [E3]셀에 '전화번호', [A4]셀에 '증명사항', [B4]셀에 '재직기간', [E4]셀에 '부서', [F4]셀에 '담당업무내용'을 입력합니다.

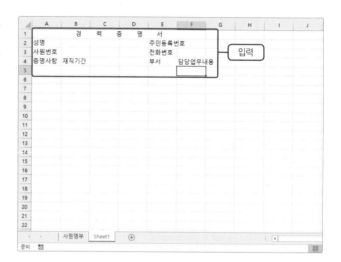

04 [A4:A9]를 선택하고 [홈] 탭-[맞춤] 그룹-[병합하고 가운데 맞춤(圄)]을 클릭합니다. [방향(✍)]-[세로 쓰기]를 클릭합니다.

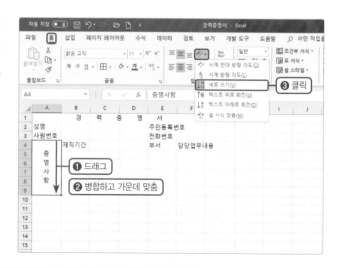

05 C열의 열 너비를 좁히고 F열의 열 너비를 넓힙니다. 1~9행을 선택하고 행 높이를 '30'으로 설정합니다.

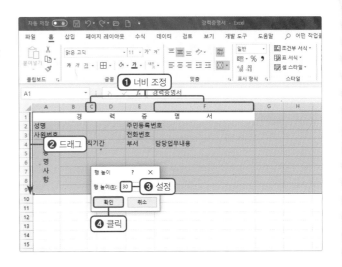

06 [A1]셀을 클릭하고 글꼴 크기를 '20'으로 설정한 다음 [A2:F9]를 선택합니다. [글꼴] 그룹-[테두리]-[모든 테두리]를 클릭하고, [테두리 지우기(◇)]를 클릭하여 B~D 사이에 있는 선을 지웁니다.
Esc를 눌러 테두리 그리기를 마칩니다.

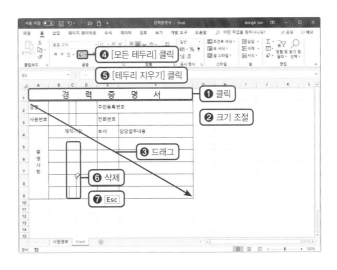

07 [B2:D2]를 선택하고 [맞춤] 그룹-[병합하고 가운데 맞춤(囯)]을 클릭한 다음 채우기 핸들을 [D3]셀까지 드래그합니다.

08 [A2:F9]를 선택하고 [맞춤] 그룹-[가운데 맞춤(≡)]을 클릭합니다.
[A11:F11]을 선택하고 [맞춤] 그룹-[병합하고 가운데 맞춤(☲)]을 클릭한 다음 '상기와 같이 재직하였음을 증명합니다.'를 입력합니다.

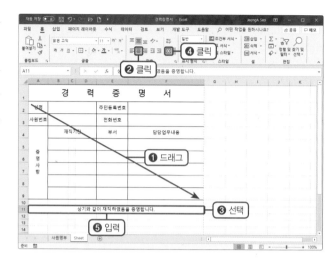

09 [D19]셀에 '2019년', [E19]셀에 '=MONTH(TODAY())&"월"', [F19]셀에 '=DAY(TODAY())&"일"'을 입력합니다.

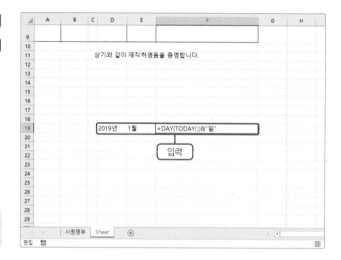

POINT
TODAY 함수에서 월과 일을 표시합니다.

10 [A21]셀에 '회사명 : (주) 소근조경', [A22]셀에 '대표자 : 김 용 견 (인)'을 입력합니다.
[D21:D21], [D22:D22]을 각각 선택하고, [글꼴] 그룹에서 글꼴 크기를 '12'로 설정합니다. [맞춤] 그룹-[병합하고 가운데 맞춤(☲)]을 클릭합니다.

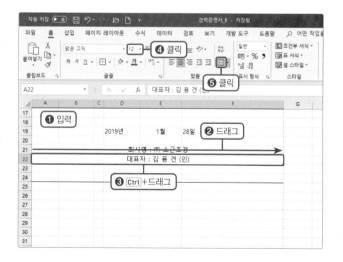

11 [A10:F24]를 선택하고 [글꼴] 그룹-[테두리▼]-[바깥쪽 테두리]를 클릭합니다.

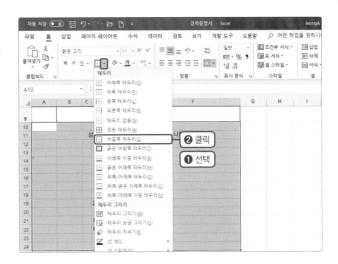

12 [사원명부] 시트에서 [B5:G39]를 선택합니다. 이름 상자에 '사원명부'를 입력하고 Enter를 누릅니다. 같은 방법으로 [D5:D39]를 선택하고 이름 상자에 '주민번호'를 입력합니다.

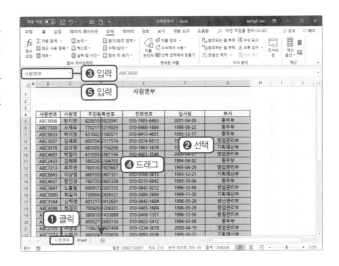

13 [Sheet] 시트를 표시합니다. [F2]셀에 '770217-1219029', [B2]셀에 '=INDEX(사원명부,MATCH(F2,주민번호,0),2)'를 입력합니다.

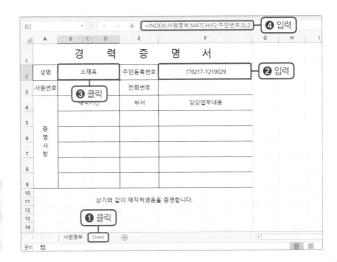

POINT
'사원명부' 범위의 [F2]셀에 입력된 데이터가 몇 번째 있는지 MATCH 함수로 찾고 행 번호를 추출한 다음 두 번째 열 번호와 같은 데이터를 추출합니다.

14 같은 방법으로 [B3]셀에 '=INDEX(사원명부,MATCH(F2,주민번호,0),1)', [F3]셀에 '=INDEX(사원명부,MATCH(F2,주민번호,0),4)'를 입력합니다.

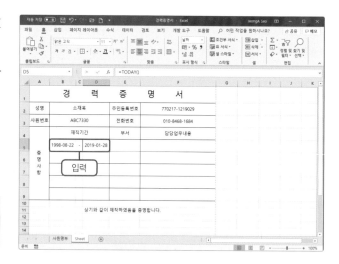

15 [B5]셀에 '=INDEX(사원명부,MATCH(F2,주민번호,0),5)', [C5]셀에 '−'를 입력합니다. [D5]셀에 '=TODAY( )'를 입력합니다.

쌩초보 Level Up

컴퓨터 도장 만들기

모두싸인(https://www.modusign.co.kr/event−stamp)에 가입하면 온라인 도장을 만들 수 있습니다. 필요한 만큼 도장을 만들 수 있으며 쉽게 이름과 글꼴 등을 선택할 수 있습니다. PNG 파일로 제공하기 때문에 컴퓨터에서 사용하기 적합합니다.

퇴사 현황 파악하기

PROJECT

06

입사일과 퇴사일을 날짜 데이터로 변경하고, 퇴사일에서 연도별 직급별 개수, 퇴사일의 연도별, 직종별 개수를 파악하기 위해, 텍스트 나누기와 COUNTIFS 함수, DATE 함수를 이용하는 방법을 배워 보겠습니다.

Keyword 날짜 데이터 변경, COUNTIFS, DATE 예제 파일 Part 4\4-6.xlsx

핵심 기능

① 숫자, 문자 데이터를 날짜 데이터로 변경하기

② COUNTIFS 함수와 DATE 함수로 집계하기

01 퇴사일을 날짜 데이터로 변경하기 위해 [H6:H45]을 선택합니다. Ctrl+H를 누르고 [찾기 및 바꾸기] 대화상자가 표시되면 찾을 내용을 '.', 바꿀 내용을 '-'로 지정합니다.

POINT
온점 때문에 문자로 인식되어 있는 데이터를 온점 대신에 대시로 변경하여 날짜 데이터로 변환합니다.

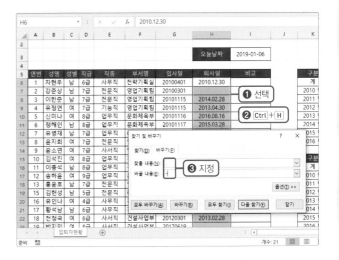

02 [모두 바꾸기] 버튼을 클릭하여 퇴사일의 점을 모두 대시로 변경합니다. [확인] 버튼을 클릭하고 [찾기 및 바꾸기] 대화상자를 닫습니다.

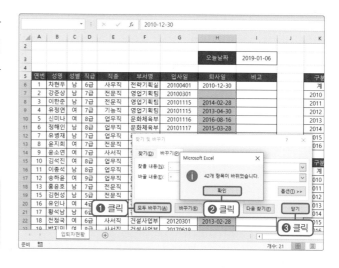

POINT
날짜 데이터로 변경되었기 때문에 [홈] 탭-[표시 형식] 그룹의 표시 형식이 '간단한 날짜'로 지정되어 있습니다.

03 입사일을 날짜 데이터로 변경하기 위해서 [G6:G45]를 선택하고 [데이터] 탭-[데이터 도구] 그룹-[텍스트 나누기]를 클릭합니다.

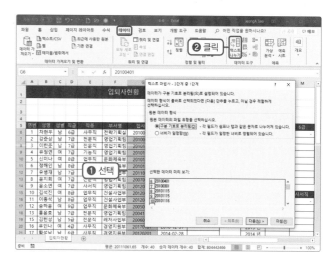

POINT
숫자로 인식되어 있는 입사일의 데이터를 텍스트 나누기를 통해 날짜 데이터로 변환합니다.

04 텍스트 나누기를 하는 것은 아니고 형식을 변경하기 위해 [텍스트 마법사] 대화상자에서 3단계로 이동합니다.
열 데이터 서식을 '날짜'로 지정하고 [마침] 버튼을 클릭합니다.

05 입사일도 날짜 형식으로 바뀐 것을 확인할 수 있습니다.

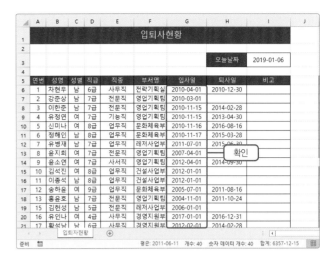

06 이름을 정의하기 위해 [D5:E45], [H5:H45]를 선택하고 [수식] 탭-[정의된 이름] 그룹-[선택 영역에서 만들기]를 클릭합니다.

[선택 영역에서 이름 만들기] 대화상자가 표시되면 '왼쪽 열'의 체크 표시를 해제하고 '첫 행'만 체크 표시한 다음 [확인] 버튼을 클릭합니다.

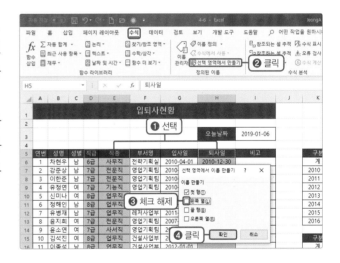

07 [정의된 이름] 그룹-[수식에서 사용]을 클릭하면 정의된 이름이 세 가지 만들어진 것을 확인할 수 있습니다.

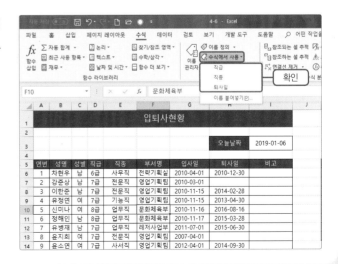

08 직급별, 퇴사년도별로 집계하기 위해 [L7]셀을 클릭합니다. '=COUNTIFS(직급,L$5,퇴사일,">"&DATE($K7,1,1),퇴사일,"<="&DATE($K7,12,31))'을 입력합니다.

POINT
직급 중 현재 표에 있는 직급(L$5)과 같으면서, 퇴사일이 현재 표에 있는 연도($K7)와 같은 사람이 몇 명인지 구합니다.
criteria 인수는 조건과 함께 함수를 연결하기 위해 &를 사용합니다.

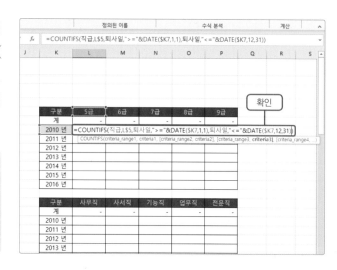

09 수식을 [P13]셀까지 복사하여 퇴사일에 대한 집계를 해 보았습니다.

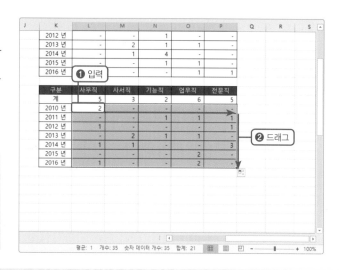

10 [L17]셀에 '=COUNTIFS(직종,L$15,퇴사일,">"&DATE($K17,1,1),퇴사일,"<="&DATE($K17,12,31))'을 입력하고 수식을 복사합니다.

POINT
직종 중 현재 표에 있는 직종(L$15)와 같으면서, 퇴사일이 현재 표에 있는 연도($K17)와 같은 사람이 몇 명인지 구합니다.
criteria 인수는 조건과 함께 함수를 연결하기 위해 &를 사용합니다.

재고 상품 파악해서
주문하기

[주문식품명] 시트에 있는 식품들을 주문하려 합니다. [재고상품] 시트에 있는 목록은 제외하고 주문해야 하기 때문에 두 개의 시트를 비교하고 없는 상품이 어떤 것인지 파악하는 방법을 알아보겠습니다.

Keyword 개체 삭제, 내용 비교, COUNTIF, IF   **예제 파일** Part 4\4-7.xlsx

핵심 기능

① 개체 선택해서 삭제하기

② COUNTIF 함수와 IF 함수로 두 개의 데이터 비교하기

③ 주문상품이 O이면 식품명 글꼴 색 변경하기

01 외부 데이터를 엑셀로 저장했더니 내용이 많지 않음에도 작업 시간이 오래 걸립니다. 먼저 의심해 봐야 할 것은 개체입니다. 먼저 개체를 선택하겠습니다.

[주문식품명] 시트에서 [홈] 탭-[편집] 그룹-[찾기 및 선택]-[이동 옵션]을 클릭합니다.

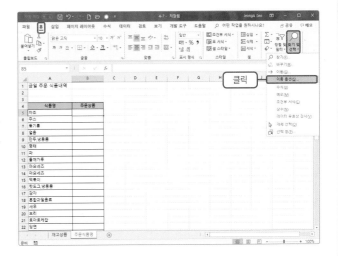

02 [이동 옵션] 대화상자에서 [개체]를 클릭하고 [확인] 버튼을 클릭합니다.

03 시트 안에 있는 개체가 모두 선택됩니다. Delete 를 눌러 삭제합니다.

04 같은 방법으로 [재고식품] 시트도 개체를 선택하여 삭제합니다.

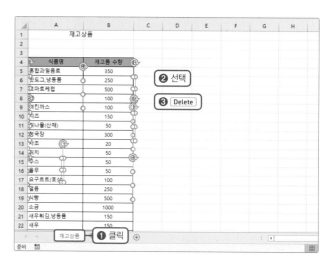

05 함수를 사용하기 전에 이름을 정의하기 위해 [재고상품] 시트의 [A5:A37]을 선택하고 이름 상자에 '식품명'을 입력합니다.

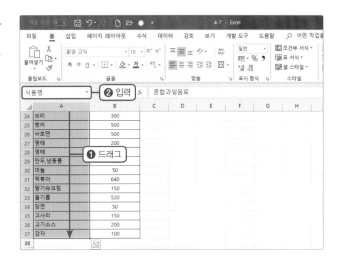

06 [주문식품명] 시트에서 [B5]셀에 '=COUNTIF(식품명,A5)'를 입력합니다.

POINT
[주문식품명] 시트의 [A5]셀과 같은 데이터가 [재고상품] 시트의 [식품명] 범위에 몇 개 있는지 찾아봅니다.

07 수식을 복사해 보니 0, 1, 2인 경우가 나왔습니다.

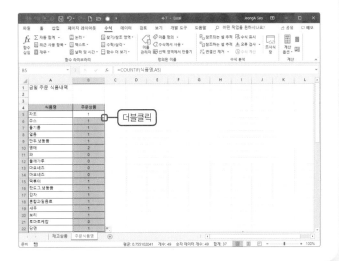

08 그중에서 1, 2인 경우에는 주문하지 않아야 하니까 X, 0인 경우는 주문을 해야 하니까 O를 입력해 보겠습니다. '=IF(COUNTIF(식품명,A5)=0,"O","X")'를 입력하고 다시 수식을 복사합니다.

09 주문상품이 O일 때 식품명의 글꼴 색을 변경하기 위해 [홈] 탭-[스타일] 그룹-[조건부 서식]-[새 규칙]을 클릭합니다. [새 서식 규칙] 대화상자에서 규칙 유형 선택을 '수식을 사용하여 서식을 지정할 셀 결정', 수식을 '=$B5="O"'로 지정하고 서식을 변경합니다.

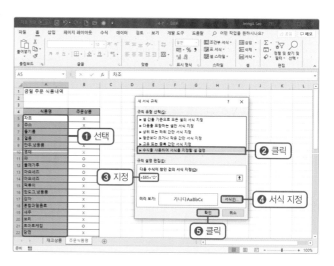

10 글꼴 색이 변경됩니다.

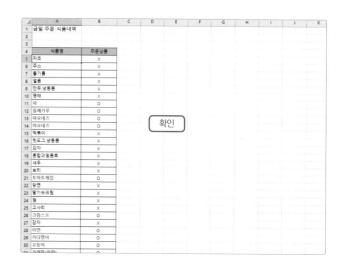

작업복 신청 집계표 만들기

작업복 신청 자료의 시트에는 바지와 티셔츠 신청 현황이 있고, 티셔츠는 카라형과 라운드형 두 개 중 하나를 신청할 수 있습니다. 이름을 정의하고 부서, 성별, 바지, 티셔츠별 집계 현황표를 완성하겠습니다.

Keyword 집계표, COUNTIFS, SUM

예제 파일 Part 4\4-8.xlsx

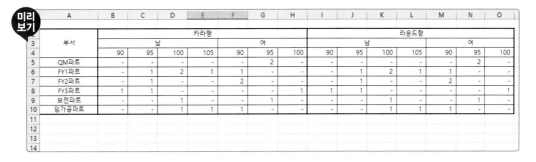

핵심 기능

① 중복된 항목 제거하기

② 가로세로 바꾸어 복사하기

③ 이름 정의하고 COUNTIFS 함수 사용하기

---

01 [작업복 신청 자료] 시트에서 부서열의 고유 항목만 뽑기 위해 [B3:B33]을 선택하고 복사합니다.

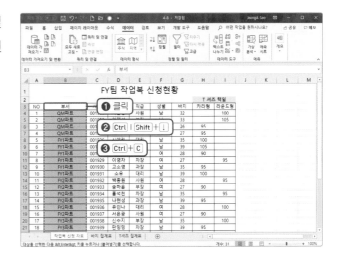

02 [바지 집계표] 시트에서 [A4]셀을 클릭하고 붙여넣기를 합니다. [데이터] 탭-[데이터 도구] 그룹-[중복된 항목 제거(🗋)]를 클릭합니다.
[중복 값 제거] 대화상자에서 [확인] 버튼을 클릭합니다.

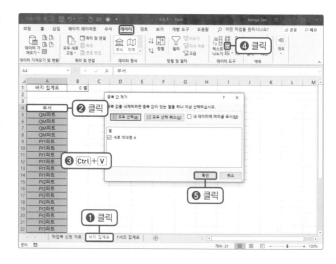

03 같은 방법으로 [작업복 신청 자료] 시트의 [G3:G33]을 복사하고 [바지 집계표] 시트에 임의의 셀에 붙여넣기를 합니다.
[데이터] 탭-[데이터 도구] 그룹-[중복된 항목 제거]를 클릭하여 고유 값을 만듭니다.

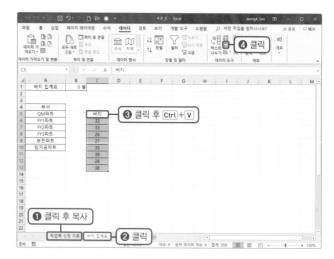

04 고유값으로 변경한 데이터를 마우스 오른쪽 버튼으로 클릭하고 **[정렬]-[숫자 오름차순 정렬]**을 실행한 다음 다시 복사합니다. [B4]셀에 [바꾸기]로 붙여넣기를 합니다. 임의의 셀에 복사해 놓았던 데이터를 삭제합니다.

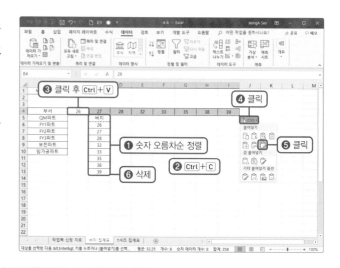

05 [B3:D3], [E3:I3]을 선택하고 [홈] 탭-[맞춤] 그룹-[병합하고 가운데 맞춤(□)]을 클릭한 다음 '여', '남'을 입력합니다. [홈] 탭-[글꼴] 그룹-[모든 테두리]까지 적용합니다.

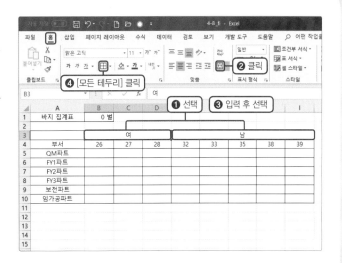

06 이름을 정의하기 위해 [작업복 신청 자료] 시트를 클릭하고, [B3:B33], [F3:I33]을 선택한 다음 [수식] 탭-[정의된 이름] 그룹-[선택 영역에서 만들기]를 클릭합니다.
[선택 영역에서 이름 만들기] 대화상자에서 '첫 행'에 체크 표시하고 [확인] 버튼을 클릭합니다.

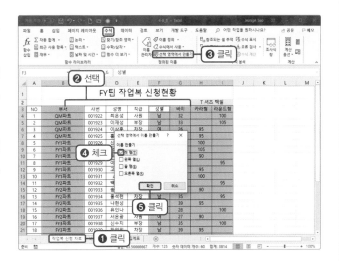

07 [바지 집계표] 시트를 클릭하고 [B5]셀을 클릭합니다. '=COUNTIFS(부서,$A5, 성별,"여",바지,B$4)'를 입력합니다.

POINT
이름 정의된 부서가 'QM파트'와 같고, 바지 범위가 '90'과 같고, 성별 범위가 '여'와 같으면 개수를 구합니다.

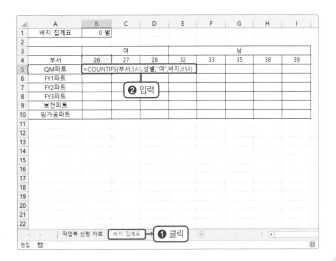

08 [B5]셀의 수식을 [D5]셀까지 복사합니다. '=COUNTIFS(부서,$A5,성별,"남",바지,E$4)'로 변경하고 수식을 [I5]셀까지 복사합니다.

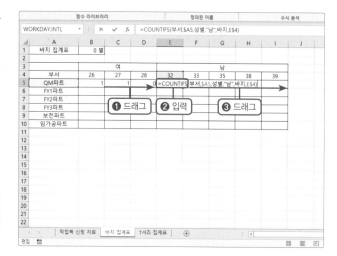

이름 정의된 부서가 'QM파트'와 같고, 바지 범위가 '32'와 같고, 성별 범위가 '남'과 같으면 개수를 구합니다.

09 [B5:I10]에 모두 수식을 복사합니다.

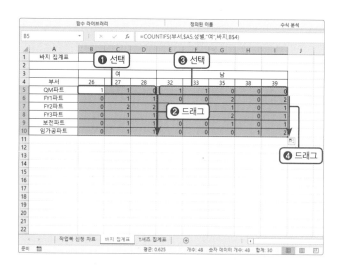

10 [T셔츠 집계표] 시트의 [B5]셀에 '=COUNTIFS(부서,$A5,카라형,B$4,성별,"남")'을 입력하고 수식을 복제합니다. [자동 채우기 옵션(📋)]-[서식 없이 채우기]를 클릭합니다.

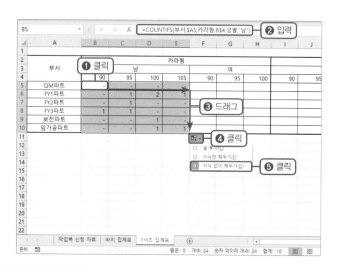

부서 범위가 'QM파트'와 같고, 카라형 범위가 '90'과 같고, 성별 범위가 '남'과 같으면 개수를 구합니다.

11 같은 방법으로 [F5]셀에 '=COUNTIFS
(부서,$A5,카라형,F$4,성별,"여")'를 입력
하고 수식을 복사합니다.

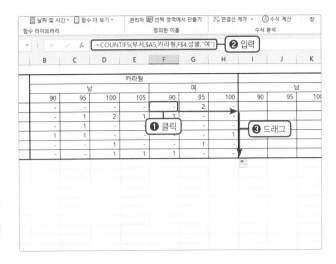

POINT
부서 범위가 'QM파트'와 같고, 카라형 범위가 '90'과
같고, 성별 범위가 '여'와 같으면 개수를 구합니다.

12 [B5:H10]을 선택하고 채우기 핸들로
[O10]셀까지 수식을 복사하여 수식을 완
성합니다.

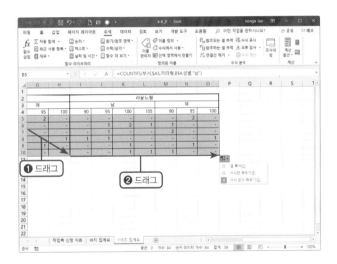

다운로드한 외부 데이터 목록 일괄 정리하기

ERP 시스템이나 외부 데이터를 엑셀로 다운로드한 경우 여러 가지로 엑셀에 적합하지 않은 상태일 것입니다. 불규칙한 합계를 제거하거나 비어 있는 데이터를 각각 채워서 빠르게 데이터를 정리하는 방법을 알아보겠습니다.

Keyword 이동 옵션, 행 삭제, Ctrl + Enter   **예제 파일** Part 4\4-9.xlsx

미리보기

	홍연	제자리 뛰기	이름	맥박1	맥박2	성별	키	무게	활동
			건강검진 명단자						
3									
4	비흡연	미통과	강가람	74	70	남자	73	155	3
5	비흡연	미통과	강누리	68	68	남자	71	150	3
6	비흡연	미통과	강보단	72	70	남자	71	140	2
7	비흡연	미통과	강부투	68	68	남자	72	142	3
8	비흡연	미통과	강승아	60	66	여자	62	120	2
9	비흡연	미통과	고나봄	68	64	남자	69.5	150	3
10	비흡연	미통과	고보람	84	84	남자	69	136	2
11	비흡연	미통과	고보술	74	76	남자	67	123	2
12	비흡연	미통과	길가온	74	74	남자	73	155	2
13	비흡연	미통과	문차미	68	68	여자	69	150	2
14	비흡연	미통과	백로이	78	80	여자	68	133	1
15	비흡연	미통과	서정아	76	76	여자	61.75	108	2
16	비흡연	미통과	서지나	66	76	여자	65	115	2
17	비흡연	미통과	신진슬	80	74	여자	64	102	2
18	비흡연	미통과	양찬슬	72	68	여자	68	110	2
19	비흡연	미통과	양초롱	82	80	여자	63	116	1
20	비흡연	미통과	오진이	78	78	여자	67	115	2
21	비흡연	미통과	유라라	76	76	남자	74	148	3
22	비흡연	미통과	유란새	88	84	남자	73.5	155	2
23	비흡연	미통과	유투다	70	70	남자	70	150	2
24	비흡연	미통과	유찬	87	84	여자	63	95	3

핵심 기능

① 이동 옵션으로 빈 셀 채우기
② 이동 옵션으로 행 삭제하기
③ Ctrl + Enter 로 데이터 빠르게 채우기

---

01 중간 소계를 지우기 위해 [J8]을 클릭하고 Shift 를 누른 상태로 [J115]셀을 클릭합니다.
[홈] 탭-[편집] 그룹-[찾기 및 선택]-[이동 옵션]을 클릭합니다. [이동 옵션] 대화상자에서 '빈 셀'을 클릭하고 [확인] 버튼을 클릭합니다.

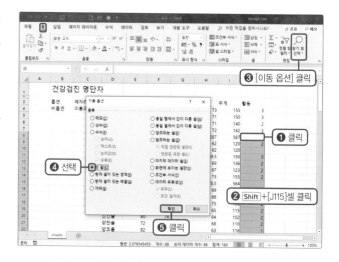

❸ [이동 옵션] 클릭
❶ 클릭
❷ Shift + [J115]셀 클릭
❹ 선택
❺ 클릭

02 Ctrl+─를 누릅니다. [삭제] 대화상자에서 '행 전체'를 선택하고 [확인] 버튼을 클릭합니다.

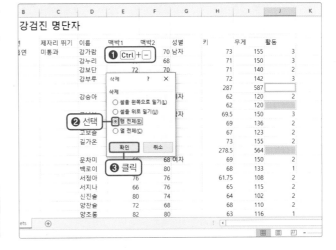

POINT
마우스 오른쪽 버튼을 클릭하고 [삭제]를 실행해도 됩니다.

03 빈 셀에 데이터를 모두 채우기 위해 [B3]셀을 클릭합니다. Ctrl+A를 누릅니다.
[편집] 그룹-[찾기 및 선택]-[이동 옵션]을 클릭합니다. [이동 옵션] 대화상자에서 '빈 셀'을 클릭하고 [확인] 버튼을 클릭합니다.

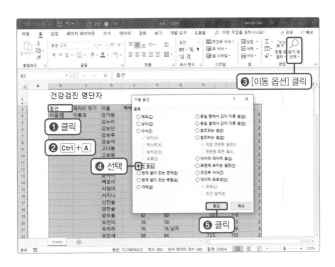

04 빈 셀이 선택되었는데 그대로 '='을 입력하고 =이 들어간 위 셀을 클릭합니다. '=G4'가 입력된 채로 Ctrl+Enter를 누릅니다.

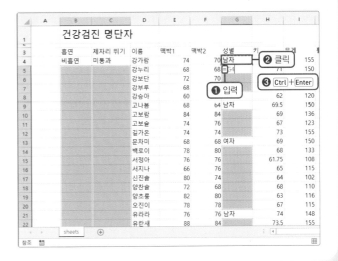

05 [B3]셀을 클릭하고 Ctrl + A 를 누릅니다. Ctrl + C 를 누르고 Ctrl + V 를 누릅니다. [붙여넣기 옵션(🖹)]-[값(🔢)]을 선택합니다.

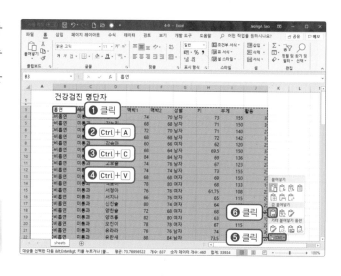

06 [B3:J3], [B4:J95]를 선택합니다. [글꼴] 그룹-[테두리]를 클릭하고 [모든 테두리]와 [굵은 바깥쪽 테두리]를 클릭합니다.

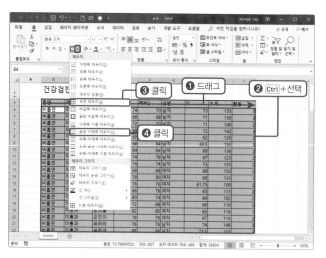

07 [B1:J1]을 선택하고 [맞춤] 그룹-[병합하고 가운데 맞춤(🖩)]을 클릭합니다.

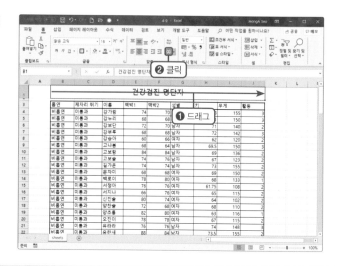

선택한 데이터로
개수, 합계, 평균 알아보기

P R O J E C T

10

분류코드를 선택하면 선택한 개체에 대한 개수, 합계, 평균이 표시되고 선택한 개체가 어디 있는지 원본 데이터에 색을 채우는 데이터 가공 방법을 알아보겠습니다.

Keyword 중복된 항목 제거, 데이터 유효성 검사, 조건부 서식 **예제 파일** Part 4 \ 4-10.xlsx

핵심 기능

① 분류코드의 고유값 항목 만들기

② 데이터 유효성 검사로 선택하도록 만들기

③ COUNTIF, SUMIF, AVERAGEIF 함수 사용하기

④ 조건부 서식으로 채우기(색상 변경)

01 고유값 항목을 만들기 위해 [B8:B90]을 선택하고 복사합니다. 빈 [I3]셀에 붙여 넣기를 합니다.

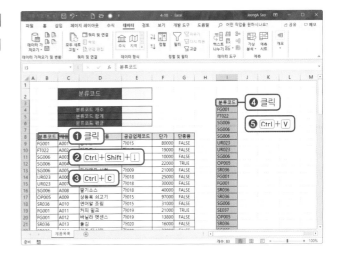

02 [데이터] 탭-[데이터 도구] 그룹-[중복된 항목 제거(圓)]를 클릭합니다. [중복 값 제거] 대화상자에서 [확인] 버튼을 클릭합니다.

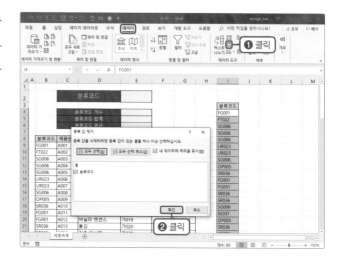

03 [E2]셀을 클릭하고 [데이터 도구] 그룹-[데이터 유효성 검사(圓)]를 클릭합니다.
[데이터 유효성] 대화상자에서 제한 대상을 '목록', 원본을 '=$I$4:$I$11'로 지정합니다. [확인] 버튼을 클릭합니다.

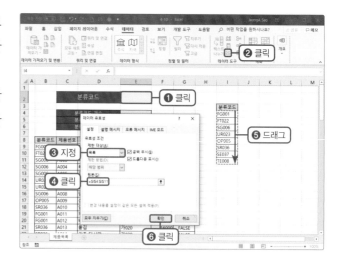

04 [E2]셀에서 목록 아이콘을 클릭하고 코드 한 개를 선택합니다. 고유 항목으로 만들었던 I열을 마우스 오른쪽 버튼으로 클릭하고 **[숨기기]**를 실행합니다.

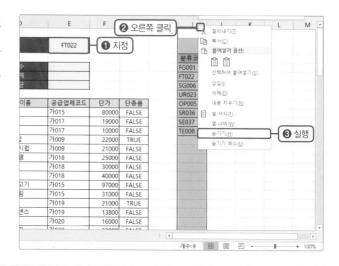

05 [B8:B90], [F8:F90]를 선택하고 [수식] 탭–[정의된 이름] 그룹–[선택 영역에서 만들기]를 클릭합니다.

[선택 영역에서 만들기] 대화상자에서 '첫행'을 선택하고 [확인] 버튼을 클릭합니다.

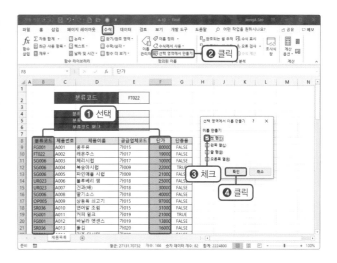

06 [E4]셀을 클릭하고 '=COUNTIF(분류코드,E2)'를 입력합니다.

POINT
분류코드 목록 중 [E2]에서 선택한 개체와 똑같으면 개수를 구합니다.

07 [E5]셀을 클릭하고 '=SUMIF(분류코드,E2,단가)'를 입력합니다.

POINT
분류코드 목록 중 [E2]에서 선택한 개체와 똑같으면 단가를 합칩니다.

08 [E6]셀을 클릭하고 '=AVERAGEIF (분류코드,E2,단가)'를 입력합니다.

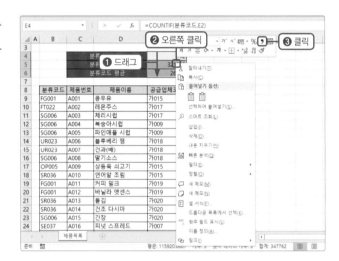

09 [E4:E6]을 선택하고 마우스 오른쪽 버튼을 클릭한 다음 [쉼표 스타일(,)]을 클릭합니다.

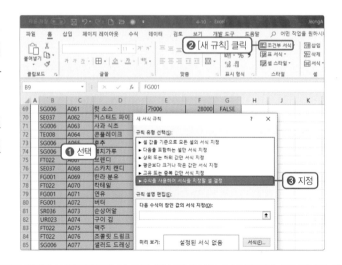

10 조건부 서식을 지정해 보겠습니다. [B9:G90]을 선택하고 [홈] 탭-[스타일] 그룹-[조건부 서식]-[새 규칙]을 클릭합니다.
[새 서식 규칙] 대화상자에서 규칙 유형 선택을 '수식을 사용하여 서식을 지정할 셀 결정'으로 지정합니다.

11 수식을 '=$E$2=$B9'로 지정합니다. [서식] 버튼을 클릭하여 [채우기] 탭에서 색을 클릭합니다. [확인]을 클릭합니다.

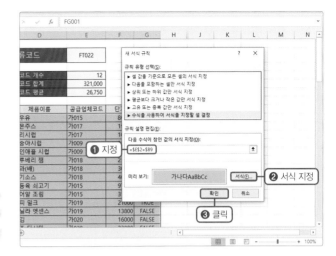

POINT
선택한 분류코드랑 [B9]셀부터 아래 데이터를 비교하여 같으면 채우기 색상을 변경합니다.

12 [E2]셀 코드를 변경하면 개수, 합계, 평균 결과가 변경되며, 본문 데이터의 채우기 색상이 변경되어 빠르게 데이터를 파악할 수 있습니다.

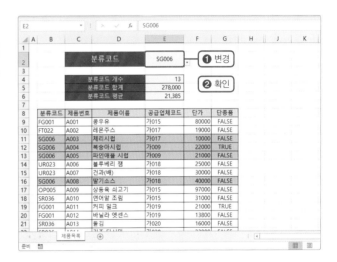

병합된 셀, 부서별 번호 매기기

PROJECT **11**

병합된 상태에서 번호 매기기, 부서별 번호 매기기 등 다양한 상황에서 함수를 이용해 일련번호를 매기는 방법을 알아보겠습니다.

Keyword 병합된 셀 번호 매기기, 부서별 번호 매기기　　**예제 파일** Part 4\4-11.xlsx

미리보기

번호	공급업체코드	분류코드	제품번호	제품이름
1	가001	OP005	A053	페이스 티
		TE008	A052	믹스
		UR023	A051	사과 통조림
2	가002	OP005	A054	훈제 통닭
		OP005	A055	양념 칠면조
3	가003	OP005	B001	포장육
		TE008	A056	옥수수 가루
		TE008	A057	통밀가루
4	가004	SR036	A058	어묵
5	가005	FG001	A059	포장 치즈
		FG001	A060	파메쌍 치즈
6	가006	SE037	A062	커스타드 파이
		SG006	A061	핫 소스
7	가007	FT022	A024	신콜라
		FT022	A070	칵테일
		FT022	B004	애플 쥬스
		OP005	A017	포장육
		SE037	A016	피넛 스프레드
		SG006	A063	사과 식초
		SR036	A018	냉동 참치
8	가008	FT022	A075	매주
		OP005	A029	왕갈비 훈제육
		SG006	A077	샐러드 드레싱
		TE008	A064	콘플레이크
		UR023	A028	튀김 다시마
9	가009	SG006	A004	복숭아시럽
		SG006	A005	파인애플 시럽
		SG006	A065	후추
		SG006	A066	멸치가루

번호	부서	사원번호	사원명	엑셀	파워포인트
1	기획예산부	Abc9578	강규영	94	98
2	기획예산부	abC8843	이상영	77	82
3	기획예산부	aBc5000	최길자	77	81
4	기획예산부	Abc2773	신희숙	94	77
5	기획예산부	abc7579	윤서진	99	84
6	기획예산부	aBc5094	박창선	80	89
7	기획예산부	Abc9245	김태훈	86	82
1	생산관리부	abc3184	신하영	82	85
2	생산관리부	abC3777	송은영	87	84
3	생산관리부	abC3679	정선경	85	91
4	생산관리부	abC4952	최민З	80	89
1	영업관리부	abC3037	김세희	96	79
2	영업관리부	abC4697	박청아	93	95
3	영업관리부	abC7213	유주연	82	93
4	영업관리부	abC5847	노홍철	78	73
5	영업관리부	abC4598	최경미	79	86
6	영업관리부	abC2705	서영남	83	75
7	영업관리부	Abc8845	강현주	95	82
8	영업관리부	abC7919	정현우	95	94
9	영업관리부	aBc6965	한정은	84	86
10	영업관리부	abC7682	송경화	84	95
1	총무부	abC9008	한지연	95	89
2	총무부	Abc7330	소재옥	83	99
3	총무부	aBc9833	박서정	95	89
4	총무부	Abc2433	김태화	89	94
5	총무부	Abc4637	함진경	85	91
6	총무부	abC3193	소지민	86	99
7	총무부	aBc8969	유주영	89	94
8	총무부	abC6686	장윤선	87	67

핵심 기능

① 병합된 상태에서 Ctrl + Enter 를 눌러 번호 매기기
② 부서마다 일련번호 새롭게 매기기
③ 부서가 다르면 테두리 색상 변경하기

01 [제품목록] 시트의 B열에 번호를 매기려고 합니다. 병합된 셀 크기가 모두 다 다르기 때문에 채우기 핸들로 복사를 하지 못합니다.
[B3]셀을 클릭하고 Shift 를 누른 상태로 [B83]셀을 클릭합니다.

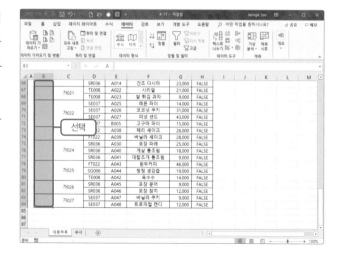

02 수식을 사용하기 위해 등호(=)를 입력하면 화면 윗부분으로 이동합니다. '=COUNTA('를 입력합니다. 현재 편집 중인 오른쪽 셀인 [C3]셀을 클릭하고 콜론(:)을 입력합니다. 콜론을 입력하면 'C3'셀이 한번 더 입력됩니다.

03 '=COUNTA(C3:C3'에 앞에 있는 'C3'에만 절대값을 넣어 줍니다. '=COUNTA($C$3:C3)'을 입력하고 [Ctrl]+[Enter]를 눌러 수식 작성을 완료합니다. 병합된 상태에서 일련번호가 입력되었습니다.

04 [부서] 시트를 클릭하고 부서별 일련번호가 새롭게 시작되도록 수식을 작성해 보겠습니다. [A4]셀을 클릭합니다. '=COUNTIF($B$4:B4,B4)'를 입력합니다.

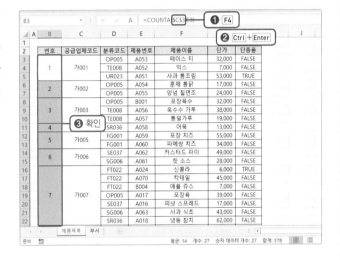

05 수식을 복사하면 부서별 일련번호가 새롭게 매겨지는 것을 확인할 수 있습니다.

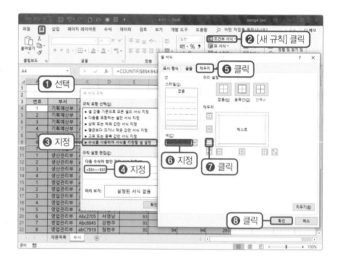

06 조건부 서식을 지정해 보겠습니다. [A4:H38]을 선택하고 [홈] 탭-[스타일] 그룹-[조건부 서식]-[새 규칙]을 클릭합니다. [새 서식 규칙] 대화상자에서 규칙 유형 선택을 '수식을 사용하여 서식을 지정할 셀 결정'으로 지정합니다.

수식을 '=$B4<>$B5'로 지정하고 [서식] 버튼을 클릭한 다음 [테두리] 탭 화면에서 색을 변경하여 아래쪽 테두리가 변경되도록 설정합니다.

07 부서별 일련번호가 매겨집니다. 위 셀의 부서와 아래 셀 부서를 비교하여 다르면 테두리가 변경되는 조건부 서식까지 완성했습니다.

	A	B	C	D	E	F	G	H	I
1									
2									
3	번호	부서	사원번호	사원명	엑셀	파워포인트	워드	합계	
4	1	기획예산부	Abc9578	강규영	94	98	94	286	
5	2	기획예산부	aBc8843	이상영	77	82	85	244	
6	3	기획예산부	aBc5000	최길자	77	81	95	253	
7	4	기획예산부	Abc2773	신회선	94	77	86	257	
8	5	기획예산부	aBc7579	윤서진	99	84	91	274	
9	6	기획예산부	aBc5094	박창선	80	89	93	262	
10	7	기획예산부	Abc9245	김태훈	86	82	97	265	
11	1	생산관리부	Abc3184	신하영	82	85	85	252	
12	2	생산관리부	abC3777	송은영	87	84	85	256	
13	3	생산관리부	abC3679	정선경	85	91	85	261	
14	4	생산관리부	aBc4952	최민용	80	89	89	258	
15	1	영업관리부	abC3037	김세희	96	79	85	260	
16	2	영업관리부	Abc4697	박정아	93	95	85	273	
17	3	영업관리부	aBc7213	유주연	82	93	94	269	
18	4	영업관리부	aBc5847	노홍철	78	73	89	240	
19	5	영업관리부	abC4598	최경미	79	86	65	230	
20	6	영업관리부	Abc2705	서영남	83	75	84	242	
21	7	영업관리부	Abc8845	강현주	95	82	94	271	
22	8	영업관리부	abC7919	정현우	95	94	94	283	

PROJECT 12

출고 시트와 입고 시트를 비교해 미입고 차량 추출하기

렌트카를 출고한 데이터와 렌트카를 입고한 데이터가 있습니다. 두 개의 데이터를 비교하여 입고한 데이터가 갖고 있지 않은 데이터를 추출하는 방법을 알아보겠습니다.

Keyword 고급 필터, COUNTIF 함수   **예제 파일** Part 4\4-12.xlsx

미리보기

	A	B	C	D	E	F	G
		미입고 조건					
2		FALSE					
3							
4		미입고 차량					
6		이름	소득증빙	통장내역	성별	차량	주유
7		강가림	미통과	제출	남자	코나	가솔린
8		고별하	미통과	제출	남자	코나	가솔린
9		김가람	통과	미제출	남자	K5	가솔린
10		박보람	통과	미제출	여자	K5	가솔린
11		윤라라	통과	미제출	남자	쏘울	가솔린
12		윤란새	통과	미제출	남자	코나	가솔린
13		이가림	통과	미제출	남자	스포츠 칸	디젤
14		이가이	통과	미제출	남자	스포츠 칸	디젤
15		임눈술	미통과	제출	남자	스포츠 칸	디젤
16		장은술	미통과	제출	남자	스포츠 칸	디젤
17		장은술	미통과	제출	여자	스포츠 칸	디젤
18		장주술	미통과	제출	남자	스포츠 칸	디젤
19		조영글	미통과	제출	남자	스포츠 칸	디젤
20		조우술	통과	미제출	여자	스포츠 칸	디젤
21		조주님	미통과	제출	여자	스포츠 칸	디젤
22							

핵심 기능

① 조건 함수인 COUNTIF 사용하기

② 고급 필터로 데이터 가져오기

---

01 [렌트 출고] 시트에서 렌트 입고 데이터를 비교하기 위해 먼저 이름을 정의하겠습니다.

[렌트입고] 시트에서 [B4:B55]을 선택하고 이름 상자에 '입고명단'을 입력한 다음 Enter를 누릅니다.

02 함수를 사용하기 위해 [미입고차량] 시트의 [B2]셀에 '=COUNTIF(입고명단, 렌트출고!B4)=0'을 입력합니다.

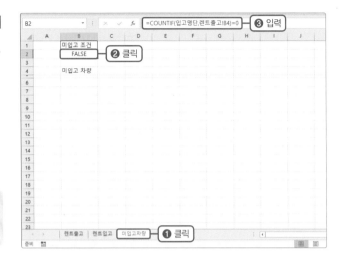

POINT
입고 명단 중 렌트 출고 시트의 [B4]셀과 비교하여 0 이면(데이터가 없으면) TRUE로 출력합니다.

03 [렌트출고] 시트에서 [A3]셀을 클릭하고 Ctrl+A를 누른 다음 이름을 '렌트출고'로 정의합니다.
[렌트출고] 시트에서 [B3], [E3:I3]을 각각 선택하고 복사합니다.

04 [미입고차량]셀의 [B6]셀을 클릭하고 붙여넣기를 합니다.

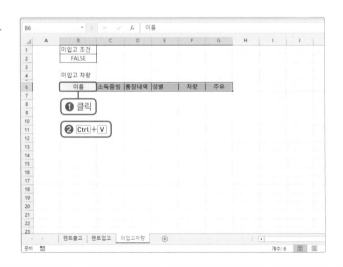

05 고급 필터를 적용하기 위해 [미입고차량] 시트의 [A1]셀을 클릭하고, [데이터] 탭-[정렬 및 필터] 그룹-[고급]을 클릭합니다.

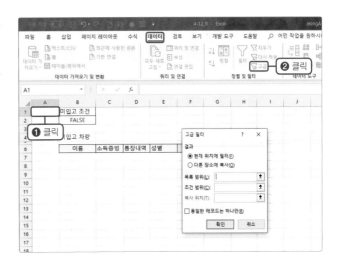

06 [고급 필터] 대화상자에서 '다른 장소에 복사'를 선택하고, 목록 범위를 '렌트출고'로 지정합니다.
조건 범위는 '[B1:B2]'를 선택하고, 복사 위치는 '[B6:G6]'을 선택합니다. [확인] 버튼을 클릭합니다.

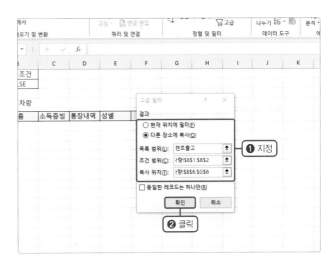

07 미입고한 차량 정보를 확인할 수 있습니다.

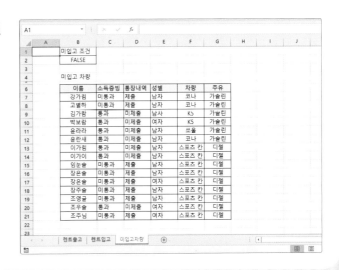

통합하여 분석 차트 표현하기

P R O J E C T

13

설문지 응답 시트에는 많은 양의 설문 조사 결과 데이터가 있습니다. 학력에 따른 결과를 도출하기 위해 통합 기능을 사용하여 체크한 데이터만 방사형 차트에 표현하는 방법을 배우겠습니다.

Keyword 통합, 확인란, 방사형 차트   **예제 파일** Part 4\4-13.xlsx

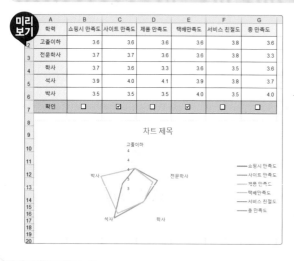

핵심 기능

① 학력으로 고유값 만들기
② 통합 사용하여 평균 내기
③ 개발 도구의 삽입 메뉴 확인란 사용하기
④ 방사형 차트 사용하기

01 [결과] 시트에서 [A1:G6]을 선택하고 [데이터] 탭-[데이터 도구] 그룹-[통합(▣)]을 클릭합니다. [통합] 대화상자에서 함수를 '평균'으로 지정합니다.

[설문지 응답] 시트의 [E1:K278]을 선택하고 사용할 레이블에서 '첫 행'과 '왼쪽 열'에 체크 표시한 다음 [확인] 버튼을 클릭합니다.

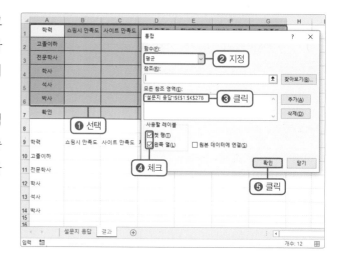

02 마우스 오른쪽 버튼을 클릭한 다음 [쉼표 스타일(**,**)]을 클릭하고, [자릿수 늘림( )]을 한 번 클릭합니다.

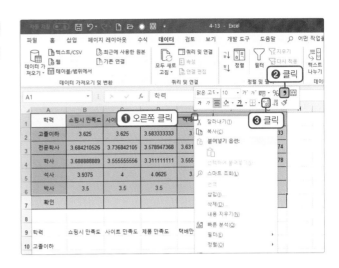

03 [개발 도구] 탭-[컨트롤] 그룹-[삽입]-[확인란(양식 컨트롤)( )]을 클릭합니다.
[B7]셀 안쪽을 클릭합니다.

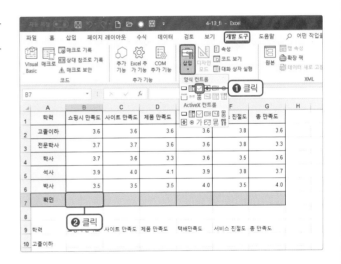

04 체크 상자가 [B7]셀의 가운데 위치하게 배치하고 '확인란 1'의 텍스트를 지웁니다. [B8]셀을 클릭합니다.

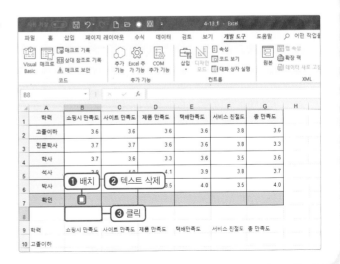

05 [B7]셀의 체크상자를 마우스 오른쪽 버튼으로 클릭하고 **[컨트롤 서식]**을 실행합니다. 셀 연결 항목에서 [B7]셀을 클릭하고 [확인] 버튼을 클릭합니다.

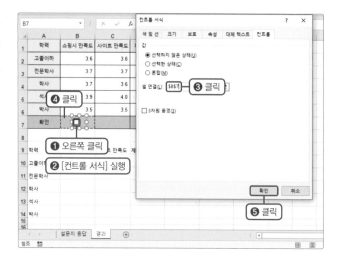

06 체크 상자를 복사하기 위해 [B7]셀을 클릭하고 채우기 핸들을 [G7]셀까지 드래그합니다.

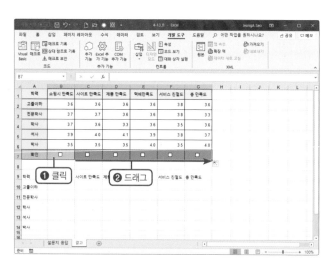

07 [C7]셀의 체크 상자를 마우스 오른쪽 버튼으로 클릭합니다. 수식 입력줄에 있는 '=$B$7'을 '=$C$7'로, [D7]의 체크 상자는 '=$D$7'로, [E7]의 체크 상자는 '=$E$7'로, [F7]의 체크 상자는 '=$F$7'로, [G7]의 체크 상자는 '=$G$7'로 각각 수정합니다.

08 [B7:G7]을 선택하고 글꼴색을 '밝은 회색, 배경2, 10% 더 어둡게'로 지정한 다음 [B10]셀에 '=IF(B$7=TRUE,B2,NA())'를 입력합니다.

[G14]셀까지 수식을 복사합니다.

POINT
체크 상자에 체크 표시하면 TRUE로 표시되는데 [B7] 셀에 체크하면 [B2]셀의 내용을 표시하고, 그렇지 않으면 차트에 영향을 주지 않는 NA() 함수를 사용합니다.

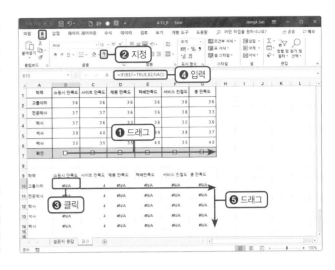

09 [A9]셀을 클릭하고 [삽입] 탭-[차트] 그룹-[추천 차트]를 클릭합니다.

[차트 삽입] 대화상자에서 [모든 차트] 탭을 선택하고 [방사형] 범주의 두 번째 차트를 클릭합니다. [확인] 버튼을 클릭합니다.

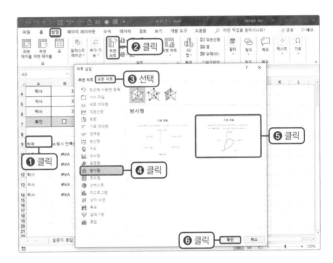

10 [A8:G20]에 배치합니다. [차트 요소(田)]-[범례]-[오른쪽]을 클릭합니다.

7행의 체크 상자 체크 여부에 따라 방사형 차트에 표시됩니다.

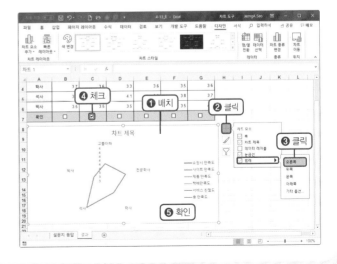

PROJECT

14

한 행에 입력된 데이터를
두 행으로 만들기

행마다 빈 행을 추가하고, '첨부파일 명칭' 아래 행으로 '첨부파일 본명칭' 셀을 이동하도록 하겠습니다. 일일이 하나씩 작업하는 것이 아니라 기능을 이용하여 빠르게 작업해 보겠습니다.

Keyword 데이터 정리, 빈 행 삽입   **예제 파일** Part 4 \ 4-14.xlsx

	B	C	D
		한양도성 첨부파일	
3	첨부파일 확장자	첨부파일 용량	첨부파일 명칭
4	gif	8,188	BBS_201401231140225800.jpg
5			banner_7_1.gif
6	gif	31,049	BBS_201401231140479001.jpg
7			banner_6_1.gif
8	gif	8,188	BBS_201401230110588960.jpg
9			banner_7_1.gif
10	gif	8,188	BBS_201401230218004150.jpg
11			banner_7_1.gif
12	jpg	62,960	BBS_201401230239267450.jpg
13			banner_6_7.jpg
14	hwp	10,659,840	BBS_201401240501497240.jpg
15			한양도성_유네스코.hwp
16	jpg	61,986	BBS_201312240340558660
17			banner_6_8.jpg
18	JPG	2,748,354	BBS_201312260457571690.JPG
19			DSC_1285.JPG
20	jpg	39,014	BNR_201312190207333770
21			6.jpg
22	JPG	2,401,623	BBS_201312260557263430.JPG
23			인왕 범바위_8.JPG
24	jpg	6,974,790	BBS_201312270615311820.jpg
25			IMG_0621.jpg
26	jpg	30,852	BNR_201401160858314570.jpg
27			pop_img_list_6.jpg
28	jpg	167,748	BBS_201402180401187910.jpg
29			BBS_201401160114425130.jpg

핵심 기능

① 빈 행 삽입하기

② 빈 행에 데이터 이동하기

③ 서식 복사하기

01 [F4]셀에 '1'을 입력합니다. 채우기 핸들을 더블클릭하여 데이터 끝까지 1을 복사합니다. [자동 채우기 옵션(🔽)]-[연속 데이터 채우기]를 클릭합니다.

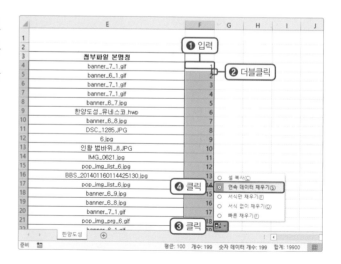

02 범위가 지정된 상태로 Ctrl+C를 눌러 복사합니다. Ctrl+↓를 눌러 F열 마지막 데이터가 있는 셀로 이동합니다.

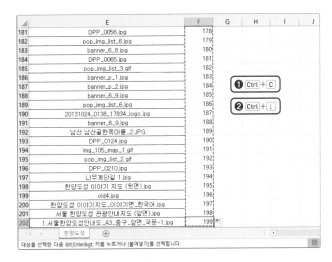

03 마지막 데이터의 아래 셀인 [F203]셀로 이동하고 Ctrl+V를 눌러 붙여넣기를 합니다.

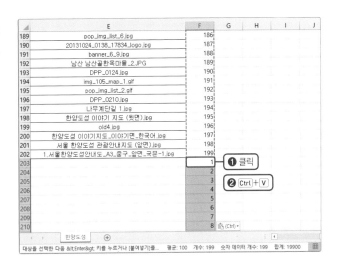

04 F열에서 임의의 셀을 마우스 오른쪽 버튼으로 클릭하고 [정렬]-[숫자 오름차순 정렬]을 실행합니다.

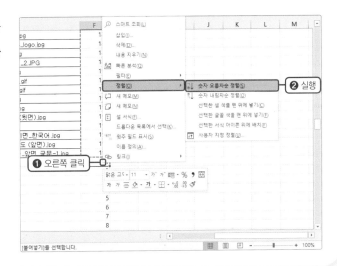

05 번호를 기준으로 정렬되어서 행마다 빈 행을 삽입했습니다. [D4]셀을 클릭하고 화면을 아래로 이동하여 Shift 를 누른 채 [D401]셀을 클릭합니다.
[홈] 탭-[편집] 그룹-[찾기 및 선택]-[이동 옵션]을 클릭합니다.

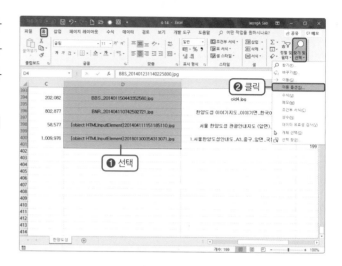

06 [이동 옵션] 대화상자에서 '빈 셀'을 선택하고 [확인] 버튼을 클릭합니다.

07 빈 셀이 선택된 상태로 '=E4'를 입력하고 Ctrl + Enter 를 누릅니다.

08 빈 곳에 '첨부파일 본명칭' 셀이 채워졌습니다. [D4:D401]를 선택하고 Ctrl+C를 눌러 복사합니다.

Ctrl+V를 눌러 붙여넣기를 한 다음 [붙여넣기 옵션(📋)]-[값(📋)]을 클릭합니다.

POINT
값 붙여넣기를 하지 않고 E열을 삭제하면 참조하고 있는 D열에 오류가 생깁니다.

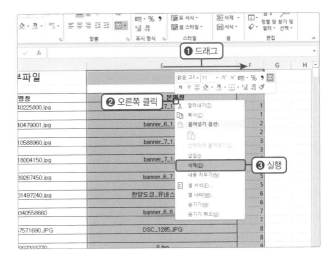

09 E~F열을 선택하고 마우스 오른쪽 버튼을 클릭한 다음 [삭제]를 실행합니다.

POINT
삭제 단축키는 Ctrl+─입니다.

10 [A4:A5], [B4:B5], [C4:C5]를 각각 선택하고, [맞춤] 그룹-[병합하고 가운데 맞춤(📧)]을 클릭합니다. [D5]셀을 가운데 맞춤합니다.

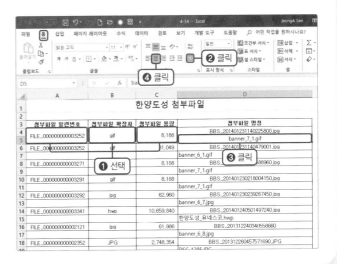

11 4행과 5행의 서식을 복사하기 위해 4~5행을 선택하고 [클립보드] 그룹-[서식 복사(🖌)]를 클릭합니다.

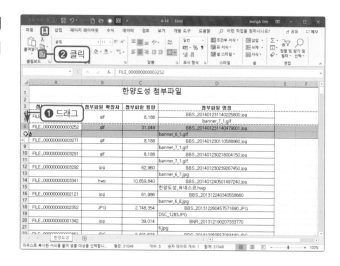

12 6행부터 401행까지 드래그하여 서식 붙여넣기를 합니다.

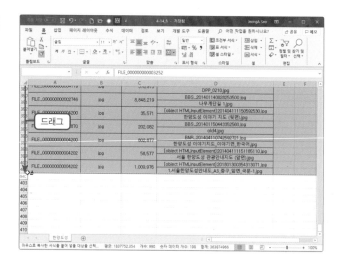

하나의 열에 두 개의 데이터가 있을 때 나란히 한 행으로 만들기

작성일자와 수정일자가 하나의 열에 위치해 있습니다. 두 개의 행에 있는 데이터를 한 행으로 빠르게 만들고 문자로 인식된 데이터를 날짜로 인식하도록 서식을 변경해 보겠습니다.

Keyword 한 행으로 편집, 날짜로 서식 변경　　　　**예제 파일** Part 4\4-15.xlsx

	B	C	D
	작성일자	수정일자	담당부서
3	2013-04-02	2013-08-28	토지관리과
4	2013-04-18	2013-08-28	토지관리과
5	2013-05-03	2013-08-28	토지관리과
6	2013-05-28	2013-08-28	토지관리과
7	2013-06-21	2013-08-28	토지관리과
8	2013-07-04	2013-08-28	토지관리과
9	2013-07-29	2013-08-28	토지관리과
10	2013-09-05	2013-09-06	토지관리과
11	2013-10-11	2013-12-11	토지관리과
12	2013-11-12	2013-11-12	토지관리과
13	2013-11-15	2013-12-03	토지관리과
14	2013-12-03	2013-12-03	토지관리과
15	2013-12-30	2013-12-30	토지관리과
16	2014-02-03	2014-02-03	토지관리과
17	2014-02-18	2014-02-18	토지관리과
18	2014-03-27	2014-03-27	토지관리과
19	2014-05-01	2014-05-01	토지관리과
20	2014-06-10	2014-06-10	토지관리과
21	2014-06-25	2014-06-25	토지관리과
22	2014-07-29	2014-07-29	토지관리과
23	2014-08-27	2014-08-27	토지관리과
24	2014-10-08	2014-10-08	토지관리과
25	2014-10-31	2014-10-31	토지관리과
26	2014-12-02	2014-12-02	토지관리과
27	2015-01-08	2015-01-08	토지관리과
28	2015-02-06	2015-03-31	토지관리과
	2015-03-10	2015-03-10	토지관리과

핵심 기능

① 텍스트 나누기로 데이터 정리하기

② 수식으로 참조하기

③ 행 삭제하기

---

01 [B3:B146]을 선택하고 [데이터] 탭-[데이터 도구] 그룹-[텍스트 나누기]를 클릭합니다.

[텍스트 마법사] 대화상자에서 '너비가 일정함'을 선택하고 [다음] 버튼을 클릭합니다.

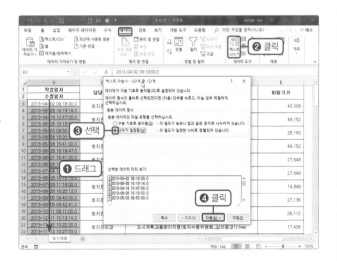

02 [텍스트 마법사] 대화상자에서 2단계 구분선이 선택된 것을 확인합니다. 3단계에서 두 번째 열을 클릭한 다음 '열 가져오지 않음'을 선택합니다. [마침] 버튼을 클릭합니다.

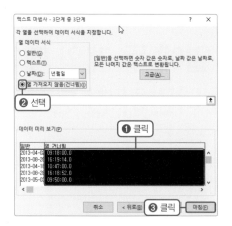

03 C열을 마우스 오른쪽 버튼으로 클릭하고 **[삽입]**을 실행합니다.

POINT
삽입 단축키는 Ctrl + + 입니다.

04 [C1]셀에 '=B2'를 입력합니다. [C1:C2]를 선택하고 채우기 핸들을 더블클릭하여 수식을 데이터 끝까지 복제합니다.
[자동 채우기 옵션(🔳)]-[서식 없이 채우기]를 클릭합니다.

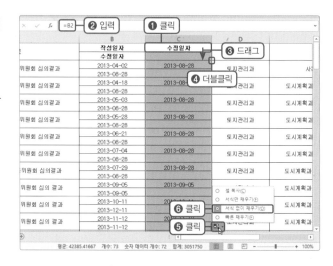

05 [C1:C146] 그대로 [Ctrl]+[C]를 눌러 복사하고 [Ctrl]+[V]를 눌러 붙여넣습니다. [붙여넣기 옵션]-[값([123])]을 클릭합니다.

POINT
[Ctrl]+[C], [Ctrl]+[V] 순서대로 누르면 조금 더 빠르게 적용할 수 있습니다. 값으로 복사하지 않으면 행을 삭제했을 때 참조된 셀로 인해 오류가 생깁니다.

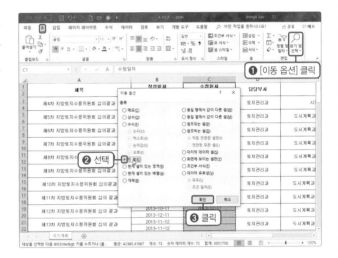

06 [C1:C146] 그대로 [홈] 탭-[편집] 그룹-[찾기 및 선택]-[이동 옵션]을 클릭합니다. '빈 셀'을 선택하고 [확인] 버튼을 클릭합니다.

07 선택된 부분을 마우스 오른쪽 버튼으로 클릭하고 **[삭제]**를 실행합니다. [삭제] 대화상자에서 '행 전체'를 선택하고 [확인] 버튼을 클릭합니다.
모두 한 줄화되어 데이터가 정리된 것을 확인할 수 있습니다.

POINT
삭제 단축키는 [Ctrl]+[-]입니다.

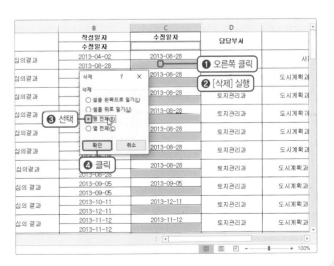

오피스 2019의 새로운 기능은 여러 가지가 있지만 그래픽으로 시각적으로 표현되는 부분이 월등하게 좋아졌습니다. 일러스트레이션 기능의 3D 모델, 2D 지도, SVG 벡터 그래픽 표현 등 시각적인 효과가 개선되었고 새로운 함수 CONCAT, TEXTJOIN, IFS, SWITCH가 추가되었습니다. 깔때기형 차트 및 2D 지도 기능으로 지리 데이터를 고화질 시각 자료로 변환할 수도 있습니다.

2D 지도

엑셀의 새로운 기능 중 하나는 등치 지역도입니다. 인터넷이 연결되어 있어야 하며 여러 지리적 지역에 대한 값을 비교하여 표시합니다. 국가, 주, 구 또는 우편번호와 같은 지리적 지역이 있는 경우 만들 수 있습니다.

[삽입] 탭-[차트] 그룹-[추천 차트]를 클릭하고 [모든 차트] 탭을 선택합니다. [지도] 범주를 선택하면 확인할 수 있습니다. [삽입] 탭-[차트] 그룹-[지도]를 클릭하면 좀 더 빠르게 결과를 확인할 수 있습니다. 156쪽 참고

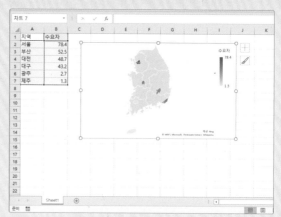

깔대기형 차트

깔대기 모양처럼 프로세스에서 점차적으로 감소하는 단계를 보여줍니다. 데이터 값이 점차적으로 감소하는 비례를 표시하는 경우 사용할 수 있습니다. 예를 들어 잠재적 수익, 판매액, 거래 등을 계산하려는 경우 또는 선형 프로세스의 병목 상태를 표시하려는 경우 등에 사용할 수 있습니다.

[삽입] 탭–[차트] 그룹–[추천 차트]를 클릭하고 [모든 차트] 탭을 선택한 다음 [깔대기형] 범주를 선택하면 사용할 수 있습니다.

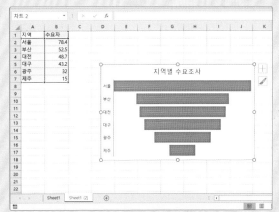

CONCAT 함수와 TEXTJOIN 함수

텍스트를 결합할 경우 CONCATENATE 함수나 & 연산자를 사용하는 방법이 주로 사용되었습니다. 이러한 불편한 부분을 보완하기 위해 CONCAT 함수와 TEXTJOIN 함수가 추가되었습니다.

① **CONCAT 함수** : 텍스트를 각각 선택하거나 범위를 지정하여 쉽게 합칠 수 있습니다. ^{290쪽 참고}

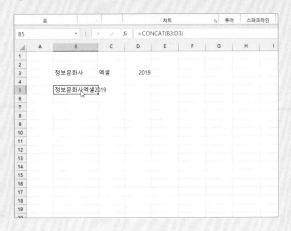

=CONCAT(B3:D3) 또는 =CONCAT(B3,C3,D3)

② **TEXTJOIN 함수** : 텍스트 사이에 입력할 문자를 쉽게 추가할 수 있습니다. 예를 들어 텍스트에 하이픈(−)을 입력해야 할 때, 텍스트 사이에 추가로 매번 입력해야 한다면 TEXTJOIN 함수로 쉽게 해결할 수 있습니다. 두 번째 인수는 TRUE/FALSE로 입력 가능한데 TRUE인 경우 빈 셀을 무시합니다.

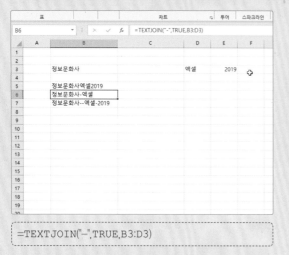

=TEXTJOIN("−",TRUE,B3:D3)

=TEXTJOIN("−",FALSE,B3:E3)

IFS 함수

중첩 IF 함수의 불편한 부분을 보완한 함수입니다. 중첩 IF 함수는 '=IF(조건, 참, IF(조건, 참,거짓))'처럼 IF 함수가 반복적으로 사용이 되는데 IFS 함수는 함수가 시작되면 조건과 참 값만 반복적으로 사용하면 됩니다. ^{317쪽 참고}

다음은 [G4]셀의 값이 A이면 30만, B이면 15만, C이면 10만, D이면 0의 수식을 입력하는 경우입니다.

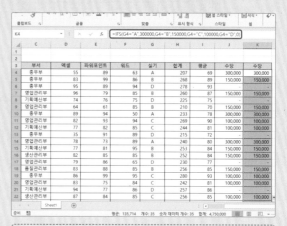

=IF(G4="A",300000,IF(G4="B",150000,IF(G4=
"C",100000,0)))

=IFS(G4="A",300000,G4="B",150000,G4="C",100000
,G4="D",0)

SWITCH 함수

IFS 함수와 비슷하지만 조건식이 특정한 값을 가지는 경우에 사용합니다. IFS 함수는 조건식을 모두 입력해야 하지만 SWITCH 함수는 기본값을 입력할 수 있습니다. 예를 들어 지정한 조건 외에 여러 개의 조건을 하나하나 나열하지 못한 값도 기본값으로 처리됩니다.

다음은 [G4]셀의 값이 A이면 30만, B이면 15만, C이면 0, D이면 0의 수식을 입력하는 경우입니다.

IF 함수는 A, B, C, D 모든 조건을 하나하나 나열해야 합니다.

SWITCH 함수는 값의 결과가 다르게 출력해야 하는 값만 입력하고, 입력하지 않았더라도 기본값에 입력된 값으로 출력됩니다.

=IFS(G4="A",300000,G4="B",150000,G4="C",0,G4="D",0)

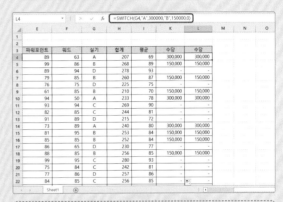

=SWITCH(G4,"A",300000,"B",150000,0)

MAXIFS 함수와 MINIFS 함수

데이터 중 조건에 만족하는 최대값/최소값을 추출하는 함수입니다.

다음 예는 실기 점수가 B인 경우에 합계의 최대값, 실기 점수가 A인 경우에 합계 최소값을 구하는 경우입니다.

실기 점수가 B인 경우에 합계 점수 중 최대값 :
=MAXIFS(H4:H38,G4:G38,"B")

실기 점수가 A인 경우에 합계 점수 중 최소값 :
=MINIFS(H4:H38,G4:G38,"A")

찾아보기

A~Z

AND	314
array	273
AVERAGEIF	306
CHOOSE	325
CONCAT	290
CONCATENATE	290
COUNT	298
COUNTA	298
COUNTBLANK	298
COUNTIF	300
DATE	327
DATEDIF	356
DAVERAGE	369
DAY	332
DCOUNTA	369
DSUM	369
EDATE	361
EOMONTH	361
FREQUENCY	309
HLOOKUP	342
HOUR	334
IF	312
IFERROR	319
IFS	317
IME 모드	136
INDEX	348
INT	279
LARGE	273
LEFT	321
LEN	292
logical_test	312
MATCH	340
MAXIFS	443
MEDIAN	277
MID	321
MINIFS	443
MINUTE	334
MOD	338
MODE.SNGL	277
MONTH	332
NOW	330
OFFSET	351
OR	314
RAND	287
RANDBETWEEN	287
RANK.AVG	294
RANK.EQ	294
ROUND	281
ROUNDDOWN	281
ROUNDUP	281
ROW	284
SECOND	334
SMALL	274
start_num	292, 321
SUBTOTAL	366
SUMIF	303
SUMIFS	303
SUMPRODUCT	284
SWITCH	443
TEXTJOIN	442
TODAY	330
top	287
TRUNC	279
VALUE	323
Visual Basic	238
VLOOKUP	342
WEEKDAY	358
WordArt	140
XLS	039
XLSX	039
XPS 파일	026
YEAR	332

ㄱ~ㅂ

간단한 날짜	053
값 요약 기준	208
계산부	384

계층 구조 차트·······················155
균등 분할······················075, 227
그룹·····················021, 125, 218
그룹화·······························217
그림 복사···························135
기호·······························049
깔대기형 차트·······················441
꺾은선형···························168
내림차순···························157
누적 가로 막대형·····················159
누적 시간···························089
눈금선·····························037
데이터 레이블·······················154
데이터 막대·························186
데이터베이스 함수····················369
데이터 원본 선택·····················163
데이터 유효성·······················136
도수분포표·························309
리본 메뉴···························021
매크로·····························237
매크로 기록·························241
머리글·····························037
머리글/바닥글 도구···················149
머리글 포함·························107
메모·······························055
모든 사용자 지정 다시 설정·············036
모든 차트···························153
목표값 찾기·························230
반올림·····························281
백분율 스타일·······················297
변환·······························039
병합하고 가운데 맞춤··················074
보조 축····························154
부분합·····························200
붙여넣기 옵션·······················099
비교 연산자·························264
빈도수·····························309
빠른 실행 도구 모음··············020, 021

ㅅ~ㅇ

사용자 지정 목록·····················067
산술 연산자·························264
서식·······························024
서식 복사···························104
서식 없이 채우기····················068
선버스트···························156
선택 영역의 가운데로··················075
선택하여 붙여넣기···············085, 103
설명 메시지·························137
셀·································022
셀 강조 규칙························175
셀 복사····························045
셀 서식····························078
셀 스타일···························106
셀 잠금····························130
셀 포인터···························022
수식··························057, 264
숫자 오름차순 정렬···················225
쉼표 스타일·························052
스마트 조회·························021
스파크라인·························168
시간 표시 막대 삽입··················219
시나리오···························232
시트 보호···························129
시트 탭····························023
아이콘 집합·························188
안전 모드···························020
암호·······························027
암호 설정···························029
양식 컨트롤·························429
언어 교정···························046
업로드·····························021
업무 보고서·························380
연속 데이터·························063
연속 데이터 채우기··············060, 066
열 고정····························257
열기 암호···························028
열 머리글···························022

옵션	030	탭 표시	021
요약 행	108, 271	테두리	072
워드아트	140	테마 셀 스타일	106
원본 열 너비 유지	100, 103	텍스트 나누기	164
원형 대 원형	157	텍스트 마법사	165
월	332	텍스트 줄 바꿈	077
음수 값 및 축	187	통합	195
이동/복사	121	통합 문서 보호	029
이동 옵션	113	트리맵	155
이름 상자	022, 262	특수 문자	049
인쇄	152	틀 고정	143
읽기 전용	020		

ㅈ~ㅌ

자동 숨기기	021
자동 줄 바꿈	076
자동 채우기 옵션	045
자동 합계	266, 275
잘라내기	134
절대 참조	244
정렬	171
정렬 및 필터	157, 171
정수	279
제목 표시줄	020
조건부 서식	186, 338
종료	019
중복 값	175
중복된 항목 제거	176
중첩 IF	317
지도	440
차트 필터	162
창 정렬	180
찾기 및 선택	113
찾아보기	025
채우기 핸들	046
추천 차트	035, 153
추천 피벗 테이블	035, 205
콘텐츠 사용	239
크기 조정	146
탭	021
탭 및 명령 표시	021, 038

ㅍ~ㅎ

페이지 나누기 미리 보기	023, 145
페이지 레이아웃	023, 146
페이지 설정	147, 151
평균	306
표시 형식	078, 336
피벗 차트	206
피벗 테이블	207
필터	190
필터 지우기	219
한/영 자동 고침	046
한자	047
함수	264
함수 삽입	022
행 고정	257
호환성 모드	039
혼합	153
화면 구성	020
화면 이동	043
확대/축소	023

엑셀에서 다양한 기능을 빠르게 실행할 수 있는 단축키를 정리하였습니다. 단축키를 사용하면 다양한 기능을 빠르게 실행하여 업무 효율성을 높일 수 있습니다. 단축키를 하나씩 눌러보며 연습하는 것도 도움이 됩니다.

편집 단축키

복사	Ctrl + C
붙여넣기	Ctrl + V
선택하여 붙여넣기	Ctrl + Alt + V
실행 취소	Ctrl + Z
가능한 경우 마지막 명령 반복	Ctrl + Y
잘라내기	Ctrl + X
전체 워크시트 선택	Ctrl + A 또는 Ctrl + Shift + Spacebar
새 워크시트 삽입	Alt + Shift + F1
셀 삽입	Ctrl + Shift + +
셀 삭제	Ctrl + -
셀 내용 제거	Delete
열 삭제	Alt + H , D , C
전체 열 선택	Ctrl + Spacebar
전체 행 선택	Shift + Spacebar
[A1]셀부터 현재 선택된 셀까지 선택	Ctrl + Shift + Home
선택한 행 숨기기	Ctrl + 9
선택한 열 숨기기	Ctrl + 0
같은 셀에서 새 줄 시작	Alt + Enter
선택한 셀 범위를 현재 입력 내용으로 채우기	Ctrl + Enter
입력 후 위쪽 셀 선택	Shift + Enter
아래로 채우기	Ctrl + D
표 만들기	Ctrl + L 또는 Ctrl + T

통합 문서 및 리본 메뉴 단축키

통합 문서 열기	Ctrl + O
통합 문서 닫기	Ctrl + W
통합 문서 저장하기	Ctrl + S
다른 이름으로 저장	F12
[파일] 탭으로 이동	Alt + F
[홈] 탭으로 이동	Alt + H
[삽입] 탭으로 이동	Alt + N
[페이지 레이아웃] 탭으로 이동	Alt + P
[데이터] 탭으로 이동	Alt + A
[보기] 탭으로 이동	Alt + W
[수식] 탭으로 이동	Alt + M
도움말 검색	Alt + Q
선택 키 활성화	Alt 또는 F10
리본 메뉴 확대 축소	Ctrl + F1

추가 및 삭제 단축키

메모 추가	Shift + F2
현재 시간	Ctrl + Shift + :
현재 날짜	Ctrl + ;
셀 값과 수식 표시 전환	Ctrl + ` (Tab 위에 키)
선택한 셀 테두리 추가	Ctrl + Shift + &
선택한 셀 테두리 삭제	Ctrl + Shift + _
개체 숨기기/표시	Ctrl + 6
윤곽 기호 표시/숨기기	Ctrl + 8

셀 탐색 단축키

이전 셀 또는 이전 옵션 이동	Shift + Tab
셀 이동	방향키
데이터 영역 가장자리로 이동	Ctrl +방향키
끝 모드에서 이동	End , 방향키
데이터 영역 마지막으로 이동	Ctrl + End
워크시트 시작 부분으로 이동	Ctrl + Home
한 화면 아래로 이동	Page Down
한 화면 오른쪽으로 이동	Alt + Page Down
한 화면 왼쪽으로 이동	Alt + Page Up
다음 시트로 이동	Ctrl + Page Down
이전 시트로 이동	Ctrl + Page Up
한 셀 오른쪽으로 이동	Tab
셀 선택 영역 한 셀씩 확장	Shift +방향키
데이터가 들어 있는 마지막 셀까지 선택	Ctrl + Shift +방향키
유효성 검사 옵션이 적용된 셀 유효성 검사 선택 목록 열기	Alt + ↓
텍스트 상자 또는 이미지 순환	Ctrl + Alt + 5 를 누른 다음 Tab
개체 탐색 종료	Esc

서식 지정 단축키

셀 서식	Ctrl + 1
셀 서식 대화상자 글꼴 서식 지정	Ctrl + Shift + F 또는 Ctrl + Shift + P
기울임꼴	Ctrl + I 또는 Ctrl + 3
굵게	Ctrl + B 또는 Ctrl + 2
밑줄	Ctrl + U 또는 Ctrl + 4
취소선	Ctrl + 5

셀 내용 가운데 맞춤	Alt + H , C , 2
일반 숫자 서식 적용	Ctrl + Shift + ~
소수 두 자리 통화 서식	Ctrl + Shift + $
소수 자릿수 없는 백분율 서식	Ctrl + Shift + %
시간, 분, AM/PM 서식	Ctrl + Shift + @
1000단위 구분 기호	Ctrl + Shift + !

데이터 및 수식 단축키

전체 피벗 테이블 보고서 선택	Ctrl + Shift + *
끝 부분에 삽입 지점 두기	F2
수식 입력 줄 확장/축소	Ctrl + Shift + U
통합 문서의 모든 워크시트 계산	F9
현재 워크시트 계산	Shift + F9
마지막 계산 이후 내용 변경과 관계없이 모든 워크시트 계산	Ctrl + Alt + F9
종속된 수식을 검사하고, 열린 통합 문서에서 계산하도록 표시되지 않은 셀까지 포함해서 계산	Ctrl + Alt + Shift + F9
빠른 채우기를 호출하여 현재 열 채우기	Ctrl + E
절대/상대 참조 전환	F4
함수 삽입	Shift + F3
현재 범위 데이터에 포함된 차트 만들기	Alt + F1
별도 차트 시트에 차트 만들기	F11
참조 이름 정의	Alt + M , M , D
[매크로] 대화상자 열기	Alt + F8
비주얼 베이직 열기	Alt + F11